全国革命老区县发展史丛书·广东卷

江门市蓬江区革命老区发展史

江门市蓬江区革命老区发展史编委会 编

SPM 南方出版传媒·广东人民出版社
·广州·

图书在版编目（CIP）数据

江门市蓬江区革命老区发展史／江门市蓬江区革命老区发展史编委
会编. —广州：广东人民出版社，2019.9
（全国革命老区县发展史丛书·广东卷）
ISBN 978-7-218-13846-6

Ⅰ．①江…　Ⅱ．①江…　Ⅲ．①区域经济发展—研究—江门
Ⅳ．①F127.653

中国版本图书馆 CIP 数据核字（2019）第 193209 号

JIANGMENSHI PENGJIANGQU GEMING LAOQU FAZHANSHI
江门市蓬江区革命老区发展史

江门市蓬江区革命老区发展史编委会　编　　　版权所有　翻印必究

出 版 人：肖风华

出版统筹：钟永宁
责任编辑：廖智聪
装帧设计：张力平
责任技编：周　杰　周星奎

出版发行　广东人民出版社
地　　址：广州市海珠区新港西路 204 号 2 号楼（邮政编码：510300）
电　　话：（020）85716809（总编室）
传　　真：（020）85716872
网　　址：http://www.gdpph.com
印　　刷：广州市浩诚印刷有限公司
开　　本：715mm×995mm　1/16
印　　张：18.375　插页：16　字　数：250 千
版　　次：2019 年 9 月第 1 版　2019 年 9 月第 1 次印刷
定　　价：63.00 元

如发现印装质量问题，影响阅读，请与出版社（020-85716808）联系调换。
售书热线：（020）85716826

广东省编纂《革命老区县发展史》丛书
指导小组

组　长：陈开枝（广东省老区建设促进会会长）

副组长：林华景（广东省老区建设促进会常务副会长）

　　　　宋宗约（广东省农业农村厅副巡视员、广东省老区
　　　　　　　　建设促进会副会长）

　　　　刘文炎（广东省老区建设促进会副会长）

　　　　郑木胜（广东省老区建设促进会副会长）

　　　　姚泽源（广东省老区建设促进会副会长兼秘书长）

　　　　谭世勋（广东省老区建设促进会副会长）

办公室

主　任：姚泽源（兼）

副主任：廖纪坤（广东省农业农村厅扶贫协作与老区建设处
　　　　　　　　处长）

　　　　柯绍华（广东省老区建设促进会副秘书长）

　　　　伍依丽（广东省老区建设促进会副秘书长）

《江门市蓬江区革命老区发展史》编纂委员会

编纂委员会

主　任：谢树浓

副主任：蒋志成　谢国英　余俊文　李　然　谢家安

委　员：劳　帆　郭颖琳　彭志峰　刘殿峰　杨泽华

　　　　罗炳钊　王正华　张永安　黄景盛　黄东雷

　　　　何盛强　李健壮

编委会办公室

主　任：蒋志成

副主任：谢国英　余俊文　王正华

工作人员：陈茂鹏　甄健烨　区倩文

主　编：苏洪泽

副主编：黄煜棠　李超英

编　辑：王正华（兼）　黄景盛（兼）　陈　勇　张君浩

　　　　钟绮敏　吴娟娟　蒙胜福　胡锦顺　胡德根

　　　　黄汉维　梁永业　胡秋维　胡锦元　陈德林

　　　　李永春　卢五根　陈惠欢　叶焕文　黄东宁

在举国欢庆新中国成立 70 周年前夕，中国老区建设促进会王健会长请我为《全国革命老区县发展史》丛书作序，作为一名在老区战斗过并得到老区人民生死相助的老兵，回首往事，心潮澎湃，感慨万千，深感义不容辞，欣然应允。

中国革命老区，是以毛泽东为代表的中国共产党人在领导人民推翻帝国主义、封建主义和官僚资本主义三座大山，争取民族独立和人民解放伟大斗争中建立的革命根据地，在这片红色的土地上，诞生了无数可歌可泣的革命英雄儿女，为后人树起了一座不朽的丰碑，她是新中国的摇篮，是党和军队的根。

在艰苦卓绝的战争年代，老区人民把自己的命运与中华民族的命运紧紧地联系在一起，与中国共产党和人民军队的命运紧紧地联系在一起，他们生死相依，患难与共。我曾亲历过战争年代，并得到过老区红哥红嫂的救助，切身感受到发生在身边的一幕幕撼天动地的革命故事，在那极其艰难的条件下，老区人民倾其所有、破家支前，不怕艰难困苦，不怕流血牺牲。"最后一碗米送去做军粮，最后一尺布送去做军装，最后一件老棉袄盖在担架上，最后一个亲骨肉送去上战场"，这是当时伟大的老区人民为建立新中国做出巨大牺牲的真实写照，它将永远镌刻在中国共产党、中国人民解放军、中华人民共和国的历史丰碑上。他们的光辉业绩永载史册，他们的革命精神必将影响一代又一代的革命新人，造就一代又一代的民族脊梁。

在社会主义革命和建设时期，革命老区和老区人民响应党的号召，面对落后的面貌、脆弱的经济、恶劣的生态环境，他们本色不变，精神不丢，自力更生，艰苦奋斗，干一行爱一行。始终坚持"革命理想高于天"，自觉做共产主义远大理想的坚定信仰者和忠实实践者，勇于向恶劣的自然环境和贫穷落后宣战，他们在各条战线上为国建功立业，用平凡的双手创造了一个又一个不平凡的奇迹，彰显了老区人的崇高精神和人格力量。

在改革开放的伟大进程中，老区人民解放思想，勇于创新，发奋图强，攻坚克难，老区的经济社会建设取得了辉煌成就。特别是在改变中国的面貌、中华民族的面貌、中国人民的面貌、中国共产党的面貌的伟大实践中发挥了至关重要的作用。老区人民既是改革开放的参与者，也是改革开放的推动者。

艰苦练意志，危难见精神。老区人民在近百年的革命战争、社会主义建设和改革开放的伟大实践中，孕育形成了伟大的老区精神：爱党信党、坚定不移的理想信念；舍生忘死、无私奉献的博大胸怀；不屈不挠、敢于胜利的英雄气概；自强不息、艰苦奋斗的顽强斗志；求真务实、开拓创新的科学态度；鱼水情深、生死相依的光荣传统。这是党和人民宝贵的精神财富、丰厚的政治资源，是凝心聚力、振奋民族精神的重要法宝，也是社会主义核心价值观的重要内容。

中国老区建设促进会怀着强烈的政治责任感和历史使命感，组织全国各地老促会人员克服困难，尽心竭力编纂《全国革命老区县发展史》丛书，记录老区的光辉历史和辉煌成就，传承红色基因，弘扬老区精神，是功在当代、利及千秋的一件大事。手捧这部丛书的部分书稿，读着书中的故事，倍感亲切，深感这部丛书具有资政、育人、存史的社会功能，有着重要的时代和历史价值。它是不忘初心、牢记使命的源头活水，是赞颂共产党、讴歌老区人民的一部精品力作，是弘扬老区精神、传承红色记忆的丰厚载体，是一项继承优秀传统文化、弘扬革命文化、发展社会主义先进文化，坚定"四个自信"的宏大文化工程。它必将成为一种文化品牌，为各界人士了解老区宣传老区支持老区提供一部有价值的研究史料。希望读者朋友们能从中了解并牢记这些为党和民族的利益不断奉献的老区人民，从中得到教益，汲取人生奋斗的精神动力。

新时代赋予新使命，新起点开启新征程。让我们更加紧密地团结在以习近平同志为核心的党中央周围，坚持以习近平新时代中国特色社会主义思想为指导，增强"四个意识"，坚定"四个自信"，做到"两个维护"，弘扬老区精神，铭记苦难辉煌。为实现"两个一百年"奋斗目标，实现中华民族伟大复兴的中国梦作出新的更大的贡献！

边德田

2019 年 4 月 11 日

　　2017 年 6 月，中国老区建设促进会组织全国各地老促会启动编纂《全国革命老区县发展史》丛书，按照"建立中国共产党、成立中华人民共和国、推进改革开放和中国特色社会主义事业"三大里程碑的历史脉络，系统书写革命老区百年历史，深入挖掘革命老区红色文化资源，这对于充实丰富中国革命史籍宝库、在新时代传承红色基因、弘扬革命精神、强固根本，对于激励人们在新的历史条件下夺取中国特色社会主义伟大胜利，实现中华民族伟大复兴的中国梦具有重要意义。

　　丛书编纂以习近平新时代中国特色社会主义思想为指导，以《中国共产党历史》《中国共产党的九十年》等重要文献为基本依据，以党的领导为核心，以老区人民为主体，以老区发展为主线，体现历史进程特征，突出时代发展特色，坚持辩证唯物主义和历史唯物主义相统一、历史真实性与内容可读性相统一的原则，书写革命老区从站起来、富起来到强起来的光辉革命史、不懈奋斗史、辉煌成就史，把老区人民的伟大贡献、伟大创造、伟大成就、伟大精神充分展示出来，形成一部具有厚重历史特征和鲜明时代特色的精品力作。这是一部培根铸魂、守正创新，既为历史立言，又为时代服务，字里行间流淌着红色血脉、催生着革命激情的传世之作。丛书的编纂出版将成为讴歌党讴歌人民讴歌时代、传播红色文化、为革命老区和老区人民树碑立传的重要载体。

丛书按照编年体与纪事本末体相结合、以编年体为主的编写体例确定框架结构；运用时经事纬、点面结合的方式记述史实；坚持人事结合、以事带人的原则处理人与事的关系；采取夹叙夹议、叙论结合以叙为主的方法展开内容。做到了史料与史论、历史与现实、政治与学术统一，文献性、学术性、知识性相兼容。

为编纂好《全国革命老区县发展史》丛书，打造红色文化品牌，中国老区建设促进会认真组织积极协调，提出政治立场鲜明、史料真实准确、思想论述深刻、历史维度厚重、时代特色突出、编写体例规范、篇目布局合理、审读把关严格、出版制作精良的编纂出版总要求，力求达到革命史籍精品的精神高度、思想深度、知识广度、语言力度，增强丛书的权威性和社会影响力。各省（区、市）、市（州、盟）、县（市、区、旗）老促会的同志，以强烈的使命感、责任感和紧迫感，勇于担当，积极作为，认真实施，组织由老促会成员、专家学者等参加的十余万人编纂队伍。编纂工作主体责任在县，省、市组织协调、有力指导、审读把关。各方面人员以高度负责的精神和科学严谨的态度，满腔热情地投入工作，为丛书编纂出版做出了重要贡献。丛书编纂工作还得到了党和国家有关部委、地方各级党委政府及有关部门的大力支持和积极参与，社会各界也给予了热情帮助。中共中央政治局原委员、中央军委原副主席、原国务委员兼国防部长迟浩田上将，对老区人民怀有深厚感情，对革命老区建设发展十分关注，欣然为《全国革命老区县发展史》丛书作总序。

丛书由总册和 1599 部分册（每个革命老区县编纂 1 部分册）组成，共 1600 册。鉴于丛书所记述的史实内容多、时间跨度长和编纂时间紧，不妥之处，敬请批评指正。

中国老区建设促进会

1927 年， 中共广东新会县委书记叶季壮
（资料来源：《新会革命近代风云录》）

中共新会江门支部、新会县总工会旧
址碑记（今江门市第九中学内）（区
老促会供稿）

大革命时期新会县各乡农民协会联合办事处旧址（今蓬江区紫沙路 72 号叶家祠）（资料来源：《新
会革命近代风云录》）

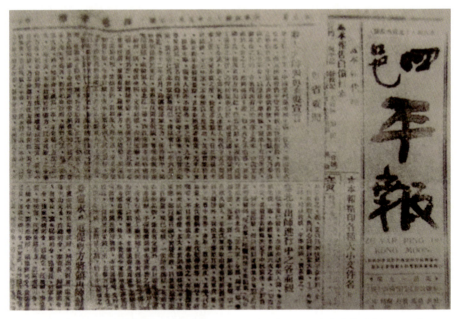

大革命时期中共江会组织的喉舌——江门《四邑平报》（资料来源：《新会革命近代风云录》）

中共五邑地委驻滘头顺天里旧址（原属江门郊区）（资料来源：《新会革命近代风云录》）

1936年重建江会党组织的活动据点（今蓬江区沙仔尾安盛里17号）（资料来源：《新会革命近代风云录》）

大革命时期杜阮木朗农会旧址——达成堂，为市文物保护单位（杜阮镇供稿）

中共荷塘镇支部第一任书记容忍之
故居（荷塘镇文化站供稿）

荷塘镇篁湾老区村炮楼（区地志办供稿）　　荷塘镇篁湾村遗留的抗战古碉楼（区老促会供稿）

荷塘镇篁湾村陈能本
故居（荷塘镇文化站
供稿）

松岭村地下交通站旧址（邓秋八、黄楚南堡垒户）（杜阮镇供稿）

松岭村革命老战士黄振胜同志在"妇女夜校"旧址讲革命斗争经历（2005年）（杜阮镇供稿）

松岭村原堡垒户中共交通员——黄楚南（2005年）（杜阮镇供稿）

抗战期间曾在杜阮松岭从事革命斗争的革命战士黄微同志（2005年）（杜阮镇供稿）

1995年，黄微（左三）回松岭与当时的妇女夜校骨干留影（杜阮镇供稿）

中和上邑旧村堡垒户遗址（杜阮镇供稿）

曾任杜阮地下党负责人的林振炽同志在松岭村讲述革命斗争史（2005 年）（杜阮镇供稿）

在松岭施秀容家办的妇女夜校遗址(杜阮镇供稿)

2018 年 5 月，原松岭村妇女骨干老战士黄彩娟（92 岁）讲述当年松岭的革命斗争史（杜阮镇供稿）

荷塘镇解放战争时期地下交通站（区老促会供稿）

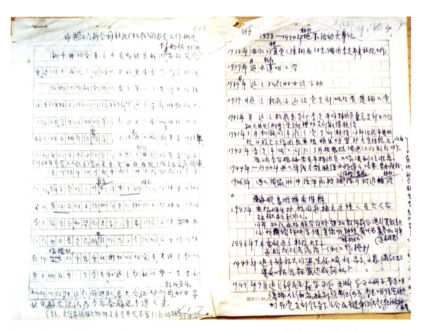

1945—1949 年，曾任杜阮地下党负责人林振炽写的回忆录手稿（杜阮镇供稿）

1941年，十二集团军战友留影于粤北，前排右二为容辛（荷塘镇文化站供稿）

1944年10月，珠江纵队渡西江的荷塘塔岗码头新址（区老促会供稿）

大革命时期杜阮镇木朗村尹剑辉烈士碑（杜阮镇供稿）

革命烈士周悦琼遗像（棠下镇文化
站供稿）

革命烈士周悦琼荣誉证书（棠下镇文化站供稿）

学生向三堡革命烈士纪念碑
献花（棠下镇棠下中学供稿）

国民革命军飞行员、革命烈
士吴汝鎏遗像（源自江门新
闻网）

烈士龚昌荣遗像（棠下镇
文化站供稿）

革命烈士陆国荣遗像（棠下镇文化站
供稿）

东湖公园内英雄山碑文之一（区老促会供稿）　　东湖公园内英雄山碑文之二（区老促会供稿）

少先队员向东湖公园英雄山的烈士献花(区教育局供稿)

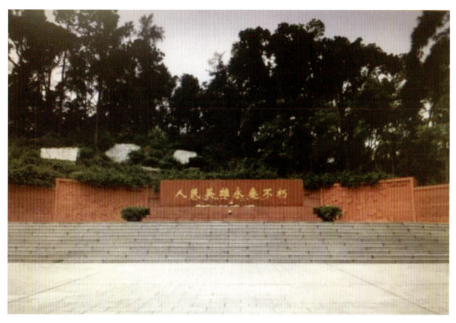

东湖公园英雄山（区老促会供稿）

1949 年 10 月，江门各界群众在缅香中学操场举行庆祝江门解放大会（资料来源：《新会革命近代风云录》）

1949 年 10 月 25 日，解放军进城步入长堤（资料来源：《新会革命近代风云录》）

1949 年，江门和平解放后发布报告，市民争相观看情景（资料来源：《新会革命近代风云录》）

1950 年，在江门支前司令部门前容辛抱着儿子容立明和战友留影（荷塘文化站供稿）

粤中纵队第六支队新会联谊会编印的《凝情》记述了当年的革命斗争史实（荷塘镇文化站供稿）

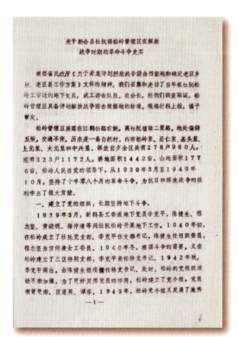

1992年，松岭村申报革命老区的资料（杜阮镇供稿）

2001年，《新会报》刊登松岭红色交通站的报道（杜阮镇供稿）

杜阮镇老区松岭村烈士纪念亭（杜阮镇供稿）

2005 年，曾任杜阮地下党负责人的林振炽（右一）及松岭地下党员黄振胜（右二）、黄楚南（左二）在"松岭妇女学校"旧址讲述革命斗争史 （杜阮镇供稿）

2009年，松岭村干部和部分村老革命战士往广州探望黄微 （杜阮镇供稿）

投身革命的荷塘镇容氏三兄妹：容忍之（中）、容辛（左）、容中（右）（荷塘镇文化站供稿）

立在棠下周郡小学的周总理塑像（区老促会供稿）

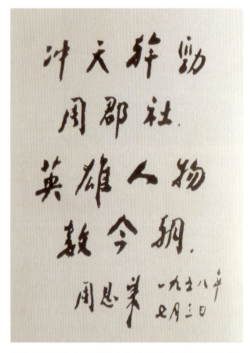

周恩来总理为棠下周郡合作社题词（区地志办供稿）

棠下镇为纪念周恩来总理视察周郡社而建立的周总
理纪念馆（区老促会供稿）

20 世纪 70 年代末长堤骑楼建筑（区地志办供稿）

五邑华侨广场（区地志办供稿）

五邑大学（区地志办供稿）

江门市老促会会长伍国占（右三）、副会长曹石金（右二）、秘书长巫俊平（左一）到老区村中和村调研该村物业大楼建设规划现场（区老促会供稿）

江门市老促会会长伍国占（右四）称赞杜阮镇老区村松岭村文化建设（区老促会供稿）

蓬江区老促会会长蒋志成（右三）在荷塘镇人大主席何盛强（左三）陪同下到荷塘老区村调研（区老促会供稿）

蓬江区老促会给
高考成绩优秀的
老区子弟发放奖
学金（区老促会
供稿）

荷塘镇老区篁湾
村公共服务站
（区老促会供稿）

荷塘镇老区篁湾
村举行纱龙表演
（国家级非物质
文化遗产）（区
地志办提供）

荷塘镇老区禾冈
村公共服务站（区
老促会供稿）

荷塘镇老区新貌
之禾冈村公园（区
老促会供稿）

荷塘镇老区三丫
村公共服务站（区
老促会供稿）

荷塘镇老区三丫村新建的三丫桥，桥旁左边的小桥为旧桥（区老促会供稿）

荷塘镇老区村三丫村新貌（区老促会供稿）

荷塘镇老区塔岗村公共服务站（区老促会供稿）

荷塘镇老区良村村公共服务
站（区老促会供稿）

荷塘镇老区南村村公共服务
站（区老促会供稿）

荷塘镇通往江门市区的荷塘大桥（区地志办供稿）

荷塘镇老区新貌之南村梅溪小学（区老促会供稿）

棠下镇老区三堡村公共服务站（区老促会供稿）

棠下镇老区三堡村新貌（区老促会供稿）

各老区村都设立了"一门式"办公自助服务系统（区老促会供稿）

杜阮镇老区松岭村公共服务站（区老促会供稿）

杜阮镇老区松岭村新貌（杜阮镇供稿）

杜阮镇老区松岭村上岗工业区（杜阮镇供稿）

低矮的警务室是原
杜阮镇老区中和村
村委会，旁边新建
的是新村委会（区
老促会供稿）

杜阮镇老区中和村
的上邑新村一角
（杜阮镇供稿）

区检察院援建的杜
阮镇老区中和村的
桂山自然村廉政公
园一角（区老促会
供稿）

区检察院援建的杜阮镇老区中和村的桂山自然村文化中心（区老促会供稿）

区检察院援建的杜阮镇老区中和村的罗山自然村文化中心（区老促会供稿）

北新区一角（区地志办供稿）

滨江新区一角（区地志办供稿）

体育中心（区地志办供稿）

位于蓬江区北新区的广东珠西国际会展中心(区地志办供稿)

2019年5月23日，召开第一次全区《江门市蓬江区革命老区发展史》编纂工作会议（区老促会供稿）

编委会成员在新会区学习取经（区老促会供稿）

编委会成员在鹤山市取经学习编纂工作（区老促会供稿）

根据中国老区建设促进会的部署，广东省江门市蓬江区老区建设促进会组织编纂了《江门市蓬江区革命老区发展史》。

蓬江区是 1984 年成立的县区级行政区，前身是江门市郊区。1994 年，更名为蓬江区，是江门市直辖区，江门市政治、经济、文化中心所在地。中华人民共和国成立后，江门镇于 1951 年撤镇改市，成为省辖县级市，1983 年江门市升格为地级市。在江门市郊区基础上，蓬江区接管江门市城区部分街道和新会市部分乡镇。蓬江区和新会县（区）有着密切的历史渊源，全区除少数几个自然村原属鹤山市之外，几乎全部行政区域原归属新会县（区）管辖，包括中华人民共和国成立前的江门镇，即今蓬江区白沙街道。而江门镇因位于西江边，水陆交通发达，成为新会县的经济重镇。由于新会的政治和军警力量主要集中在县城会城镇，给共产党人在江门镇组织和开展工人、农民运动和革命活动提供了有利条件。中共新会江门支部成立时的会址就在江门镇的水南祖庙（今江门九中校址），国民党改组后的国民党新会县第一次代表大会亦在江门镇召开。即便中共新会支部曾经有很短时间分为新会支部和江门支部，但江会地区（江门和会城）革命运动和斗争都是在中共新会支部领导下进行的，蓬江区老区的革命斗争，其实是新会县（区）革命斗争的组成部分，这就是该书的革命斗争史实不可避免地涉及新会县（区）的缘由。

老区是党和人民军队的根，老区精神积淀着红色基因。这红色基因，是爱国爱乡的家国情怀，是民族复兴的伟大理想。我们要从老区精神中挖掘红色基因的丰富内涵，传承好红色基因，让革命事业继往开来、薪火相传、血脉永续。

在中国共产党领导下，在建立新中国的革命斗争年代，蓬江区老区人民，描绘了一页页可歌可泣、浴血奋战的英雄画卷；在社会主义革命和社会主义建设时期，蓬江区老区人民，谱写了一篇篇艰苦奋斗、气壮山河的瑰丽诗篇；在改革开放年代，蓬江区老区人民，奏响了一曲曲开拓进取、勇于创新的动人乐章。今天，蓬江区老区人民，又满怀信心跨进了建设新时代中国特色社会主义的新征程。蓬江区老区人民，是中国人民站起来、富起来、强起来的亲历者、见证者。善待老区，善待老区人民，让老区人民过上好日子，是期望，也是责任。可以告慰老区革命先烈的是：蓬江区的老区村，已经旧貌换新颜，老区村的人民，已经走上了致富路。

以史为鉴，可以知兴替。2013 年 2 月，习近平总书记亲临兰州军区视察时指出："发扬红色资源优势，深入进行党史、军史和优良传统教育，把红色基因代代传下去"。老区的光辉历史和优良传统是宝贵的精神财富和丰厚的政治资源，我们应永远铭记、永远珍惜，从红色记忆中汲取力量。

《江门市蓬江区革命老区发展史》全面介绍了蓬江区老区的历史变迁、岁月峥嵘、经济腾飞，是研究地方党史、地方史志的重要文献，具有存史、资政、教化的功能。该书既为后人提供完整的老区村庄资料，又为我们进行党史、军史、老区革命史和爱国主义、革命传统教育，培养一代又一代科学社会主义事业接班人和建设者，提供了一本很好的、生动的、贴近实际的乡土教材。

因此，编写本书具有深远的现实意义和历史意义。

　　《江门市蓬江区革命老区发展史》作为《全国革命老区县发展史》丛书之一，是献给新中国成立七十周年的一份礼物，也是老区工作者献给老区人民的一份礼物。

《江门市蓬江区革命老区发展史》编委会

2019 年 1 月 1 日

第一章

区域和革命老区概况

区域基本情况

一、概况

蓬江区因江门河的别名蓬江而得名，是江门市中心城区，为县级建制市辖区。蓬江区辖棠下、荷塘、杜阮 3 个镇和环市、潮连、白沙 3 个街道，村民委员会 55 个，社区居民委员会 88 个。

2017 年，蓬江区户籍总人口 50.46 万人。全区有 46 个民族，其中汉族人口最多；有壮族、土家族、苗族、瑶族、布依族等少数民族 45 个，占全区常住人口总数的 3.27%，其中人数较多的依次为壮族、土家族、苗族、瑶族、布依族、侗族。各镇（街）均有少数民族人口，杜阮、荷塘两镇少数民族人口较多，占全区少数民族人口的 59.64%。蓬江方言是汉语方言，属粤方言四邑片的一种，与广州话基本相通。区内广播、电视等领域也通用广州话。蓬江方言以江门话为代表，区内还有杜阮话、棠下话、潮连话、荷塘话等方言。

蓬江区是一个有着反帝、反封建的光荣历史和革命传统的地区。清咸丰四年（1854 年）农历十月初八日在辖区的狗山（地名），广东天地会新会洪顺堂领袖陈松年、吕率俊等率领 2000 多民众举旗起义，组成红巾军，转战江会地区五个半月之久，给当地官府以沉重打击。在第一次国内革命战争时期，中共江门地方党组织建立，成立江会地区工会、农民协会和农民自卫军，组织五卅惨案后援会和省港大罢工后援会，发动各界人士声援上海工人和省港工人大罢工。1939 年，日本侵略军（简称日军，下同）侵占江门后，江门民众在中共党组织的领导下，从地上转入地下，开展抗日斗争，直至抗战胜利。

二、历史沿革

清光绪三十年（1904 年）设立江门镇，1925 年江门改为省辖市，1931 年撤销江门市建制，改为镇，复归新会县辖。1951 年江门改为省辖县级市。1953 年 3 月，成立市郊区办事处，为市政府派出办事机构。郊区管辖白沙、紫莱、水南、石冲、滘头、滘北 6 个乡。1956 年 1 月，新会杜阮的华龙里、沂水里、凤溪里、石子潭 4 个自然村划归紫莱乡管辖。1958 年 10 月，撤销郊区办事处，成立郊区人民公社，为"政社合一"政权机构。1959 年 11 月，新会杜阮的新民、篁庄、丹灶及棠下的篁边 4 个生产大队划归郊区人民公社。1967 年 3 月，郊区人民公社革委会更名为江门市郊区人民公社革命委员会。1977 年 9 月，郊区人民公社革命委员会更名为环市人民公社；同年，增辖新会县的外海公社、荷塘公社的潮连片的 6 个生产大队，11 月，潮连公社成立。1983 年 6 月，成立江门市人民政府郊区工作委员会，为市政府派出机构，下辖环市、外海、潮连 3 个人民公社。8—12 月，撤销环市、外海、潮连 3 个人民公社，分别设立环市、外海、潮连区，区设区公所，归中共江门市郊区工作委员会辖。1984 年 10 月，中共江门市郊区工作委员会成立。1984 年 12 月，郊区人民政府成立。1987 年 2 月，撤区建乡（镇），环市区更名为环市乡，外海区、潮连区分别改为镇，设立乡、镇人民政府，为基层一级政权机构。1988 年 6 月，环市乡改设环市镇。同年 10 月，郊区所属 37 个村民委员会改为管理区，作为镇政府的派出管理机构。1994 年 2

月，区划调整，郊区的外海镇和环市镇的滘头、滘北2个管理区划归江门市城区政府管辖；城区的仓后、沙仔尾、堤东及北街4个街道划归郊区政府管辖。同年8月，郊区更名为蓬江区。2002年6月，潮连镇撤镇设街道。同年9月，新会市的棠下、荷塘、杜阮3镇划归蓬江区管辖。2004年10月，环市镇撤镇设街道。2015年6月，撤销仓后、堤东、北街3个街道办事处，将其行政区划并入白沙街道办事处。至2017年，行政区划不变。

三、文化积淀

蓬江区文化底蕴深厚。辖区有江门墟遗址和昔日乡民登船上岸的三桁瓦埗头遗址，有一代大儒陈献章家庙陈白沙祠，有清乾隆二十五年（1760年）由新会县衙兴建的景贤书院遗址，有江门最早的佛教古建筑雪峰寺遗址、位于江门北街最早的天主教堂和基督教江门堂，有清光绪三十年（1904年）建的江门海关旧址，有建于清光绪三十二年（1906年）的新宁铁路北街站旧址，还有始建于康熙年间的古桥济川桥。祠堂建筑文化是辖区一大特色，至今保存完好的有潮连的名宦家庙、卢氏宗祠，环市街道的施氏大宗祠、华丰古庙、南名谢公祠、真壶陆公祠，都是市级文物保护单位。还有环市街道篁庄欧阳氏祠堂和荣可翁祖祠。大文豪巴金游览新会、台山时，曾在荣可翁祖祠下榻，并写下了脍炙人口的散文《鸟的天堂》。荷塘、潮连素来享有文化之乡称誉，其曲艺、书画、诗社等民间文化艺术组织在五邑地区（新会、台山、开平、恩平、鹤山）都享有盛名。据统计，2017年蓬江区的文物保护单位属省级的9处、市级的32处。现珍藏在江门市博物馆、陈白沙祠内的陈白沙及其弟子的珍贵手稿、书册以及完好保存于各处的30多块明清时期石刻、木刻，便是蓬江区文化渊源的历史见证。

明初，有"岭南第一人"之称的陈献章开办小庐山书院，招聚八方弟子讲学传道，创办"江门学派"，先后教授生徒3000多人，其中学问较深、成就较大的有增城湛若水、顺德梁储等100多人。陈献章成为新会乃至岭南一带文化教育界的一代宗师，名留千古。清乾隆年间，新会知县周志让景仰先贤陈献章，将官立社学改为景贤书院，入学的多是生员和学童。在陈献章的影响下，江门及邻近乡村办学育人之风日盛，清光绪二十七年（1901年），在卢边卢氏宗祠办起潮连第一所学校——卢溪学堂。1904年，在江门2平方千米辖地及外海、潮连有书院、社学、义学、私塾共17所，其中荷塘、潮连更有"一里一学堂"之称。据史料记载，仅荷塘镇、潮连镇从北宋至清代共有进士38人，文举人173人，武举人13人。

中华人民共和国成立后，教育有了长足发展。改革开放后至1984年，市郊环市、外海、潮连3个区共有完全中学3所、初级中学2所、小学31所。蓬江区辖地还有江门五邑大学、江门市职业技术学院两所大专院校，还有江门市第一中学、景贤学校、紫茶小学、范罗冈小学等名校。进入21世纪后，蓬江区先后成为广东省教育强区、广东省推进教育现代化先进区、全国义务教育发展基本均衡区。

四、地貌资源

蓬江区地处珠江三角洲西部，属于冲积平原。自西北向东南倾斜，西北部多为丘陵和山地。山地海拔小于500米或切割深度小于200米，多分布于西江流域。境内最高峰为位于杜阮镇的叱石山，海拔453.5米。东南多平原和河流阶地。在西江江门段有荷塘、潮连和古猿洲3个岛。境内土壤类型分丘陵山地土壤、平原宽谷土壤两种。丘陵山地土壤属南亚热带赤红壤，主要分布在环市街道和杜阮镇，由于表土易受雨水侵蚀流失，酸性较大，酸碱度为 4.5～5.5，土壤质地是壤土或黏壤土；平原宽谷土壤分布在棠下镇、荷塘镇、潮连街道，属珠江三角洲冲积土壤和宽谷冲积土壤，土壤酸碱度为 6.4～7.0。

蓬江区位于西江下游，区内河道属西江流域，水域面积50.95 平方千米，占市区总水域面积 60.5%，主要河道有西江蓬江段 25.4 千米，江门河 7.6 千米，天沙河 25.34 千米，杜阮河13.5 千米，其余小支流、小河涌数量众多，水资源总量约为 3.31亿立方米。

蓬江区地处北回归线以南，属亚热带海洋性季风气候。冬短夏长，气候宜人，雨量充沛，光照充足。无霜期在 360 天以上，全年无雪。

蓬江区有较丰富的石矿和石英砂，石矿多产于西部，石英砂储藏于东北部的西江河床，含泥量较高。森林面积 13 万亩（8666.67 公顷），森林资源丰富，植物资源有蕨类、裸子植物和被子植物 3 大类，108 科、413 种。主要品种有南洋杉、银杏、竹柏、阴香、紫薇、乌梅、垂盘草、宝巾等。野生动物主要有斑鸠、白头翁、遗鸥、猫头鹰、麻雀、黄灵等。江河常见鲫、鲤、鳙、鳟、鲶、生鱼、塘鲺、泥鳅、鳖、龟等。

五、区位优势

2017 年，蓬江区地处北纬 22°56′～22°79′，东经 112°47′～113°15′，位于珠江三角洲西翼，辖区面积 324.3 平方千米。蓬江区为江门市中心城区，是江门市政府所在地，是江门市的政治、经济、文化和金融中心。北与鹤山市沙坪街道、雅瑶镇接壤，东北分别与佛山市南海区、顺德区隔江相邻，东南与中山市古镇隔江相望，南与江海区、新会区相连，西与鹤山市共和镇接壤。

作为粤港澳大湾区的西部门户,蓬江区拥有便捷的交通区位优势,江番高速、江珠高速等8条高速公路环绕全区。掌控着江门市东部三区一市的产业与城市主脉的江门大道(蓬江段)已开通。随着广佛江珠城际轨道江门段、南沙铁路江门段、深茂铁路以及深中通道、港珠澳大桥等重大交通项目的相继建成,蓬江区与港澳及周边城市将步入1小时的都市生活圈,逐步成为粤港澳通往中国大西南的交通枢纽。蓬江区作为"珠西新中心、深港澳基地"核心区的区位优势更加凸显。

六、基础设施

蓬江区建区后,从城市到农村都发生着巨变。蓬江区地处江门市中心,辖区内的城乡规划及建设在市规划部门统一规划下进行。从城市规划到基础设施,从市容市貌到农村新村,都凝聚着侨乡人民追求人与自然和谐的智慧和付出的努力。城乡建设的巨变,大大改善了投资环境,使蓬江区成为国内外投资者向往的热土。

中共十八大召开之后,蓬江区城市建设进入新时期,城乡面貌日新月异,环境不断改善。基础设施建设取得新突破,江肇高速、广珠铁路、江顺大桥等重大项目已建成通车。宜居城市建设取得新成果,配合市成功创建"全国文明城市",完成"国家卫生城市"和"国家环保模范城市"复检工作,成功创建"广东省林业生态县(区)"。棠下镇、杜阮镇、荷塘镇均取得"江门市宜居城镇"称号和"广东省宜居示范城镇"称号。文体设施建设投入加大,文化建设水平明显提升。2014年建成区文化馆(国家一级馆)、区图书馆,各镇建成农民健身广场,各村(居)建成文体广场34个、农家书屋40间;推动文化传承与保护,加强对陈垣故居、良溪古村等的保护力度,良溪村入选国家历史文化名村;

建设戴爱莲广场、知青场旧址等设施，成功举办陈白沙诞辰纪念活动、陈垣诞辰纪念活动、戴爱莲诞辰纪念活动等品牌活动。启动公园城市建设，生态文明建设不断强化。2015 年，建成丰乐公园、鸡爪山公园、席帽山公园和澜石公园，完成群星、叱石、潮连等公园的绿化升级改造和配套设施建设，建成社区公园 54 个，城市人均公园绿地面积提高到 17.43 平方米，森林覆盖率增加到 30.6%。全区城镇生活污水集中处理率达 92.5%，城镇生活垃圾无害化处理率达 100%。全力打好环境质量改善"三大战役"，城乡环境越来越美。2017 年，全面推进河长制，加快南北片区黑臭水体治理 PPP 项目，投资 2720 万元启动天沙河清淤疏浚工程。在全市率先完成天沙河、杜阮河黑臭水体整治"初见成效"阶段工作任务。配合市成功创建"国家森林城市"，完成生态公益林"扩面" 3.04 万亩（2026.67 公顷），投入 1330 万元实施绿化项目 14 项，成功申报 2 个镇级森林公园。

革命老区镇、村概况

一、老区镇、村命名情况

蓬江区有一镇九村被命名为革命老区。

杜阮镇中和村在 1957 年经省、市人民政府批准为抗日游击老区。

棠下镇三堡村在 1957 年经省、市人民政府批准为革命老区游击根据地。

荷塘镇良村村、禾冈村在 1989 年经省、市人民政府批准为抗日根据地。

杜阮镇松岭村于 1993 年 7 月经省、市人民政府批准为第二批抗日和解放战争时期革命老区。

荷塘镇三丫村、塔岗村、南村村、篁湾村在 1993 年经省、市人民政府批准为革命老区游击根据地。

省民政厅，批准新会市荷塘镇为老区镇。

2017 年，全区 9 个老区村下辖有 99 个老区村民小组，户籍总人口 5.15 万人，外来人口超过 5 万人。

二、革命老区镇、村概况

（一）革命老区镇——荷塘镇

荷塘镇是由西江的泥沙冲积成的江心岛，四面环水，古代是古海湾边缘水下浅滩，聚沙成洲，唐朝始逐渐成陆地。荷塘镇位于蓬江区东北部、西江干流荷塘水道和西江汊道古镇水道之间，东南与中山市古镇镇隔江相望，东北与佛山市顺德区均安镇隔江相邻，西南与潮连街道隔江相伴，西北与棠下镇隔江相依。岛的中部是低丘地带，最高点是位于良村龙护岗山，海拔60.2米。2017年，辖区面积32平方千米，环岛围堤25.4千米。全镇山地丘陵约5670亩（378公顷），占11.8%；水域1.58万亩（1053.33公顷），占32.92%；平原2.65万亩（1766.67公顷），占55.2%，其中耕地1.4万亩（933.333公顷），占52.8%。

荷塘镇于宋代已出现居民点，南宋建炎元年（1127年）属新会县辖。明代洪武元年（1368年）至清乾隆元年（1736年）归属新会县潮连司辖。其间明景泰三年（1452年）四月，镇辖的白藤、马滘划归新建置的顺德县。清道光元年（1821年）属新会龙溪乡华萼都，时辖23个村。1931—1949年属新会县第四区，称荷塘乡。中华人民共和国成立后分为三良（又名建政）、篁湾（又名建新）和塔岗（又名建民）3个乡，仍属新会县第四区。1956年3月合并为荷塘乡，属新会县外海区辖。1958年9月，原划归顺德县的白藤、马滘两地复划入荷塘。10月，荷塘、外海、潮连合建外海人民公社。1961年6月，荷塘、潮连从外海人民公社分出，成立荷塘人民公社。1977年11月，潮连划归江门市管辖。1983年10月，撤销人民公社建制，建立荷塘区公所。1987年3月，撤区公所建立荷塘镇。2002年9月，荷塘镇划归蓬江区管辖，辖南村、唐溪、为民、塔岗、六坊、三丫、高村、康溪、霞村、篁湾、良村、禾冈、蟠步等13个行政村，39个自然村，1个居民委员会。至2017年，建置与区划未变。

荷塘镇，为文化之乡，文化底蕴深厚。乡民重视文化传承，推崇经史，学文习武，自北宋宣和元年（1119年）至清代，荷塘有进士 17 人，文举人 83 人，武举人 11 人。荷塘镇传统的民俗民间艺术历史悠久，锣鼓八音、艺术花灯、秋色、五人龙艇、诗词、楹联、书画等群众性活动十分活跃。中华人民共和国成立后，荷塘曾被国家文化部评为中国民间艺术之乡，荷塘纱龙为国家非物质文化遗产，享有盛名。

2017 年户籍人口 47500 人，海外华侨、港澳台同胞近 3 万人，华侨主要分布在新加坡、马来西亚、美国、加拿大、澳大利亚、越南、英国、法国、德国等 24 个国家和地区，是个历史悠久的侨乡。

抗日战争时期，荷塘民众在共产党人的影响下，爱国热情高涨，尤其是篁湾、禾冈、良村、南村、塔岗、三丫等 6 个村的村民。面对日本侵略者，英勇抗敌，在 1939 年 7 月和 1940 年 1 月，荷塘民众浴血奋战，和日军进行过两场战斗，击退了日军的疯狂进攻。解放战争时期，在党组织的领导下，荷塘民众坚持斗争，为和平解放江门，作出了重大贡献。此 6 个村被评为老区村。

（二）杜阮镇革命老区村——中和村、松岭村

杜阮镇有两个革命老区村，一个是中和村，一个是松岭村。抗日战争和解放战争时期，在上级中共地下组织的发动和领导下，中和村及松岭村建立了党的基层组织，组织武装力量，坚持发动和组织群众，通过办夜校、建立交通站、培养"堡垒户"和组织农会、建立农民武装等形式，开展抗日救亡和反对国民党反动派的革命斗争，为抗日战争和解放战争的胜利作出了不可磨灭的贡献。

1. 中和村（曾称黄陈罗）

中和村地处杜阮西南部，距杜阮墟镇 5.2 千米，东面与井根、龙眠村的山地相连，南面是圭峰山麓，西南与新会大泽鲫鱼山相接，西北是鹤山市的平岭村，地处新会区与鹤山市交界处，是四面环山、交通不便的偏僻小村。相传清乾隆十五年（1750年）有黄、陈、罗三姓先祖分别在黄坭楼、陈坑尾、罗表三处立村，并以姓氏为村名曾称黄陈罗。之后，袁氏的先祖从鹤山市平岭村迁至中和立村，又有钟、石、吴、叶、何等姓先祖迁入，也曾叫七姓村。1960年改名为中和村，含黄坭楼、陈坑尾（上邑）、罗表的桂山、罗山4个自然村落，罗山和桂山均是客家人，讲客家方言。中华人民共和国成立前有村民75户，300多人。2017年总面积4.6平方千米，常住人口156户，636人。全村有山林面积3650亩（243.33公顷），耕地面积255亩（17公顷），其中水稻面积120亩（8公顷），鱼塘300亩（20公顷）。

2. 松岭村（也称松子岭）

松岭村位于杜阮镇西北1.5千米的丘陵地区，东北靠石猫山连龙榜村，南邻龙安、龙眠村，西接井根村，处在江鹤公路井根段右侧的偏僻丘陵，交通不便，是一个独立的自然村。相传明隆庆年间（1567—1572年），杜阮黄氏十三世祖可珪从龙榜迁来此处立村。因当时村后山青松茂，故名松茂里，又叫松子岭，后简称松岭。村内有松岭、居仁、基头、上元、大元、中兴等6个里，11个村民小组。村落呈块状阶梯形分布。该村中华人民共和国成立前有278户，980人，村民以黄姓为主。过去以种植水稻、花生、番薯、红烟等传统作物为主。耕地多属山坑冷底田和旱地，常遭旱灾，农业产值很低，村民生活困苦。2017年，该村所辖面积3.05平方千米，有耕地面积460亩（30.67公顷），其中鱼塘80亩（5.33公顷），林地1000多亩（66.67公顷）。户籍人口483户，1631人，外来人口4000多人。

（三）棠下镇革命老区村——三堡村

棠下镇三堡村位于蓬江区北部，濒临西江，又与佛山市顺德、南海隔江相望，北扼南下的西江水道，与鹤山市接壤。三堡村位于蓬江区棠下镇西部,东面与中心村山地相连,西面与鹤山市南靖合江、水沙两村交界,南面与桐井、莲塘村相邻,北面与鹤山市雅瑶那水、大朗、朝阳村为界。2017 年,三堡村土地面积约 9 平方千米,耕地面积 3416 亩(227.73 公顷),山地面积 8000 亩(533.33 公顷),是典型的山区村。分布在井溪、赤岭、元岭、井水坑、仁和里、井和里、念水咀、汉坑、富九凼、大湖朗、狮子里等共 11 个自然村。是年全村有 580 户人口 2133 人。

相传南宋景炎年间(1276—1277 年),梁姓先祖从新会会城到此聚居,至明万历年间(1573—1619 年),冯陆两姓相继由棠下桐井村迁入,形成梁、冯、陆三大主姓,分居井溪、赤岭、元岭三村,居住村舍呈"品"字形。由于当时常有盗贼出没,村民屡受侵扰,为防贼拒盗,村民自发组织三村联防,故名三堡。

抗日战争时期,在党组织的领导下,三堡村人民在三堡大井头组织成立了新鹤人民抗日游击大队第三中队,开展抗日斗争。其间,掩护珠江纵队几百人进入棠下和鹤山,建立了游击区。解放战争时期,配合党组织以反"三征"(征兵、征粮、征税)和反内战为主要任务,建立武装力量,与国民党反动势力坚持艰苦斗争,并配合南下大军迎来解放。

第二章

革命风潮　席卷城乡

第一节 中共江门镇党组织的建立

　　1919 年 5 月 4 日，北京爆发了一场规模空前、影响极其深远的反帝反封建爱国运动。它揭开了中国新民主主义革命的序幕，也唤醒了新会人民的新觉悟。江会地区的青年学生分赴会城、江门、外海、古井和双水等地，演出《打倒卖国贼》《亡国恨》《同胞奋起》等戏剧，向各界民众进行爱国反帝的宣传。在学生爱国运动的推动下，江会地区的工人阶级也参加了这场斗争。1922 年 5 月，进步青年陈日光参加在广州召开的全国第一次劳动大会和出席中国社会主义青年团第一次全国代表大会后，积极在新会传播马克思主义的革命思想，领导新会团组织致力于工人运动的宣传发动工作。

　　在孙中山"联俄、联共、扶助农工"的三大革命政策推动下，第一次国共合作正式形成。1924 年，国民党广东省党部工人部长、中国共产党党员刘尔嵩经常来江门指导工作，与工会中的积极分子密切联系，并发展吕棠、李冠南、陈日光、李绍勤、苏钧松、黄衮华等加入了中国共产党。同年冬，成立中共新会支部，陈日光任支部书记。中共新会支部建立后，便以主要力量领导新会工人运动。党员深入工人群众中，展开大规模的宣传发动，培养工运骨干。

　　1925 年 4 月，国民党广东省党部派潘兆銮（中国共产党党员）来江门指导改组，召开江门镇国民党党员大会，改选镇党部领导层。改选结果，国民党右翼分子大部分落选，而参加国民党的共产党员则占有八席。执行委员会的工人、农民、青年、组织四部部长和党部秘书均由共产党员担任。国民党镇党部办公地点设在仓后路。

1925年7月22日，在中共新会支部的帮助下，国民党新会县第一次党员代表大会召开。大会宣布成立国民党新会县党部，选举产生了县党部第一届执行委员会，选出执行委员9人，其中6名共产党员。接着，中共新会支部立即着手帮助筹建国民党江门镇党部。

国民党江门镇党部，有部分是旧社会当权人物、地主豪绅、地方军阀和政治流氓，他们成为革命斗争的绊脚石。中共新会支部贯彻党所提出的民族民主统一战线的方针，进行国民党江门镇党部改组。为保存自己的地位与利益，国民党右翼分子四处活动，收买党羽，以作改组时斗争的政治资本。面对这场尖锐的斗争，首先，中共新会支部首先批准一批共产党员以个人身份参加国民党，改组后以国民党员合法身份公开组织工人、农民革命斗争；其次，发动工农中的积极分子成立第四区国民党党部，大量发展工人出身的成员，加入各工会区分部，提高国民党江门镇党部基层党员觉悟，增强基层力量；再次，在国民党原有成员中宣传"联俄、联共、扶助农工"三大政策，争取国民党成员中的中间分子。

1926年2月，李绍勤接任中共新会支部书记，叶季壮受中共广东区委的指派，从广州返回江门担任中共新会支部委员。在水南祖庙召开全体党员大会，会议讨论分析了帮助筹建国民党江门市党部的工作形势，认为要挫败少数国民党右派分子的破坏阴谋，必须迅速壮大国民党党员中的左派力量。会后，中共新会支部遵照上级提出的策略，联络勇敢向上富于革命热情的青年工人、学生等觉悟高的群众，使之成为国民党左派，迅速组织共产党员、共青团员，分头深入到工农群众之中，依靠工会、农会的支持，吸引一批进步工人、农民和青年加入国民党。进而在江门警察队伍中，又组建了国民党第四区、第五区两个区党部，从而使江门市的国民党左派力量迅速扩大。

1926 年 4 月，国民党江门市第一次党员代表大会召开。国民党广东省党部委派潘兆銮出席会议。大会正式宣布成立国民党江门市党部，选举产生了国民党江门市党部第一届执行委员会和监察委员会。共产党员在执委中占了大多数，叶季壮被选为常务执委兼组织部部长。选出的执行委员会，大部分是共产党员和各界开明人士。改组国民党县党部和帮助筹建江门市党部的成功，标志着国共两党合作在新会县、江门市正式形成，从而开启了新会国民革命运动的新局面。

1926 年 8 月，中共新会支部在会城刘家祠召开全体党员大会。会议分析了新会的革命形势，通过了加快扩大农民自卫军和加紧军事训练，随时准备击败国民党右派势力的破坏活动；发展党的组织，加强政治思想建设；增设中共江门支部等议案。中共江门支部以领导工人运动为主，重点在江门工人群众中培养发展党员，在工会中建立基层党组织，支部设在水南祖庙。经中共广东省委批准后，是年 9 月，中共江门支部正式成立，叶季壮被委任为支部书记。

1927 年 1 月，为了加强新会党组织的领导，根据中共广东区委决定，在江门成立中共新会县委，叶季壮任县委书记。同月，中共四邑地方执行委员会（简称中共四邑地委）在江门成立。5 月，改为中共五邑地委，书记叶季壮，管辖新会（含江门）、开平、台山、恩平、鹤山等县党组织。之后，江会地区党组织迅速发展，从城镇发展到农村，党员从知识分子发展到工人、农民等群体。至 1927 年初，全县建立了 2 个党支部，22 个党小组，有党员 70 多名。陈日光复任江会地区党支部书记。支部机关初设会城，隶属中共广东区委领导。党小组分布的范围，也从江门、会城的工会组织，扩展到水南、里村、篁庄、潮连、木朗、瑶村、石子潭、石头乡、田金、沙堆等乡村。

1927 年 4 月 16 日，继蒋介石在上海发动四一二反革命政变后，国民党反动派也在江门、会城发动政变，进行反革命大屠杀。县委机关秘密转移至江门郊区滘头乡。5 月初，县委书记叶季壮在新会大泽乡田金村主持召开新会、江门支部委员联席（扩大）会议，决定新会、江门两个支部合并为中共江会支部，李本华、张培道先后任支部书记。同年 7 月，国共两党决裂，国民党反动派加紧"清剿"，血腥镇压，县委领导人遭通缉，中共新会县委机关被迫迁往澳门新桥，秘密开展活动。

1928 年春，中共广东省委指派省委委员何潮（又名何振武）为新会县委负责人，到江门负责恢复江会地区的党组织，适时重建中共新会县委机关。何潮是广东南海县人，曾在香港当海员，在来往香港与江门之间的"新宁号轮"和"新南海号轮"上当侍役、厨役，参加过香港海员罢工和省港大罢工。随同他一起来的还有在外地隐蔽的尹钦、何耀、陈福成等几名江会地区的党员。到江门后，何潮隐蔽在墟顶街一个叫谈三的共产党员、工运骨干的家里，首先设法在江会附近联络到尚未暴露身份的黄衮华、林振华、黄寿、黄镰等几位共产党员，传达了省委要求加紧恢复党组织的指示，然后布置分头到潮连、篁边、周郡、大泽、崖南、崖西、棠下石头乡等地暗访寻找，终于与江会暴动流产后疏散隐蔽各地的王士烈、陈述、陈绩、李球等党组织领导人和党员骨干取得了联系。于是，经省委批准，正式恢复了中共新会县委，由何潮任县委书记，王士烈、黄衮华、陈述、谈三为县委委员。后来，县总工会委员吕棠被捕，英勇就义。米业工会委员尹钦、潮连乡农会委员区少文等一批工农运动骨干先后被捕牺牲，新会的革命力量再次遭受挫折。不久，省委又将何潮调走，但没有及时指派新会县委的负责人。结果，县委的工作因失去领导，再次陷入瘫痪状态。此后，上级再次试图恢复江会党组织，没有取得成功。

1928年6月，省委派程鸿博来新会，继续开展恢复党组织的工作，与失散的党员、团员取得联系。1928年7月5日，中共江门市委成立，隶属广东省委领导，下辖江门、新会、台山、开平、恩平、阳江等地党组织。徐恩、程鸿博先后任市委书记。同年8月，新会县委恢复，王士烈任县委书记。同月，中共新会县委并入江门市委。11月，中共广东省委撤销中共江门市委，改为中共新会县委，县委书记为程鸿博，委员有梁钊、王士烈、李锡罗、陈发生，县委机关设在江门市，管辖新会、江门以及开平、恩平、台山等县的党组织。

1929年2月，因叛徒出卖，位于江门石湾村新第里52号的新会县委机关驻地及县委常委的住所被包围，县委5名常委及工作人员和正在江会巡视工作的中共六大代表、候补中央委员、广东省委巡视员甘卓棠和中共六大代表唐球，及新会县委领导人共8人不幸被捕。随之，反动派又在城内和近郊乡村寻踪搜查，拘捕了当地党、团组织的领导成员及工农骨干10余人。不幸被捕的还有程鸿博、王士烈、李锡罗、陈发生、黄衮华、张华熙、吕惠璇、黎臣、黄景生、彭干廷、陈镇潮等中共新会县委主要领导及江会地区党、团组织的领导成员，他们全被押解到广州囚禁，在狱中受尽酷刑，坚贞不屈，后大部分惨遭杀害。中共新会县委领导机构遭到严重破坏，再次解体。

1929年下半年，省委多次派钟炳枢来新会恢复工作。9月，中共新会县委恢复，钟炳枢任县委书记。11 月，钟炳枢调离新会。当时，白色恐怖极为严重，工作难以开展，刚恢复的新会县委随之撤销。

1930 年 5 月，积极寻找上级党组织的共产党员周星三等人，在江门北街建立地下联络站，努力恢复建立党组织和开展革命活动。但工作刚开展即不幸被捕，革命活动被迫中断。

1931 年 3 月 1 日，国民党新会县政府机关从会城迁到江门石湾庙。1932 年初，经中共广州特支派员联络指导，在江门重建了一个中共支部（一说是党小组），共有党员 3 人。但不久，广州特支书记杨泓章到香港向省委汇报工作时，不幸被捕，广州特支也随之停止了活动。江门支部因与上级党组织再度失去联系，很快又解体了。此后，中共五邑地方组织完全停止了活动。

1937 年 1 月，中共江会支部重新成立。同年 7 月 7 日抗日战争全面爆发后，在党组织的发动、领导下，各地群众纷纷行动起来，抗日救亡运动蓬勃发展，党的组织也逐渐发展壮大，至年底，全县有 12 名党员。

江门镇工人、农民运动

一、江门镇工会的成立和发展

在 1919 年五四运动和 1922 年香港海员大罢工斗争的影响和鼓舞下，江门的工人运动逐步开展起来。

1922 年以前，江门还没有现代的工会，有的只是行帮性质或俱乐部性质的"堂""馆"。那时的"堂""馆"组织是涣散的，劳方资方都可参加，特别是"堂""馆"当权的理事，总是落在"老行尊"手里。所谓老行尊，不是老奸巨猾的资本家，便是无恶不作的封建把头。这些人从来不为工人利益打算，却对工人群众实行家长式的统治。因此早已引起工人群众的极大不满。

江门最先出现的工会，要算茶居工会。1921 年 8 月间，陈康（香港茶居工会的主席，外海人）从香港返回江门，向工人介绍工会情况，工人听闻后颇感兴趣，遂倡议在江门组织茶居工会。经过串联发动，向商户征求意见等几个月的筹备，于 1922 年初，在江门成立了四邑茶居饼行工会，会址在江门惠济桥，选出罗源、陈康、福寿康等为委员。这是江门第一个工人自己的组织。接着，会城方面出现新会葵业工会，它是在原来行帮性质基础上，推翻封建把头、修改章程、重新选举执监委改组而建立起来的。接着有轮渡船工会、五邑船艇工会、酒楼茶室工会、广东省油业工会江门分会、中华海员工会江门分会、宁阳铁路工会等成立。

工会建立初期，不是没有阻力的，资本家深知工人觉醒后联合起来的力量不容小觑，于是百般阻挠，采用"店规""不得随意出外活动""就业不许入工会"等借口极力刁难工人。至1923年底，仅有六七个行业成立了工会。

茶居工会不但成立较早，还首先组织工人争取切身利益，与资本家开展激烈斗争。当时该行业工作时间长，收入极低。工人每天工作12小时以上，制饼师傅每月不过八九元，楼面工人只得三四元，生活极度困苦。1923年11月间，工会向资本家提出两项要求：普加工资三分之一；下栏（完成制作后剩余的原材料）分配照省（广州）港（香港）规例办理。工会执行委员吕棠代表工人与资方直接谈判。资本家无视工人，谈判未果。于是工会决定行使罢工权利。当时，工会经费仅存三四十元，支持不了一天的伙食。但工人不怕困难，一致表示"不达目的决不罢休"，遂于11月21日宣布罢工。船艇工会、油业工会和香港同业伸出援手，助款千余元购买粮食，极大增强了茶居工人坚持斗争的信心。终于，资本家不得不作出让步，福兴、富香、云来三间茶居首先答应条件，次日全市复业。斗争的胜利不仅改善了工人的生活，更重要的是让工人看到了工会存在的意义和力量，这对工会今后的发展起到了很大的推动作用。

中共江会支部成立后，直接领导江会地区的工人运动。未成立工会的行业，也纷纷组织了工会，已成立而未健全的亦先后完成了健全工作。1924年底，共成立了20多个基层工会，加入工会的工人达6000多人，占总人数60%以上。

当江门工人运动迅速发展的时候，国民党反动派和封建势力不愿看见工人力量的成长威胁自己的统治地位，便互相勾结起来进行破坏活动。他们采用重金收买流氓打手袭击工会积极分子、威胁工人退出工会、煽动黑社会打群架祸嫁于工人、挑拨轮船工会与起卸工会之间的矛盾等手段，破坏工会形象与威信。面对凶恶阴险的敌人，江门工人迫切要求有一个广泛团结同胞、统一斗争的领导机构。1924年10月，中共新会支部在江门召开新会县第一次工人代表大会。会议前夕，陈日光以国民党中央工人部特派员的公开身份，进行周密筹备。会议由吕棠主持，以传达第一次全国劳动代表大会的精神和成立地方统一领导机构为中心内容。出席代表70余人，代表江会两地各个基层组织，推选了吕棠为当地总工会正筹备员、叶璋为副筹备员、陈日光为指导员。大会顺利地通过"成立总工会，立即开始筹备"的决议。同时通过"俟各基层整顿后，即开大会选举执监委员，成立正式领导机构"、"未正式成立前，筹备会行使总工会职权"、"对外不用筹备会名称，而用总工会名义行之"等决议。为了更好地进一步健全领导机构，发挥工会的领导作用，遂在江门召开新会第二次工人代表大会。这次大会，出席代表100多人，代表40个基层组织，首先由筹备委员报告筹备经过和筹备期间的工运工作。其次由国民党江门党部改组后的常务执委叶郁年（叶季壮）致词，演讲的有农民协会、学联会、妇女会以及工商界的代表。会议转入选举执监委员议程时，遭到反动势力破坏。经过一番斗争后，大会按照原来议程进行，选出吕棠、罗源、麦润松、龚继周、司徒成、梁庆祺等为委员，吕棠为委员长，会址迁往水南祖庙。虽然反动势力经过较量失败了，但仍不死心。当时总工会的信誉、声威极高，为觉醒后的工人所拥护，反动派的离间破坏阴谋终未得逞。此时，参加总工会的行业工会有20多个，成员7000多人，形成江会地区的革命中心力量。

1925年6月19日，抗议帝国主义制造五卅惨案、支援上海人民反帝斗争的省港大罢工爆发了，很快得到广东各地工人和各界群众的响应支持。在中共新会支部的直接领导下，江会各界群众成立了省港大罢工后援委员会，下设宣传、慰劳、劝捐、纠察4队。慰劳队在北街设立接待站，接待从香港回归、途经江门的罢工工人及其家属200多人；劝捐队共收捐款3万多元，悉送省港罢工委员会。省港罢工委员会在江门设立办事处，派纠察队第三大队进驻北街，江会后援委员会组织新会县总工会工人纠察队协助缉私，配合对香港进行经济封锁，江门至香港航线停航，停止与香港贸易。同时，江门工人也乘着省港大罢工的声势举行罢工斗争，反对资本家的残酷剥削。江会地区榨油业共有商店20余间，工人900多人。工会与资方原订有合同，规定工人每榨一槽油工钱为2.6元，后降为1.8元。同年8月，资方以省港大罢工使生油出口有困难为借口，将榨油工钱再降为1.6元。工人生活更为困窘了，油业工会为此向资方提出恢复原订合同所规定的工钱每槽2.6元的要求，资方拒不接受，于是油业工人罢工，迫使资方妥协。五邑船艇工会也积极支援，动员船工拒绝为榨油业商店载运货物。最终，资方接受工人要求，与工会订立复工合同，并签订如下合约：①不得无故开除工人；②雇工要经工会介绍；③工人工资增加50%；④罢工期间工资照发。是年9月，江门辗谷工会要求资方为工人加薪并减少工时，资方拒绝，数百工人联合罢工，米业生产停工，商店无米出售。后经国民党省、市政府调处，资方才答应给工人增加工资。同年10月，新会县夹葵工人向资方提出增加工资30%的要求，瑞利祥老板、商团军第六分团团长董余荣勾结陆焯南，布置商团军30多人殴打前来瑞利祥说理的工人，诬指"抢劫"，捉去工人汪湘等3人，并捣毁葵业工会会址。新会县总工会为支持葵业工人的斗事，发动船艇工会组织工人拒绝运载葵扇和葵料，使葵扇不能出口。后资方释放3名工人，新会县总工会为此曾向法院起诉陆焯南教唆杀人罪，但因法院包庇，起诉没有结果。

1926年5月1日，江门举行了纪念五一劳动节大会，同时声援省港罢工工人，参加人数有2万多人。6月，江门制茶叶工人向资方提出减轻劳动强度、提高待遇、不得被随意解雇等要求，之后举行罢工，坚持十多天，资方最终接受工人要求。

1926年8月，江门、会城米厂工人提出增加工资、改善福利待遇、加强劳动保护的要求，资方没有答复，工人立即举行罢工，并得到广东机器工会第一分会的声援。罢工时间近两个月，资方受到巨大打击，国民党省农工厅责令江门市政厅、县政府从速调处，最终资方让步，于9月底劳资双方签订了6条协议，工人取得了彻底胜利。

1926年9月1日，江门市工人代表大会成立。加入工代会的有省港劳动同德总工会江门支部、广东酒楼茶室总工会江门支部、新会鸡鹅鸭苗工会和新会金属、绸布业职业工会等20个团体。

二、江门镇郊区农会的建立和发展

中共江门党组织在领导工人运动的同时也领导着郊区农民运动的开展。江门郊区农民在军阀官僚、土豪劣绅、地主恶霸压迫之下，整年辛勤劳动而不能维持温饱，"一禾九穗得个吉"（"一禾九穗"意为一棵禾苗能长九个穗子，收成很好；"得个吉"则是一场空的意思。这句话意为即使辛勤劳作迎来大丰收，到最后也只是落得一场空。），就是当年郊区农民不满现实的叹息。因此，农民迫切要求改变悲惨的命运。1924年底，中共党组织派李冠南，随后又派关仲、杨坤等来江门展开农运工作，先后在江门设"国民党中央农民部特派员驻江办事处"和"新会县农民协会筹备处"等机关，推动各乡农运。经过深入细致的宣传发动，农民觉悟逐步提高，认识到只有团结起来展开斗争，打倒地主阶级，才能改变自己的命运。

1924 年中共新会支部建立后，1925 年 2 月 1 日，新会县诞生了第一个乡级农民协会——新会第一区青云坊农民协会。当时江会地区主要领导者是国民党中央农民部特派员李冠南。成立大会还选举了农协会正副委员、秘书等，同时成立了"新会农民协会筹备处"。李冠南负责江会地区的农运工作，新会、江门地区的农运工作迅速开展。

1925 年 3 月初，在新会县农民协会筹备处帮助下，棠下隶属新会第五区和第三区部分（第三区大部分属杜阮）10 余乡相继成立农民协会，在新会支部党组织和农民协会筹备处直接指导下开展活动。

1925 年 4 月 30 日，江门市郊农民协会在水南成立，在打倒土豪劣绅、反对苛捐杂税、取消民团、组织农民自卫军、实行"二五减租"、改善农民生活等方面，展开了声势浩大的活动。江门市郊的农会组织遍及水南、白沙、紫坭、东罗宁（东仓里、范罗冈、泰宁里）、滘头、白石、里村、双龙、瑶村、芦村、井根、木朗、杜阮、篁庄、丹灶、石头、良溪等乡村。同年 10 月，棠下横江也成立了农民协会，浣溪人吴悦琼任农会副会长。地方劣绅土豪十分惧怕日益壮大的农民队伍，于是要求与农民协会合并为民团，企图削弱解散农民协会，但最终未能得逞。

1926 年，建立江门支部，由中共党组织直接组织和领导当地的农民运动。同年 5 月正式成立，选出彭业权、尹国彦、欧阳子良、谢权、王岳、施展、区毛等 7 人为委员，以石子潭彭家祠为办事地点，推动全区农运工作。

1927 年 1 月，陈国泉受党组织安排，从广州回到棠下石头乡，在陈氏太祖祠（陈氏宗祠）重组农民协会，开展农民运动和发展会员，陈国泉被推选为石头乡农会主席。

1927 年 4 月，蒋介石发动四一二反革命政变。4 月 16 日，国民党江门市市长陆钜恩及军阀徐景唐奉命对江会地区的中共党组织和各地农会组织进行残酷镇压。目标首先是袭击中共江门支部，同时包围查封了新会县总工会、各乡农民协会联合办事处、《四邑平报》报社等组织机构，扣留了这些机关的工作人员，逮捕了不少工人、进步教师和学生、革命群众。一批农会会员、骨干及其家属惨遭迫害，农会受到严重破坏。由于中共新会县委采取了一系列紧急措施，党组织的主要领导核心没有遭到破坏。国民党反动派的嚣张气焰没有吓到农民，他们反而在逆流中奋起反抗，在中共江门党组织的领导下，农会隐蔽下来继续斗争，以田金、罗坑、龙湾、石头等地为据点，艰难地从事地下活动。已暴露身份的重要领导人物，奉令秘密撤退。新会县罗坑是党的领导机关所在地，由李冠南、关仲、李安等主持工作。龙湾接近江门，联络便利，由苏钧松、施展和区毛负责。当时农运的主要活动是，秘密地领导农民展开反对"改组"活动，为反抗地主的报复——吊耕夺佃而斗争；另一方面，联络会员保存武装，加强政治军事教育，提高农民的信心和斗志，为军事反攻创造有利条件。

江会四一六反革命政变后，镇郊工农组织也遭到严重破坏。1927年10月，广东政局发生变化，张发奎率军进入广东，又委派人员前来江门，设立总工会县农会联合办事处，恢复农运工作。时间不到半个月，军阀的伪装被撕下，薛岳在江门进行反共、屠杀工农勾当，残酷程度比之前更甚，牺牲的工农骨干不少于200人。10月底，传来第一个工农政府在广东海丰建立的消息，同时传来党中央"在城市农村发动和扩大武装起义、建立工农民主政权"的指示，工农群众受到莫大鼓舞。当接到广东省委"在广东发动起义"的决定及公开号召后，工农群众革命热情更加高涨，斗志更加坚决，一致要求在江会举行军事反攻，成立工农民主政权。中共江门党组织领导根据群众的要求，在新会大泽的田金召集会议，决定成立行动委员会，负责领导反攻和作战计划。同时把原有工人纠察队、农民自卫军整编为工农革命军，并扩大为中国工农革命军广东中路纵队新会支队，关仲为总队长，李冠南为政委。以张村为军事集结点，棠下的公坑天成寺为临时指挥部，龙湾村为联络站，石头村为前沿基地，从各方面扩大队伍，齐集武器，做好充分准备，等待时机发动起义。

1927 年 12 月 30 日，工农队伍结集在会城北郊场举行起义誓师大会。准备会后以先锋队伍袭击薛岳师部，分头围攻其他机关，胜利后建立江会工农民主政权，与西江、南路一带联合起来响应广州起义。推举李安为工会军事指挥员，关仲为农会军事指挥员，北街农民自卫队队长阮福被任命为 2000 人的敢死队队长。不料广州提前起义，因交通阻滞，省委的指示未能及时下达，江门仍按原定日期和计划进行。当时会城北郊场聚集了一万多人，只见军旗被北风吹得猎猎作响，梭镖、刀叉明晃晃闪着寒光，与会者情绪激昂，高呼"共产党万岁!""苏维埃万岁!"正当大会临近结束、工农红军待命进城的时候，指挥部接到紧急情报：国民党薛岳军队突然返回江门，正向会城开来。指挥部当即宣布马上结束大会，取消原定计划，掩护群众撤离。于是，群众向四周疏散，工农红军随后撤回革命根据地。敌人进城后进行疯狂镇压，封闭工会、农会，搜捕工农干部和进步教师、学生，许多革命同志被捕，江会大地处于血腥风雨之中。从此，江会革命运动转入更艰苦的时期。在这期间，中央党组织先后几次委派人员来江门领导和恢复组织工作，农会骨干仍然顽强地从事秘密活动，与反动势力展开斗争。不幸的是，彭业权在江门被捕，张华器、陈积在石头村被捕，之后黄衮华、彭干廷、吕渭璇、谈三、黄寿又在江门被捕。他们受尽反动派的酷刑拷打，先后为革命事业献出了年轻宝贵的生命。

三、江门镇郊组建农民自卫队

1924 年 7 月第一次国共合作时期，中国共产党为培养农民运动骨干，以中国国民党中央农民部名义，在广州举办农民运动讲习所。李冠南结业后被任命为中国国民党中央农民部特派员，派回新会从事农民运动。1925 年 2 月青云坊农民协会成立后，李冠南以特殊的身份，致函中国国民党中央执行委员会，请求转告各县政府保护农民协会，中国国民党中执委批转照办。为此，新会县县长陈永惠出布告保护农民协会。同年 3 月，中共新会支部召开党员大会，把深入开展减租运动、废除苛捐杂税、反对土豪劣绅暴行、发展农会和农民自卫军作为当时农民运动的任务。

水南农会在郊区成立最早。水南乡打击反动民团取得胜利后，大长了农民群众的志气。1925 年 3 月 23 日，包括 10 个自然村在内的水南乡农民协会，宣告正式成立，共有会员 150 多名，同时建立了由农会领导的水南乡农民自卫军，壮大了农会的力量。同年 5 月中旬，新会县农民协会筹备处在江门召开第二次县农民代表大会，根据省第一次农民代表大会的精神，商讨加快全县农民运动发展的事宜。大会通过了向县国民政府呈请关于废除苛捐杂税、开展"二五减租"、巩固发展农民协会、扩大农民自卫军等项内容的决议。

木朗乡农民协会是杜阮成立较早、组织较健全的农会组织。1925 年下半年，在第三区农会彭业权、施展等负责人的领导下，木朗乡进步青年尹国彦、尹剑辉等农民骨干经过组织发动，带领村民和以土豪劣绅尹介三、尹简卿为首的恶霸分子开展"减租减息"的斗争，并通过接管公偿产业、清理账目、追缴公款、筹款购置枪械，建立起农民自卫军。接着整理会员名册，做好成立农会的准备工作。经过半年宣传发动，农会会员已发展到 100 多人。农会的主要骨干有尹国彦、尹剑辉、尹智远、尹社如、尹尚如、尹卓如、尹厚仪等。1925 年 12 月 31 日，木朗举行农民协会成立大会。在木朗尹氏祠堂前搭起了主席台，两侧对联写着："商人有会，工人有会，我辈劳民岂可无会；军阀越权，财阀越权，吾们志士切勿放权。"在大会将举行时，却遭到木朗地方民团及第三区民团总队一队团丁前来捣乱。他们在侧旁挂出了"新会县航空救国会木朗分会"的牌子，还声称"平乱"，"缴农军的枪，捉农会的人"。农民自卫军不甘示弱，与其开展了针锋相对的斗争。村里的农民闻讯，纷纷拿起锄头、木棍前来支援。在双方搏斗中，不少农会干部被民团打伤。在这千钧一发时刻，第三区农民自卫军总队长彭业权闻讯带领邻乡的农会代表和农民自卫军及时赶到，对民团进行了反包围，很快收缴了民团枪械，排除了阻碍。大会宣布木朗农民协会正式成立，选举尹国彦为农民协会委员长，尹剑辉为农民协会大队长兼农民自卫军队长。农会及时发动干部和群众分头捣毁了"航空救国会"，接收了木朗乡公所，捉拿地方土豪尹介三、尹简卿等人并解送县农会治罪，农会取得了初步胜利。木朗农会斗争风起云涌，有力震撼了反动势力的统治地位。1926 年上半年，瑶芦、井根、石子潭等乡村也在第三区农会的指导支持下，相继成立了农会组织。

1926 年初，国民革命军第四军叶挺独立团第一营（周仕第营），从肇庆奉调到新会驻防，支持国民革命运动，设营部于新会县总工会和县农民协会筹备处的活动据点——江门水南祖庙。该营进驻江门后，十分关注当地工农运动的进行情况。同年 1 月 13 日，周仕第召集驻地的工农骨干举行军民联席会议，共同商讨发展新会农民运动的事宜。同年 2 月 28 日，协助新会县农民协会筹备处，在江门附近的第三区石子潭村召开全县第三次农民代表大会（一说为县农民协会筹备处第三次代表大会），有 26 个区乡农会共派出 64 名代表参加。大会推举尹国彦、张文照等为主席团成员，并发出通电，声讨吴佩孚勾结军阀张作霖和日本帝国主义。7 月，新会县第四次农民代表大会（一说为农民协会代表大会）在江门水南乡祖庙举行，各级农会派出 200 多名代表参加。大会正式宣布成立新会县各乡农民协会联合办事处，选举李冠南、施展、关仲为常务执行委员，梁坤、彭业权、张挺生（张培道）、尹国彦、区毛、伍时和为执行委员，并通过了继续扩大农会组织、有计划地训练农民自卫军等议案。在新会县各乡村中，"一切权力归农会"已成为农民斗争的响亮口号。此时，全县已发展区农民协会 2 个，乡农民协会 45 个，会员 10910 人，遍及全县 10 个区，其中有 14 个乡成立了农民自卫军。

1926 年 8 月，中共新会支部在会城刘家祠召开全体党员大会，把农民自卫军队伍的建设视为重要任务，明确提出在斗争中扩大党的力量和农民自卫军组织，加强农民自卫军训练，提高战斗力，使之成为挫败国民党右派反革命活动的中坚力量。

1926 年 11 月 2 日，第三区土豪劣绅与当地的贪官污吏勾结在一起，诬告第三区农民协会执行委员尹国彦、白庙乡农民协会执行委员梁仲廉犯有杀人罪，县法院未经调查核实便将尹国彦、梁仲廉逮捕入狱。各乡农民协会联合办事处与第三区农民协会多次派人与县法院交涉。在要求放人无果后，立即组织进步群众近 2 万人前往县法院举行示威，最终迫使法院无条件放人。同月中旬，第三区土豪又勾结第十三师师长徐景唐，以"窝匪"为名，扣押第三区农民协会委员长兼区农民自卫军队长彭业权，各乡农民协会经多方营救，彭业权很快获得释放。

1927 年 2 月 2 日（农历正月初一），为反抗国民党右派的破坏活动，鼓舞工农群众的革命斗志，新会县各乡农民协会联合办事处组织各乡村农会会员、农民自卫军队员约 8000 人，聚集在江门商团操场，举行盛大的集会和检阅仪式。四邑农民运动办事处主任、县各乡农民协会联合办事处负责人、共产党员李冠南等，检阅了来自全县的农会会员和农民武装的队伍，并在会上发表政治动员演讲，痛斥反动派倒行逆施的行径，号召工农革命群众团结一致，与破坏工农革命运动的反动势力作坚决斗争。会后，组织了大规模的示威游行。

1927 年 4 月 16 日，国民党发动反革命政变，军阀徐景唐眼见自己设下的圈套被共产党人识破，便举起反革命屠刀，先是血洗城市，然后直指农村。最先遭受迫害的是杜阮井根乡。该乡农运由文绰英（井根乡农会委员长、总工会新会办事处主任）领导，异常活跃，早已引起当地反动分子简清吾的极端仇视。反动军阀徐景唐在城市大屠杀的时候，他即以新会东北联团局名义，率领江门民团常备中队和第三区民团，会同驻军十三师一部，共 300 多人进入井根，进行所谓"反共""清乡"。天还没亮，井根全村就被包围起来，随后枪声大作，子弹横飞，10 多名村民当即倒在血泊中。反动军警由反动地主武装引路进入村里，借"清乡"名义逐户搜查民房，洗劫财物、奸污妇女，捕捉杀害革命群众。当日，井根乡就有 10 多名农会干部遭到杀害，有五六百个农民被强押到乡公所严刑逼供，三四十名群众被投入监狱。农会干部文绰英、文未、关军等 14 人解往驻军师部监禁。后来文未、关军被杀害，文绰英转解广州。这就是反动派制造的骇人听闻的"井根事件"。随后，反动军警又以同样的手段先后洗劫了瑶村、木朗、里村、篁庄、石头等 10 多个村庄。被拘捕者全数解往师部监禁，施以酷刑。农会裁判员区贵，被打成重伤而死，同时多人惨死狱中。撤退不及时的农会干部或积极分子，都惨遭迫害。这次"清乡"，全县有 100 多名共产党员和革命干部、群众惨遭杀害，数百名干部、群众被捕入狱。

与此同时，新会地方封建反动势力也开始大搞反攻倒算。他们趁机重新组织反动武装，疯狂地迫害农民协会和农民自卫军干部群众，抢劫百姓财产，加重征收苛捐杂税，农民群众被迫流离失所。当时仅井根乡就有 100 多个百姓被迫流落他乡。此外，国民党反动派还在城镇乡村中，成立各种"改组委员会"，对国民党县党部、江门市党部和工会、农会组织实行反革命"改组"。在国民党县党部、江门市党部任职的共产党员和开明民主人士均受到拘捕和通缉。至此，国共两党在新会的第一次合作彻底破裂，新会笼罩在一片白色恐怖之中。

四、江门镇郊惩治土豪劣绅

中国共产党领导和团结广大的工农劳苦大众进行不屈不挠的英勇斗争，战胜了一个又一个困难，取得了一个又一个胜利。反动势力根本不愿看见农民力量的成长，特别是土豪劣绅，为维持他们在农村的统治地位和阶级利益，采用极端卑劣的手段破坏扼杀农民运动，迫害进步农民，因而各地出现了革命与反革命的激烈斗争，江门镇郊惩治土豪劣绅揭开了江会革命斗争史册壮丽的一页。

1925 年 3 月 1 日，李冠南作为新会县农民代表、吴剑煌作为教育界代表，一起赴北京参加由孙中山倡议的国民会议促成会。值此时机，李冠南、施展等布置县农民协会筹备处，深入到江门近郊一带，针对由地主恶霸操纵的水南乡反动民团，殴打农民，抢走农户的耕牛、犁耙农具等情况，发动组织乡民团结起来，与乡村反动势力进行斗争。并借助县长"保护农会，保护农民生产"的通告，请求当地驻军出面保护，阻止民团作恶，有效打击了恶霸的嚣张气焰。

1926 年春夏间，江门市政厅利用重新"估征警捐"的机会，变相加重对工农群众的剥削，并出现官商勾结，借"煤油专卖"之机哄抬物价，激起群众强烈不满。新会县总工会即联合县农民协会筹备处，于同年 5 月 1 日发动 2000 多名工农群众，会集市政厅门口请愿示威游行，高呼"打倒军阀""反对估征警捐""取消煤油专卖"等口号，并推举吕棠等 4 名代表与市政厅长叶显谈判。其间，市政厅内突响枪声，为防吕棠等人出意外，门外群众迅即冲入厅内，与守卫军警发生冲突。市政厅长叶显吓得慌乱溜走。"估征警捐"从此不了了之，而煤油和鲜鱼价格，也恢复正常了。

土豪恶霸、反动势力一向骑在农民头上作威作福，且苛捐杂税多如牛毛，如护耕费、开耕费（又名水利费，即是开耕时用水灌溉，要缴一定费用）等苛费，什么上期租、一平租（一次交足全年租金）和界租、包佃等苛例，什么批头、鞋金、茶钱和超租礼物等附带条件，加上民团要维持给养，农民被压得难以喘气。于是，江门郊区各乡在农会的组织带领下，开展了轰轰烈烈的反苛捐杂税、打击土豪恶霸、抗击反动民团的斗争。

东罗宁农会领导下的农民斗争尤为激烈。为了筹集活动经费，进行"清理公偿"的斗争。郊区各乡公偿，占有大量土地和铺户，被土豪劣绅、"祠堂白蚁"（指专贪占祠堂公偿的人）把持着，中饱私囊，欺压农民。清理公偿，不仅达到打击土豪劣绅、改善农民生活的目的，还可以筹集经费。当责成"祠堂白蚁"交出公偿的契据、图章、租约、账册和现款时，这伙一贯恃势凌人的土豪劣绅，仍然抵赖抗拒。"十三太保"头子吕鲁予是其中最嚣张的一个，东罗宁农会骨干吕炳子就亲自出马制裁这个家伙。吕炳子腰插一支手枪登上吕鲁予家门，强行要他执行移交。初时，吕鲁予还作抵赖，吕炳子拔出腰间手枪厉声威胁道："你不交，全体农民不肯！我这个也不肯！"这个贪生怕死的家伙最终打开了保险箱，拿出全部契据、账册，以及吞蚀的现款。清算了吕鲁予的消息不胫而走，其他的"祠堂白蚁"看到吕鲁予也保不住，不得不把公偿交出来。公偿清理了，土豪劣绅的威风被打掉了，农会组织迅速发展壮大。

1926年2月28日，东罗宁农会响应新会县第三次农民代表大会的重要决议，开展了"打倒土豪劣绅，废除苛捐杂税，取消地方民团，组织自卫军，改善农民生活，实行'二五减租'"等一系列斗争，有力打击了反动民团，使之呈瘫痪状态。东罗宁护耕费、民团费、更夫费等苛杂，经农会宣布统统废除；其他的苛刻和附带条件，如所谓上期租、伙食招待、物品供应等不复存在，连几十年来欺压农民的江门北极殿瓜菜秤约定，也废止了。此外，对土豪劣绅穷追不舍，令其交出货物账册，有贪污作弊的，则无情揭露，按数偿还，让其恶行昭然于众。东罗宁农会斗垮了反动势力，成绩卓越，第二次广东省农民代表大会在广州召开时，新会县派两人代表乡农会出席，其中吕炳子代表东罗宁在大会上汇报斗争经过和介绍经验。

水南农民也勇敢坚决地进行了反苛捐杂税、抗击反动民团的斗争。每逢开耕，该乡便征收所谓水利费。缴不起水利费的农民，得不到水源，不能开耕，既气愤又焦急，于是党组织果断地领导和组织农民开展斗争。经过发动和布置，一支数百人的斗争队伍行动起来，人们走上田头，把截了的水流全部打通灌溉农田，保证农民依时开耕。水南恶霸闻讯，带领一班民团气势汹汹跑来。为首的大声喝道："你们斗胆开放水道，马上停止!"农民异口同声说："因为要吃饭，就有胆!"水南恶霸凶狠地说："水是我的，再动就要你们的命!"一位农民毫不妥协地表示："水不是你的，而是大家的，怕者不来，来者不怕!""怕者不来，来者不怕!"全体农民不约而同作出坚定有力的回答。那个恶霸恼羞成怒，喝令他的走狗向农民动武，但在数百名理直气壮的农民面前，他们岂敢轻举妄动。眼看收不了场的时候，另一个恶霸假惺惺地劝说一阵，然后这班狐群狗党夹着尾巴溜走了。斗争告捷，鼓舞了每一位农民的士气。为了增强武装实力，需要购置枪支，水南农民就把村内的荔枝枯树砍伐变卖，配备了长枪六支，短枪两支，成立一支 36 人的常备队，分为五个小队，队部设在东炮台，由黄景生、胡华任正、副队长。同时禁止民团到东炮台一带对过往船只收取油灯费，而由农会直接征收，所得款项用作农会经费。为进一步废除苛捐杂税，一方面找水南乡局长张植臣交涉，限令即日起停止征收，另一方面发动群众，拒绝缴纳。恶霸民团队长谭老一，平日对农民欺霸凌辱，要是农民抗缴一切杂税，特别是民团费，等于是要他的命。他便率领民团到各乡强征，把不纳税农民的耕牛、水车抢走，还串联其他乡的民团队长绑架农会积极分子。愤怒的农民，拿起武器开展激烈反抗，经过激烈的枪战和肉搏，击溃了民团多次进攻，缴获步枪数支。恶霸谭老一不甘失败，又勾结北街、白石等处的土匪和地主武装企图报复，但最终被英勇的农民自卫军击退。由于断绝了经济来源，反动民团逐渐散伙了。

棠下农会与工农并肩作战，也开展了声势浩大的"减租减息""反对苛捐杂税""反对估征警捐""取消煤油专卖"等斗争。1926 年 11 月下旬，国民党右派分子与地主豪绅勾结，私设烟叶出产税，加重对农民的剥削。彭业权率领第三区、第五区农民协会代表前往办事处质问征收依据和理由，经过反复斗争，烟叶出产税终止开征。同年 12 月，国民党右派势力和封建地主阶级反革命活动更加猖獗，借口搜捕土匪，出动军警，包围石头乡，捣毁石头乡农民协会，捉拿农会干部陈兰、陈职和农会会员 30 多人，横江农民协会也遭捣毁，副会长吴悦琼被杀害。敌人的残暴，激起了民众的极大愤慨。新会县各乡农民协会联合办事处组织千余人游行示威，面对愤怒的人群、气势如虹的队伍，反动派被迫释放了所有拘捕人员。

第三章

抗日烽火　同仇敌忾

第一节 中共江门支部的建立

　　九一八事变后，抗日救亡运动兴起，广东各地在大革命失败后遭到破坏的地方党组织，开始恢复、重建并发展。1936 年 10 月，中共江门镇支部重新组建，并发展了一批党员，青年教师黄玉卿是中共江门基层组织发展的第一位新党员。1937 年 1 月，黄玉卿被江会党小组发展为中共党员，党员人数已有 3 人，经上级党组织批准，在江门恢复重建了中共江会支部，陈翔南任支部书记。

　　1937 年 7 月，中共江会支部为适应抗日救亡的需要，以中华民族先锋队（简称民先）、迈进社、春天读书会、妇女问题研究会等早期抗日救亡团体成员为基础，组建了全县最早公开树立抗日旗帜的抗日救亡群众团体——新会流动剧团，该团共有团员 60 多人，由中共江会支部书记陈翔南兼任团长，积极开展抗日宣传，激发群众抗日救国的热情，有力推动了江门镇抗日救国运动的蓬勃发展。

　　1938 年 10 月底，中共西南特委指派特委委员、青年部长陈能兴参照广东青年抗日先锋队（简称抗先）的做法，组建粤中区的抗先组织，加强统一战线。陈能兴利用与区行署专员古鼎华相熟的关系，主动与古鼎华交往，商讨抗日事宜，宣传抗日救国的道理，进而争取了古鼎华对建立抗先的支持。随后，经特委和地方党组织的筹划，于 1938 年 11 月 12 日，成立广东青年抗日先锋队新会县总队；同年 12 月，成立江门镇抗先独立中队，队部设在江门常安路 138 号，成员除学生、教师外，还有工人和店员，这是一个江会地区的青年抗日组织。荷塘抗先队是紧接新会抗先总队成立之后，于 1938 年 11 月组建的，它的序列是新会第四区队，队员的布质胸章统一由县总队颁发，区队部设在荷塘镇禾冈村南良祖祠内，区队长由党支书容忍之以刘良的名义兼任，副区队长是支部组织委员容焕章。中队长、小队长以中共党员为主，党对抗先的实际领导是秘密的，党员只以个人身份参加抗先，抗先的成员，除党员、流动剧团荷塘分团成员外，主要是三良小学的 1937、1938 年两届毕业生，其中大部分是青年农民。抗先前后活动一年多，在国民党右派的打击下，于 1940 年春被迫停止活动。

1939 年 1 月，中共新会区工委在江门镇召开全县党员代表大会，出席代表 10 余人，大会由中区特委委员、新会区工委书记陈翔南主持，中区特委组织部部长陈春霖亲临指导。会议选举产生了新的中共新会县委，县委书记为陈翔南，县委委员兼组织部部长秦一飞，群运部部长施展，宣传部部长黄文纯，青年部部长李海，妇女部部长黄玉卿。该机关驻地在江门镇。书记陈翔南，委员秦一飞、黄文纯、黄玉卿、谢养。为做好组织武装抗日力量工作，会议作出三项决定：加强党的建设；把党的工作重点转移到农村，建立抗日据点；加强抗日民族统一战线工作。会后，除少数党员留在江门镇、会城坚持地下工作外，大多数党员深入农村，开展抗击日军的武装斗争。

1939 年 2 月，中共新会县委随即以抗先名义，发表《告全县同胞书》，号召全县各阶层群众，团结御侮，为最后打败日本侵略者而斗争；指示农村各基层党组织，建立人民抗日武装。当时，中共荷塘党组织建立起新会民众抗日自卫团荷塘独立第二中队。

1944 年 8 月，随着珠江和粤中地区抗日游击战争的发展，为加强边县地区党的工作，中共广东省委临委决定，在江门羊桥市成立中、顺、新、四区（荷塘、潮连、外海）边县工委。边县工委成立后，党组织深入发动群众，加强统一战线工作，配合珠江部队挺进粤中，为建立新鹤地区新的抗日游击区作出了贡献，并迎来抗日战争的最后胜利。

1941 年至 1945 年，江会地方党组织大概有 20 个。

一、江会地区党组织机关所在地情况

1941 年 5 月，新鹤县工委撤销，新会单独成立县委。县委为了方便兼顾国民党管辖区和沦陷区的全面工作，县委驻地不固定，曾先后设在新会双水桥门和小冈乡。1942 年 8 月，在国民党顽固派掀起反共高潮时期，县委的主要负责人转移到敌伪统治中心的江门近郊礼乐乡。1943 年上半年，县委在江门镇常安路大井头巷口开了一家良记饭店，黄国明当经理，陈女双负责收钱。这家饭店实际上是县委的地下交通联络站，是县委接头的地方，县委组织部部长冯光隐蔽在饭店活动。良记饭店对面的蓬江酒店是日军警备队所在地，紫茶路一带到处是日军警备队营房。良记饭店与蓬江酒店近在咫尺，容易观察日伪的动向。下半年，良记饭店撤了后，县委就在羊桥市设立交通站，派棠下三堡大井头村的梁苑挥负责该站工作。1943 年冬，谢创等特委负责同志到新会沦陷区领导工作，也是驻在江门镇。1944 年初，陈江专管武装，不兼管地方党的工作，他从新会礼乐转回大泽田金，并以大泽田金为据点，组织武装斗争。此后，县委机关设在江门。因此，抗战后期，江门镇成为特委和县委领导机关的所在地。

二、农村党组织的建立与发展

1939 年初，中共江会支部召开了全体党员会议，传达省委精神，决定把党的重点工作转移到农村，建立抗日根据地和加强抗日民族统一战线。

（一）中共杜阮党组织的建立与发展

1939 年 3 月，中共新鹤县工委派党员李克平、陈健生、程志坚、黄毅明、梅仲清等到杜阮开展工作，建立革命根据地，开展抗日救亡运动。1940 年初，首先在松岭村成立中共杜阮支部，李克平任支部书记，陈健生任组织委员，程志坚任宣传委员兼女工委员，以办学校、任教员身份作掩护开展工作，领导和组织群众开展抗日救亡活动和反对国民党反动统治的斗争，成为杜阮最早建立党支部的村。

1940 年冬，在杜阮松岭村建立"三区"特别支部，李克平兼任特支书记，陈光远任副书记，领导大井头支部（棠下镇三堡村）、江门镇里村支部和鹤山铁岗支部，总支部设在松岭村。1942 年秋，李克平调出，由陈健生任特支书记。其间又建立了松岭党小组，党员有黄楚南、区慧英、谭芬。1942 年底，松岭党小组发展施秀容、黄振胜、黄凤婵入党。杜阮党支部和松岭党小组党员程志坚、陈健生、谢微、黄毅明、陈月、沈海妮、冯婉玲、黄楚南、区慧英、谭芬等利用夜校开展抗日活动，先后在施秀容家创办妇女识字班，在松岭村阅书报社办起男子夜校，培养了邓秋八、尹三秋、简银容、黄启泰、谭松等一批革命积极分子。松岭党小组先后培养了黄楚南、谭芬、施秀容、黄凤婵 4 个"堡垒户"和建立交通站，为党组织转送情报、药物，缴获伪乡长的枪支弹药送给部队，保护党的地下工作人员的生命安全。1945 年末，国民党在杜阮实行白色恐怖，松岭妇女识字班被解散，党组织受到破坏。黄振胜任松岭村的伪保长，以掩护身份开展党的地下工作。

（二）中共荷塘支部的成立

前一段的抗日宣传工作，为中共荷塘党组织的建立打下了良好的基础。1938年7月，三良小学的青年教师容汉勋、容淑娴（又名克波）、容焕章三人，参加了中共新会区工委在会城举办的新会青年暑期训练营。通过学习，容汉勋加入了中国共产党。接着，容汉勋在荷塘先后介绍容焕章、尚铁珊、朱家骥3人入党。1938年9月，成立了中共荷塘党小组，容焕章为小组长。这时，容汉勋已调佛山市秀德中学任教，工作由容焕章等3人接手，继续坚持抗日宣传活动。1938年10月在顺德县良教乡省立女子第一中学工作的中共党员容忍之，调返荷塘工作。此后，中共荷塘党小组又发展了一批党员，有容良垱、容国全、容掌盛、容树云（又名海云）、容慧中等。容汉勋于同年10月间又从佛山调回荷塘，并介绍了崔润华（改名崔卓峰）入党。容汉勋与崔卓峰接着调到江门工作，后离开荷塘。1938年11月，经中共新会县委批准，中共荷塘支部成立，容忍之为书记，容焕章为组织委员，容良垱为宣传委员。这时候，日军已占领了广州，接着顺德县城大良及禺南等地相继沦陷，中共顺德大良支部的7位同志也转移到荷塘容忍之处，等候林锵云、黄云耀等中共南（海）、顺（德）二委工委领导同志派人联系。从这时开始，中共荷塘支部又跟林锵云、黄云耀（是容忍之的入党介绍人）发生工作上的联系，并成了他们的交通联络人。

（三）棠下党组织发展与活动

1939年3月，形势急剧变化，江门遭日军攻占沦陷。5月，中区特委决定撤销中共新会县委，把新会分为2个辖区：潭江以北是沦陷区和半沦陷区，与鹤山县党组织合并，在新会大泽田金成立中共新鹤县工委，陈翔南任书记，9月，陈明江（又名陈江）接任书记；潭江以南是国民党统治区，在该地成立中共江南区工委。两个区工委根据各自的特点，发动群众，建立抗日据点，组织人民武装，加强统一战线工作，把党的全面抗战方针政策贯彻到实际中去。1940 年冬，新鹤县工委派李克平（又名李若柱）任第三区（杜阮）、第五区（棠下）党支部特支书记，李克平在杜阮松岭小学任教师，以教师身份往来杜阮与棠下开展地下工作。

1941 年初，新鹤县工委广东赈济总队第 11 分队陈柏辉（又名陈光远）率余敏子、郑重等到三堡大井头（即井溪）开展工作。他们在做好收容孤儿难童工作的同时，积极宣传抗日，物色、培养积极分子，加强政治思想教育工作，发展党的组织，先后吸收了梁权乾（又名梁礼权）、梁礼康、梁成稳、梁金玉、梁荣广、梁柏万等 6 人入党，成立了党特支。

1941 年 5 月，赈济分队调走，何克中被派到大井头工作，发展了女青年梁瑞宝（又名梁宛萍）入党。从 1940 年至 1941 年上半年，新鹤县工委第三区、第五区特支在杜阮、三堡大井头、里村和鹤山的大坳、铁岗等几个点的党组织建立特支委，由李克平、陈柏辉负责。1942 年李兆培（棠下罗江尤龙人）从香港回罗江，受组织安排在自己家乡独自开展工作；共产党人邓瑜碧也从香港返回家乡棠下新昌开展革命工作，不久便在大井头、罗江、新昌等 3 个乡设立了交通站。李兆培先后任罗江校长，不久便掌握了乡里的自卫队。中共党组织又派廖健（又名廖明堂）、简惠仙（杜阮人，日本华侨）夫妇 2 人分别到大井头和石头村，以教师身份作掩护开展工作。廖健在大井头先后发展了梁桥丁、冯锡垣、梁锦章 3 个新党员，并建立了大井头党支部。还派了地下党员到棠下良溪期用学校、金竹坳（现竹溪）丛芳学校、金竹冈大灵学校、桐井养正学校任教，并开展地下工作。为了进一步在石头老根据地恢复党组织，新鹤县工委派简惠仙、关超良、邓积等到石头小学以教学为名，开展地下工作，为了不引起石头村土豪陈炽的怀疑，他们只能以专访学生家长形式，暗中接触原农会进步农民，宣传形势，发动群众，开展抗日斗争。

（四）江门镇郊里村党支部。

江门郊区里村党支部有施波、施恭兰等几个党员，建立了支部，施波当支部书记。1944年施展返回（施展过去是党员，抗战前期去了香港，失去了组织关系），协助支部工作。里村的党员是施展发展的，大家很尊重他。施展虽没有正式组织关系，但容忍之仍与之联系，鼓励他做好工作。1944年以后，里村有的党员因贫病交加去世，力量削弱了。

三、外围组织的建立和活动

1937年1月，中共江会支部正式成立，陈翔南任书记，隶属广州外县工作委员会。中共江会支部建立后，一方面积极加强自身建设，以民先和迈进社为基础，发展党员和党组织；另一方面把党的秘密工作和群众的公开半公开活动有机结合起来，紧紧依靠群众，加强统一战线，广泛开展抗日救亡运动。

1937年，中共江会支部为适应抗日救亡的需要，陆续组建了许多抗日救亡群众团体。其中1937年3月，在江门镇成立的春天读书会，是江会地下党一个外围进步群众组织。陈翔南当时以在江门景贤商业学校当教师为掩护从事革命活动，通过教师的身份来发动一些思想进步的教师及青年学生组成这个读书会。它秘密团结了大批知识青年开展活动，通过组织学习会、报告会、座谈会，宣传抗日救国，进行时事形势教育，介绍阅读进步书刊、革命文学作品等，提高觉悟，增强抗日信心。

江会沦陷后紧张政局的主要特点是：三种势力划分管辖地盘，而又互相渗透，再加上国民党顽固派反共猖獗，中共粤北省委受到严重破坏。江会地方党组织的斗争方针、策略是：其一，依靠群众，发展抗日民族统一战线，利用一切有利因素，积蓄力量开展抗日斗争，提高党员的组织性、纪律性，确保党组织的安全。为了把这一工作做好，地下党组织除了经常对党员进行个别的、分散的教育之外，还举办小型学习班。其二，依靠群众，广交朋友，利用各种社会职业、社会关系作掩护，进行革命活动。1943年冬，谢创到新会沦陷区领导党的工作。他通过邓瑜碧的社会关系，租了一间房子，在江门设立领导机关。并通过房东何师奶（注：广东人旧称有钱人太太为"师奶"）与周围群众接触，做好群众工作，得到群众的掩护。后来，谢创、李国森等特委领导同志在江门开会，办学习班，研究开展对敌斗争等重大活动，也没有引起外界的怀疑。1944年，县委机关设在江门长发里18号，容忍之和肖志刚等县委领导同志住在这里，也是靠群众、靠广交朋友作掩护的。当时，党组织领导结识了浮石街保寿年药材铺的黄岳镛医生夫妇，因为他们在江门是有名望的医生，和他们做朋友是一个很好的掩护办法。其三，关心群众疾苦，开展合法合理斗争。沦陷期间，江会人民生活非常困苦。1943年农业失收，饥荒严重，县委决定开展帮助农民进行减租的合理斗争，并取得减租成功。1944年，特委和县委主动帮助江会地区小学教师清发欠薪和加薪，通过坚持一个多月的斗争，伪县府终于答应清发3个月欠薪。这些取得成功的群众斗争，既揭露了伪政权卖国求荣的黑暗腐败面目，给他们一次次有力的打击，同时进一步提高了广大教师和群众的政治觉悟，扩大了党在群众中的威信。其四，发展独立抗日武装。地下党组织在"隐蔽精干，长期埋伏，积蓄力量，等待时机"的方针指导下，利用一切可以利用的条件，建立和发展自己的独立武装。一方面在建立了地下党组织的农村据点，如荷塘、三江等地，通过各种渠道，掌握和控制了一些地方自卫武装，成为牵制打击敌人，抗击日伪入侵的重要力量。荷塘、旺冲等地的自卫武装，曾对日伪入侵给予有力的反击。另一方面是选派党员干部打进国民党部队和"大天二"（地方武装）部队，积蓄力量，伺机建立自己的独立武装。

四、建立抗日民族统一战线

1937年初，中共江会支部一方面积极加强自身建设，发展党员和充实党组织力量；另一方面把党的秘密工作和群众的公开半公开活动有机结合起来，使江门镇抗日救亡运动迅速扩大到各个阶层和各界民众，建立多种形式的抗日救亡团体，紧紧依靠群众，加强统一战线，广泛开展抗日救亡运动。

中共江会支部通过《五邑民权报》编辑施见三及其他方面的统战关系，在《五邑民权报》开办一个《春天》副刊，作为春天读书会宣传抗日救亡的阵地，扩大春天读书会在社会上的影响。中共地下组织负责人陈翔南、黄文康经常为副刊撰写文章和精心组织稿件。副刊办得有声有色，以短小精悍的评论、散文、诗歌、小说、新闻报道等文学体裁，介绍抗战形势，宣传共产党的抗日民族统一战线主张。从1937年5月下旬到1938年1月下旬，共刊出29期，对推动江门镇抗日救亡运动的兴起发挥了重要作用。中共江会支部还针对妇女日益觉醒的现状，做好国民党妇女会长陈振华的统战工作，动员她出面组织妇女问题座谈会。中共通过派女党员参加这个组织，开展妇女解放斗争，动员广大妇女投身抗日救亡运动，还通过文艺演出等形式，在社会上对广大群众开展抗日宣传。

1938年1月，驻地在江门镇的中共新会区工委陆续派员下乡建立抗日据点，发展党的组织，建立多种形式的人民抗日武装。先后深入荷塘乡、三江乡等地开辟农村据点，组织青年读书会，举办农民识字班，团结青年群众，组织军事训练，建立党直接掌握的武装，为建立抗日民族统一战线作了充分的思想准备和组织准备。

荷塘抗先是公开合法的青年抗日组织。那时，虽然说是"国共合作，共同抗日"，但国民党政府对各地方的共产党组织实际是禁止的，共产党组织只能处于地下状态，因为国民党秘密颁布《限制异党活动条例》，并专门组织和训练特工人员到各地"防范共党"。有了抗先这个公开的组织之后，党组织的活动范围扩大了。对内，组织队员开展学习活动，如读《救亡日报》，学习《大众哲学》《论持久战》等等。用先进思想和理论，加强内部的思想建设，使之形成一股朝气蓬勃的抗日力量。对外，以抗日的名义，努力争取民众积极投身到抗日民族统一战线中，与乡村中的父老绅士打交道，进行统战工作。化消极因素为积极因素，团结更多人拥护抗战、参加抗战。党组织还以抗日的名义，到邻县各乡，如中山的海洲，顺德的三华、白藤等地，开展抗日的串联，结交了一批新朋友，如海洲的袁世根、袁勋，白藤的胡剑卿，三华的欧阳宜荇等。这些新朋友作为抗日的同盟者，为抗战胜利以及党的事业发展作出了巨大贡献。

第二节 抗日救亡活动

一、党组织开展的抗日救亡活动

1936 年 12 月，江会党组织积极宣传马克思主义和中国共产党的抗日主张，发起了更为广泛的抗日救亡运动，举办各种抗日救亡宣传和训练骨干活动。

1937 年 9 月，当八路军在平型关取得首战告捷时，中共江会支部即在江门、会城举行庆祝大会，宣传抗日思想和主张，并发起大规模义演筹款活动，支援抗日。10 月，为庆祝平型关大捷，江会支部书记陈翔南利用新会流动剧团在江门中华戏院演出话剧《春风秋雨》开幕式之机，向各界人士发表充满激情的抗日演讲，大力宣传中国共产党的抗日主张，并邀请国民党县党部负责人参加开幕式发表讲话。观看演出的各界民众，同仇敌忾，激起了强烈的抗日救亡热情。1937 年底，江门镇公所共产党员，按照党组织的布置，利用在镇公所掌握的有利条件，举办机器工会工人骨干抗战学习班，成立工人读书会。参加学习训练的有江门机器工会、电厂、汽车、公路、新宁铁路、米厂、轮渡、电话局和电影院等行业的工人、积极分子约 40 人。翌年春，学习培训结束后，以这些工人骨干为基础，组成工人锄奸队，参与抗日救亡斗争，一方面进行抗日救亡宣传，一方面负责监视投机商以防其偷运钨砂出口资敌，发挥工人群众在抗日救亡运动中的重要作用。在城镇和农村分别建立了江门机器工会支部、会城学生支部、青青御侮工作团支部、大园乡井岗支部、三龙支部（后分为三江支部和龙泉支部）等基层中共支部，党小组和党员的活动更是遍及到江门水南、滘头、大泽田金、崖西旺冲、外海麻园及古井等农村乡间。

抗战期间，中共中区特委及各县党组织积极加强与国民党当地军事机构和守军的合作，抗击日军的入侵。为鼓舞守军士气，各县自卫团（队）、新顺特务大队、江门常备大队等，成立战时政工队、宣传队，负责组织士兵进行政治形势教育，开展临战宣传鼓动工作，教唱抗日歌曲，与下层官兵谈心，稳定情绪，鼓舞士气。国民党广东第五游击区政训室主任亲自陪同中共新会区工委书记陈翔南，一起到驻守江门近郊篁庄的县自卫大队独立二中队，与官兵和当地民众举行联谊动员大会，发表演讲，宣传实行团结抗战定能战胜日本侵略者的道理，坚定军民的抗日决心。随着党组织的陆续恢复重建，中共江门镇党组织在五邑地区的抗日救亡运动十分活跃。1938 年 10 月，中共荷塘支部领导的荷塘流动剧团（新会剧团分团），为深入广泛发动群众，大力配合国民党政府推动江门镇抗日救亡运动的全面开展，不仅积极在荷塘当地演出《春风秋雨》《放下你的鞭子》等抗日话剧，还到毗邻的中山、顺德两县的乡村连续开展抗日宣传。此外，江会地区的共产党员还发动各界群众学生，组织成立前卫社、咱们剧社、战士剧社等抗日救亡宣传团体，推动群众性的抗日救亡运动广泛发展。1938 年 10 月，广东战时文艺工作团团员于逢、易巩、黄谷柳、林堃等在广州沦陷后转移疏散到江门，与共产党员陈思奋取得联系，在国民党广东第五游击区司令部成立政工团，深入墟镇和农村演出，宣传抗日救亡。翌年 3 月，于逢等人离开江门。

1939 年 3 月中旬，江门军民奉命毁坏通往镇外的铁路、公路，以阻止日军入侵。3月21—26日，抗先和抗日救亡团体在常安路、长堤一带，夜以继日向过往居民群众宣传抗日，教唱抗战歌曲，演抗战戏剧，动员民众做好抗击日军入侵的准备。3月27日下午1时，日军飞机沿新宁铁路北街站、仁济医院、江门关至东炮台一带投弹、扫射，造成数十人死亡，一百多人受伤。3月28日晨，日军又调集二十一军第二二八联队（重久部队）及伪军挺进总队共2800多兵力，在第四飞行团的战机和海军数十艘舰艇的配合、掩护下，从南海县九江渡口一带突破西江南岸鹤山县守军的防守后，继续分水陆两路进犯。3月29日，两路日军从东、北两面逼近江门外围。30日，在飞机、炮火的掩护下，日军以战车开路，对江门城区夹击。第五游击区辖下的守军新顺特务大队、新会县自卫团队等，在耙冲、石山、凤凰山等处坚决抵抗，与日军展开激战。至当日下午，守军无法阻挡日军的进攻退守到城外。江门随之失陷。4月下旬，日军结束入侵江会作战，将其主力部队5000多人部署在江门、会城一带，设警备司令部于江门蓬江酒店。

1939年12月24日，日军运输舰"若恭丸"号在棠下周郡河面触雷沉没。

二、民众抗日救亡活动

（一）江门镇抗日献金热潮

1938年秋，江门镇人民在纪念上海淞沪抗战一周年时，掀起抗日救国献金（捐款）运动。献金运动从8月13日到17日持续了5天，江门镇的献金台设在紫茶路八景酒家（现紫茶小学旧址）左边空地上（现紫茶小学旧址与侨都酒家旧址之间），出席大会的有广东省第五游击区统率委员会、新会县统率委员会、新会县各机关、江门镇总工会、保七团、新顺特务大队、江门镇公所的代表和各界民众 1000 多人。广大市民，尤其是中下层人民群众踊跃献金。

8 月 13 日早上，警报刚解除，大雨刚停止，地上满是泥泞，民众已从四面八方走到献金台来。献金台前人山人海，水泄不通。上午 11 时，大会开始，首先是全体与会者向在前方与日军作战的将士致以最高敬礼。接着是机关代表和民众自由讲话，他们控诉了日军暴行，号召大家踊跃献金。然后高呼口号："纪念'八一三'要节约献金！""纪念'八一三'，保卫大武汉！""节约献金，支持长城抗战！""不做亡国奴，就要去献金！""打倒日本帝国主义！"

11 时 30 分，献金开始。各学校的宣传队和各剧团轮流演唱宣传，新会县立二中（现江门一中）乐队上台，演奏《献金歌》《救国军歌》《全国总动员》等抗战歌曲，激励民众的献金热情。江门镇的花界妓女、水上珠娘（艇妹）也上台演唱宣传。虽然天气炎热，台下观众汗流浃背还是舍不得走。在宣传队的宣传鼓动下，大家深感亡国的痛苦，祖国的可爱，纷纷解囊献金。

第一个上台献金的是陈启华小朋友，他捐了 3 元 4 角和铜元 226 枚。接着郑笑柳小朋友捐大洋 3 元，还有 4 角 5 分小票、广东毫券 1 元 4 角；然后是陈炎娟、张美嫦、赵文壁、赵文毅等几十个小朋友上台捐献（当时中学生每月伙食费是 7 元大洋）；随后，码头搬运工、工厂工人、店员、小贩等劳苦大众纷纷上台捐献。一位四十多岁的妇女挑着两个竹篮上台，献出她卖菜的全部收入 4 角钱。

最动人的一幕是下午 5 时许，江门镇码头搬运工人邓扬，在台下观看多时后，回家把历年积存的铜元 800 枚全部献出。还在台上唱了一首他即兴创作的作品：

"民国二十七年八月一十三，要识今日是何日。各界献金的：

旧年今日子，上海来暴敌，飞机与大炮，到处来轰击；屠杀我同胞，奸淫惨到极。失地的同胞，痛苦暗叹息；父子不相见，兄弟妻儿离。田地无得耕，屋子兽兵毁；死伤肉横飞，此事极惨戚。后方的同胞，救国要努力，国家兴与亡，男女均有责；快到献金台，献财与金银，不论贫与富，大家要出力。五天结束后，当然大成绩；充实我国防，军械皆有备；前线军士喜，大家齐杀敌。最后胜利时，大家皆幸福。"

他的行为得到了全场的热烈掌声，邓扬的这首歌句句出自肺腑，娓娓动人。有的上台献金后，回到台下、回到街道又向别人宣传。这样在群众的自我教育，自我鼓动下，掀起了一个又一个献金热潮。他们的行为是感人的，是使人难以忘怀的。又如：

江门明文里70多岁老翁陈乾，穿着旧竹布衫、牛鼻裤在台下观看多时离去，回来后上台献出10元毫券，手里则拿着一张当票。经登记的工作人员询问了解，他是回家拿了衣服去当铺抵押10元拿来献金的。

江门老女佣陈大姑，将预支两月工资的毫券5元献出。

外海50岁妇女陈杨氏，原在台下看热闹，听了宣传后激起爱国心，当即把戴在耳上的金耳环一对（重一钱四分）摘下作献金。

江门的献金热潮，感染了外国朋友，时任新会天主教堂的美国传教士卜有神父，也献捐美金150元，德国人储美达也积极捐助。

献金运动的另一个高潮是从台上献金发展到台下献金。花界妓女和珠娘觉得让人上台献金发动面不够，应发动更多的人献金。她们在献金台报效（义务）演唱后又领了献金簿去各茶楼酒馆劝茶客解囊献金救祖国。新二间雪姬领了献金簿还到开平长沙和台山公益等地劝捐。全市妓女自献和劝捐共4000多元，为全市各行业之冠。其中笑梅一人劝捐共 500.6 元，创个人最高纪录。

献金运动原定 5 天，江门根据群众的情绪和要求延长 1 天。这一天全体妓女出动度曲（女伶为客人演唱），唱者悲愤，听者激昂，纷纷解囊献捐。

江门镇人民和全国各地人民一样，义愤填膺，同仇敌忾，坚决以实际行动保卫祖国。为支援前方，全镇人民如火如荼地投入抗敌热潮里，实在感人肺腑。

（二）锄奸斗争

抗战期间，江门的党组织在发动民众参加抗日救亡斗争的同时，还组织力量，对那些卖身求荣的汉奸恶霸给予严惩，坚决打击。

1938 年初，江门机器工会组织工人锄奸队，惩办汉奸卖国贼。新光电力公司、米厂及轮船等行业共 40 多名工人参加锄奸队。1940 年 7 月 13 日，地方游击队锄奸团潜入外海，击毙与人民为敌的伪外海治安维持会会长兼"自警团"团长陈子蕃。1943 年春，当时号称"潮连三虎"的汉奸恶霸 3 人，勾结日伪，无恶不作。中共荷塘支部组织锄奸队，依靠群众，摸清"三虎"行踪，从中山海洲自卫队和荷塘三良自卫队挑选精干武装人员，组成锄奸队，分别在潮连、江门两地把"三虎"击毙。

1944 年 8 月中旬，活动于潭江以北的新鹤大队，经过缜密的侦察，利用墟日之机，对杜阮伪乡公所、棠下三堡乡大井头的汉奸势力进行惩罚性打击。

第三节 荷塘老区镇抗击日军纪实

一、众志成城保家园

中华人民共和国成立前，荷塘虽然只有 32 平方千米，人口约 4 万，在抗日战争和解放战争中，也同样作出过牺牲，付出过代价，并已载入了光荣史册。

1938 年 10 月间，广州沦陷后，台山、佛山、中山、番禺、顺德、三水、肇庆、江门等市县也相继沦陷。次年 1 月，由于英葡两国政府同样采取消极防御的政策，导致港澳也相继沦陷。江门肇庆等市县沦陷后，日军的舰艇，不分昼夜常在西江河面漂游巡弋，还经常用橡皮汽艇驳载 3 ~ 5 名日军在外海、潮连等小岛乡村登陆，每次登陆，民众鸡飞狗走。登陆的日军无恶不作，大肆掠夺搜刮财物，捕捉牲畜，强抢、强奸妇女，抓丁做苦役等，为所欲为，百姓如稍有不从者，即被拳打脚踢，民众义愤填膺。

1939 年 7 月，日军曾两次用橡皮艇从禾岗冲口埗头登岸后沿着防洪水闸、大滩围入侵禾岗及良村一带，但当日军接近上、下大滩围之间的那座露天的石壮公（土地公、有棵大木棉树遮盖）之时，遭到早已埋伏在钳颈山（五岳庙后南端）上山沟战壕里的 10 名严阵以待武装放哨的村民的袭击，他们以机枪、步枪、驳壳枪、左轮手枪猛烈射击，击毙 4 名日军，其余死里逃生的日军，只好狼狈把尸体拖走。从此之后，日军再不敢贸然从禾岗埗头登陆。8—9月，日军便改从铁线围近蟛步埗头，用橡皮汽艇先后两次登陆，偷偷摸摸穿过田野偷袭村庄。日军来到良村冲边坊关帝庙对面园山仔山脚时，遭到早已埋伏在山顶四周坑道战壕里严阵以待的七八名武装民众的猛烈射击，又有两名日军被击毙。

为防御和抵抗日军侵袭，荷塘人积极防备，及时报警。首先在良村西良涌边坊尾的狮山顶设岗放哨，实行昼夜轮流值班放哨。因该地地理环境等客观条件无法架设电话线，而篁湾村外石龙围至塔岗以北一段河面是日军的舰艇活动频繁的河段。其次为监视日军的活动，村民采用土办法，在山顶搭盖小茅棚，用衣服驳接起约10米长的竹竿，竖立在最顶处，用绳滑轮扎在竹顶上，白天则用大箩筐，夜间用围尾灯，拉绳升降。白天一旦发现日军有登岸的可疑迹象即升起大箩筐，夜间则升围尾灯，以作警报。在三良小学等高处地方人们都可看到，学校的师生也曾做过几次防御演习。另外，又在禾岗村外的防洪堤围围仔尾（地名）与篁湾村外的石龙围交界处，即档咀尾（地名），也设一间茅草棚以作岗哨，并安装了一部手摇电话机作通讯联系，昼夜24小时均有武装民众轮流值班巡逻放哨。

从此以后，日军白天不敢轻易侵犯荷塘。

二、篁湾战斗留青史

1939年3月，日军攻占江门、北街、外海、潮连后，荷塘已是日军侵略的目标。

1940年1月18日晚上（农历一九三九年十二月初十日），驻扎在江门的日军，趁着黑夜，从外海偷偷坐木船至中山海洲龙鳞沙潜伏下来（龙鳞沙与篁湾的朗咀尾，仅隔着一条河堑）。至19日凌晨4时许，他们悄悄潜入石龙围后，兵分两路：一路从横围向隔岭村进发，另一路从扁基入篁湾大埗头。他们的意图是对篁湾村进行突然袭击，消灭篁湾的抗日武装，逼使篁湾村民俯首称臣，进而控制荷塘。

当时已是数九寒冬，月亮懒懒地挂在天上，透着几分寒光。为防日军及土匪盗贼，篁湾村安排了村民黄幼放哨巡逻。他身穿便服，外披一件破棉袄，背着长枪，哼着小调，从篁湾大埗头往隔岭对面的田浪走去。巡至三棵树（地名），突然发现前面黑压压的一班人，正向隔岭村而来。黄幼心头一紧，暗想，盗贼不会有这么多人，也不会在这时候来。莫非是日军？于是，他端起枪，推弹上膛，大喝了一声："你们是谁？"日军也不答话，迎面就是一枪，子弹从黄幼身边擦过，黄幼也不示弱，开枪反击以示报警，后不幸被敌人击中，倒地不起。

村民听到枪声，得知日军偷袭，自发地拿起各种武器与日军奋力拼搏。容坚波在半大路（地名）被日军从象山方向射来的子弹击中左小腿，但他仍然坚持战斗。三良村民众有枪械的则在半大路和良村市外与日军对阵，以容郁烜、废材朗（化名）、容忍之等为首的武装民众，用机枪、步枪、13 响大枪、驳壳、左轮、大刀、木棍、锄头、镰刀、铁铲、铁锤、十字锄等，利用两侧水沟边的长石基边下作战壕，向象山方向的日军射击，有部分武装民众则把良村的店铺当作堡垒打击日军。白藤、三丫、苍村、马滘、康溪、篁湾等村近千民众，各自手持武器从象山东北面向山上冲锋。日军在村口的石桥边，架起机枪，向村里疯狂扫射。子弹击中路边的墙壁，啪啪作响，碎片横飞。村民不为所惧，沉着应战。相持了一会，敌人见武装民众一方枪声渐渐稀疏下来，以为被吓跑了，一名日本士兵就试探地弯腰走过石桥，被村民开枪击中，倒在地上。

日军久攻不下，心中焦急，见旁边有几座大草堆，便举起火把，把村外的几座大草堆烧掉了。一时烈焰滚滚，映红了天空。

敌人乘着火势，冲过石桥，直往牛山冲去。村民在村中继续阻击。战斗中，伍锡泽不幸中弹倒地，张寿根便想抱他回来，刚走出路口，也被敌人击中，他跌跌撞撞地走了几步，倒地牺牲，李平富也在这次阻击战中献出了年轻的生命。

上午9时左右，战斗仍在继续。李厚（隔岭人）带领一班村民，扛着一挺轻机枪，冲上了巷村龟山，选好地形，配合村内的火力，向牛山上的日军猛烈扫射，敌人被压制得趴在地上，抬不起头。村民见状，趁机向敌人发起进攻，但敌人负隅顽抗，双方相持不下。日军见村民英勇顽强，只好边打边往象山转移，村民穷追不舍，村民伍五珠在追击敌人途中，不幸中弹身亡。

另一路日军从扁基向篁湾进发，日军的先头部队行至四方塘角，被村民李福发现，他立即伏在地上向敌人射击，一个敌人应声倒地。这路敌人经过大埗头，在石龙围强拉了几位农民，和篁湾村民李细珍一起，逼着他们带路奔向良村。这些敌人，很快就被村民从两面夹击。敌人阵脚大乱，一名穿黄褐色军衣的指挥官拔出军刀，指挥日军纷纷跳下废弃的石灰池作为掩护，继续顽抗。这时，留在村里的村民纷纷加入了战斗。日军指挥官见村民越来越多，只得带队伍拼命窜入村内一条内巷。村民见状，一边大叫："不要放走敌人！"一边穷追不放，把敌人从红花巷尾追到巷头，敌人见路就逃，狼狈转入人和里祖祠道头闸。村民李孔唐等人在尾闸夹击，敌人首尾受敌，不能相顾，只好依靠墙头屋角，拼死抵抗，战斗中李炳尧壮烈牺牲。村民李中珠持枪追击日军时，冷不防被敌人回头一枪，打中胸膛，倒在地上，壮烈牺牲。敌人趁机冲进了周源祖祠，与另一路日军会合。

窜向濯泉之敌，又遭李宇珍等人阻击。敌人走投无路，只好从石山溃逃。余家声率领民众追到石山时，发现两三个敌人同时举枪向冲在前头的李宇珍瞄准，正想喊李宇珍注意，但已迟了，李宇珍身中数枪，倒地不起。余家声仍然紧追敌人不放，也被躲藏在周源祖祠的敌人开枪打中，两人都壮烈牺牲。

从上午10时起，一队日军从良村尾不断增援受困的日军。在与日军刺刀见红的巷战中，英勇的容郁烜，手持两支快制驳壳枪，背着一把用红布扎刀柄的长大刀，利用一间猪肉店门口剁肉台作掩护，用两支驳壳枪瞄准射击，当场击毙五六名日军。面对日军的疯狂反扑，容郁烜拔出背后的长大刀，用劲挥舞，向扑来的日军砍去，四五名日军的钢盔被砸飞，三名日军死在他的大刀之下。在半大路的容健麟、容永润、金牙仔耀（化名）、容镒波、容国章等一批武装民众，继续组织向象山日军猛烈迎击的同时，安排一部分民众急忙增援市场内的巷战。这时候，良村整个市场成了荷塘杀敌的主战场。

上午11时许，象山之敌与周源祖祠之敌取得了联系，凭着象山居高临下，用猛烈炮火掩护，周源祖祠之敌从濯泉石仔山逃窜上象山。这时候，荷塘乡民已对象山形成了包围。北边茶山，东边牛山由乡民把守着，西、南方向由乡民发起冲锋，李来幼冲到壳龙塘（地名），发现一名日军正站起身来，急忙举起长枪射击，随着枪响，日军"哇"的一声，捂着肚子倒在地上翻滚。李来幼继续冲向山头，被伏在坟头的机枪手发现，一排罪恶的子弹向李来幼扫射过来，李来幼趔趄几下，倒地牺牲。

乡民们目睹敌人射杀了几位同村兄弟，怒火填胸，并说："一定要杀光日本鬼子，为死去的兄弟报仇！""我们村有这么多人，还怕他们不成？"还有的说："不狠狠地教训他们，他们也不知道我们的厉害！"说话间，箓湾村青年李长才，左手拿一把左轮枪，右手持着驳壳枪，冲了出来，踏上了石仔山。他凭借着山林的遮挡，一步步逼上山来。敌人见状，急忙向李长才射击，李长才躲在一大树后，敌人的子弹打在树干上，叭叭作响，李长才动弹不得。山下的村民见状，急忙向敌人还击，但日军的火力太猛，枪弹在李长才身边飞溅。村民急调了挺轻机枪来，向敌阵地猛烈扫射，日军的枪声被压制下去。趁此机会，李长才跑回下山，他走到澄记小卖店喝了几两白酒，借着酒劲，又作了第二次冲锋，但依然被敌人的枪弹压了回来。李长才放下双枪，蹲在地上，喘着粗气。村民递过一碗水，他接过来，一口喝干，抹了两下嘴唇，提起双枪，又准备冲上山去。

村民见状，劝阻他说："你已冲了两次，休息一下吧，等待时机，再上去也不迟"。李长才说："哪忍得下这口怨气！非要干掉他几个不可，也算为死去的兄弟报仇！"说完，他提着双枪，又再次向山上冲去。敌人也发现了他，急忙组织火力，对他扫射。他躲在一巨石后，伺机还击。山下的村民大喊，要他小心。李长才双枪齐发，转瞬间，敌人就倒下了两三个。接着李长才闪出巨石，敏捷地向山顶冲去。但就在离山头几米的地方，敌人向他投掷了几颗手榴弹。随着轰隆的几声巨响，篁湾人民的好儿子李长才倒在了血泊中，壮烈牺牲。

午后，荷塘上村的胡剑卿（南村上村人，黄埔军校第四期毕业，受过周恩来、叶剑英的教诲，思想进步，时任梅溪小学校长），率领南村的以抗先为骨干的第四区自卫大队独立二中队赶来支援，塔岗的自卫队也来了，海洲的袁世根也带领二三十名自卫队员赶来助战。隔江的潮连人也来支援了。篁湾村民见各处援兵齐集，士气更加高昂，将象山围得铁桶似的。村民怒吼如雷，喊杀震天。敌人不敢造次，只好退缩到山顶一处小地方。

原来，篁湾村民抗击日军的战斗，上午就传遍了荷塘。李恩硕（中顺新边区地下党组织负责人，身份是梅溪小学教师）即与胡剑卿研究对策，并说胡剑卿是黄埔四期学生，通晓军事，到时由他指挥战斗。胡剑卿打电话给良村的地下党组织，了解情况，并问是否要带自卫队去支援篁湾，得到良村正面答复。

村民自发组织起来，为前来支援的各方武装力量带路，送上茶水、干粮。其中，李大娟在给战士运送干粮途中，经过风箱巷口时，被敌人射中而牺牲。

日军被各路兵马四面包围，进退不得，只能龟缩于象山顶上，凭险据守，不敢妄动。

太阳渐渐西移，微微泛着红光。这时，驻在江门的日军部队，派来了炮舰，从江门出发，绕过潮连，经三叉海抵达蠕步、禾冈对面江面，向篁湾方面胡乱发炮，企图吓走包围象山的村民，以解象山之围。象山之敌见到江面之敌舰，即打旗与之联系，旋即将伤员藏在矮树林里（次日才接走）。在敌指挥官的带领下，拼命向濯泉方向冲下山来，向禾冈江边方向逃走。篁湾村民仍冒着炮火，对日军穷追猛打，禾冈乡民也从竹园寺里冲出来打击敌人。日军败退路上，留下了斑斑血迹。可见，日军的伤亡是十分惨重的。但因日军有炮舰接应，无奈让敌人逃脱了。

这场战斗，从上午9时许起，至下午3时许，在蠕步码头至塔岗这段河面的3艘军舰则向塔岗、山塘、荷塘墟、三丫、泰通里等地开炮射击，企图阻吓村民支援。日军无法逃出良村口半步，死在良村民众刀枪之下的日军有十五六名，伤者不知多少，被击毙的日军全部由他们的士兵把尸体拖走。但在这场战斗中为祖国为民族而牺牲的英雄共有70多人，其中三良村（良村、东良、西良合称三良）容姓就有33名，英雄的遗体全部安葬在烧衣地（大耀山）山坪上，其他村死伤的英雄也不少。

第二天，日军再次攻打荷塘，中共荷塘支部已将群众安全转移，日军扑空。由于双方力量悬殊，荷塘终被日军侵占，但荷塘人民没有屈服，又进入新的战斗。

抗战胜利后，孙中山的儿子孙科耳闻家乡中山县附近的荷塘人民奋勇抗战的可歌可泣的故事，知道荷塘人民为参加抗战而英勇牺牲的烈士建立牌碑，供奉在"桂园社学"内，供人四时祭祀，感慨万千，于是欣然命笔，写下"抗日忠烈祠"几个大字，刻于牌匾，派人送去"桂园社学"，高挂在正门前面。可惜，此牌匾在"文革"期间被毁坏，不知所踪。

后人对篁湾人不畏牺牲、浴血抗敌的英勇事迹赞誉有加，赋诗赞道：

日寇恶行世间稀，侵我村庄局势危。

村民奋起挥刀剑，邻村驰援助枪支。

山头巷尾硝烟起，残兵狼奔豕突时。

英雄浩气长天贯，何惜热血染征衣。

三、组织战时救护队

广州失守后，佛山也沦陷了。佛山战时救护队的容卫中医生，带领4个队员和家属8人回到荷塘。因他已三代离乡而没有祖屋，荷塘党组织说服容寿吾安排他们在其闲屋暂居，后又帮他在良村找房子，开设了诊所，把他们的生活安顿好。

由于容卫中医生的到来，党组织就想起要办一个战时救护训练班，与容医生商议，他表示支持，并主动承担教务。于是在抗先的女队员中发动报名，结果全部女队员20多人踊跃参加学习。

这个战时救护班，除讲授一般医药基本知识外，主要传授有关战时救护知识，如紧急止血、包扎方法等。在教学方法上，除课堂上讲授外，还经常在晚上进行模拟训练。学员们在容卫中居屋后院，不怕凛冽寒风，不怕疲劳，热情高涨地练习扎担架，练习紧急止血包扎法，很快就掌握了必要的战时救伤知识本领。在这个训练班基础上，荷塘镇成立了一个战时救护队。实践证明，她们经得起战火的考验。

四、抵制成立"维持会"

江会沦陷后，荷塘近邻几个乡，很快就相继成立了"维持会"。在荷塘，也散播着种种投降的谬论，说什么"像邻乡那样，成立'维持会'，就可确保全乡平安无事了。""正规的国军都唔够日本仔打（打不过日本人），荷塘几条生锈铁有什么用?"显然，汉奸们在制造舆论，将要成立"维持会"了。为此，良村成立了一个地下锄奸小组，专门担负侦察、监视、制裁汉奸的任务，以应付突然事变。

那时，良村有"三虎"。其中"一虎"在良村中心地点开设"谈话所"，公开贩卖鸦片，诱人吸毒。另外"一虎"在西良，手下有班喽啰，霸管"公偿""会偿"，是横行乡里的打手。他的胞弟三皇爷，被容育之重金收买做保镖。还有一虎在东良，他手下也有几名深染烟赌之毒的"烂仔"，作为霸管"公偿""会偿"的打手。这"三虎"是当时三良地方三大恶霸势力。容育之以福隆公司在荷塘经销鸦片权为饵，进行拉拢收买，散播汉奸言论，指使一些族务委员，出面组织"维持会"。

但是在公开较量方面，良村两年来的抗日宣传工作，在群众中有深刻的影响，加上邻乡成立"维持会"之后，反而招致了很多麻烦，日本人向他们要夫、要粮、要猪、要"花姑娘"，使"维持会"会长难以应付。结果，日军便索性在夜间当乡人入睡时，从北街渡江登岸强抢。邻乡人一闻风声便拖男带女渡江来荷塘良村避难。活生生的事实，使良村人更加有力地驳斥汉奸及无耻之徒的投降谬论。容育之他们又想方设法促使荷塘乡当时仍是国民党政府副乡长的容寿吾公开表态。容寿吾利用伪县长的话应对，他说："在江会沦陷前，县长（按：指李务滋）曾亲临荷塘，勉励我们（按：指两位乡长）要忠于党国，我反对成立'维持会’，以免像邻乡那样，使乡民受苦，使自己遗臭万年。”

由于容育之他们在三良搞不成“维持会”，国民党乡长李子瑜也以“容姓的不敢搞，篁湾千万不可先行”为理由，把李姓方面的人劝阻了。

汉奸们不甘心，到了1940年4月末一个早上，人们突然发现良村中心市场的勉斋祖祠门口贴着“三良维持会”的长条幅。良村人估计，这是汉奸分子一种投石问路伎俩，是试探村人的反应的。当时锄奸小组打算立刻把它撕掉。村长对组长容克强（共产党员）说：“敌人不露面，大家也不要露面。这样他们想试探抗日力量有多大的阴谋就落空了。”

第二天早上，“三良维持会”的长条幅不见了，墙上换上一张警告汉奸的告示。经过几番较量，汉奸们再也不敢去弄这套花招了。

五、小小学生也爱国

三良小学是荷塘抗日宣传的主要阵地。这是该乡群众共知的，容育之收买的一些人当然也知道。他们偷偷摸摸在良村搞的那套伎俩被挫败后，又想用恐吓和收买的手段向新任校长容少侃施展。容少侃毕业于两广优等师范学堂，历任广州市的中等学校教师，邹鲁当中山大学校长时聘他为中大附小教务主任。广州遭受日机大轰炸后，他举家返回荷塘。三良校董会为照顾他的生活，便聘他为校长，主持校务。但此人政治上落后，业务上守旧，他的恐日言论更引起高年级学生不满，甚至不愿听他的课。因而，他也常在人前发牢骚：“学生唯一要做的事是读书，抗日呀，救国呀，关他们什么事！现在搞到学校没有一点规矩，连上课也不想听。”容少侃的牢骚和弱点被容育之利用了。他亲自拜访，恐吓说：“三良学校是荷塘抗日的大本营，‘皇军’都已知道了。如果‘皇军'派人来校检查，看见学校正中还挂孙文像又挂党国旗，这样的格局，分明是同'皇军'作对，当校长的能担当得起吗？"容少侃给吓得不知所措。他答应把孙中山像和左右两面旗帜扯下来，换上日本国旗。

容育之走出校长室之后，容少侃把校工容福伯叫来，把容育之交给他的"膏药旗"（荷塘人对日本国旗的称谓）塞进福伯的手里，并吩咐他如何做，还叮嘱他不要对任何人讲出容育之来访的事。

1940 年 5 月的一天上午，三良学校的师生在上课之前，学校礼堂上的布置一切如常，但上课之后，在学校里却发生了一桩怪事：当时六年级主任容忍之，正在四年级班上算术课，忽然，六年班的学生李衍鋆匆匆地跑去四年级的课室找到容忍之说："刚才我去小便，看见礼堂原挂孙中山像及国旗、党旗的地方，已换上'膏药旗'了！"容忍之一听，虽然觉得事态很突然，但仍镇定地对这个学生说："你不要紧张，先回课堂听课，下课时叫容兆慰同学速到操场，我在操场等候他。"容兆慰带容顺红一起来到操场。容忍之即吩咐他们："顺红同学先找福伯了解情况，容兆慰去找四年级以上的积极分子先碰个头，布置全校学生在排队放学时（三良学校当时的校规：放学时各班按居住远近，分东、西、南三良依先远后近的次序排队。各组有组长负责沿途维持秩序），要听六年级大班长的指挥，各级各班的行动要一致，要再三叮嘱他们，各班行动一致！"布置之后，容忍之即吩咐他俩马上行动，要抓紧时间，千万不能耽误上课，以免引起校长注意。

容顺红从福伯口中知道：容育之来找校长时，福伯心中就有个疑问，所以偷偷地听他和校长的谈话，亲眼看到他把"药膏旗"交给校长。容顺红把福伯反映的情况向班主任汇报，班主任吩咐她即回课室。

放学钟声响了，全校师生像往常一样在雨天操场（是大祠堂前座与中座之间的锌铁雨篷）集合，排队放学。当值日老师照例讲几句话之后，容兆慰就站上台阶对同学们说："同学们！请大家看看，原来挂中山先生像的地方现在变成什么样子？"同学们抬头一望，全场哗然。兆慰接着说："上课前还不是这样，为什么上课后就成这个样子呢！这件事校长知不知，大家请校长讲清楚，好吗？"这时，容少侃神色慌张，无言以对，只好示意容子聘，请他代自己讲讲话。容子聘只是摇手，表示无话可说。校长不敢说，学生却站着不动。这样僵持下去，学生家长可能亲自找上校门，场面就更加僵了。这时，容少侃急得满头大汗。容子聘看到这个情景，便走到容忍之身边对他说："你是训育主任，还是你来说几句吧！"容忍之站在台阶上向同学们招招手，说："我是奉校长之命，跟同学们讲几句话的。今天同学们的表现是爱国的，你们小小年纪就懂得要爱国，这是中国的希望所在。三良学校能够有这样懂得爱国的学生，校长和全体老师都感到高兴，也感到光荣，尤其是校长，高兴得说不出话来。你们问，为什么三良学校会挂'膏药旗'？我说，三良学校是中国人的学校，中国人是爱中国的。'膏药旗'是日本旗，日军侵略中国，中国人都恨它，只有汉奸和民族败类才会挂'膏药旗'的，他们不知什么叫羞耻，所以才这样做的。同学们，现在你们要求什么呢？请说出来！"这时，学生纷纷提出要求："把'膏药旗'扯下来，丢进粪池里！"校长在学生的激昂情绪下，一口答应了。学生们立即动手把'膏药旗'扯下丢到粪池里，然后列队离校回家。

六、秘运物资助抗战

1942 年，抗战已进入相持阶段。新鹤游击队极需补充物资。上级就指示容忍之和陈能兴（荷塘泰通里人，地下党员）做好物资筹集工作。容忍之便联系了胡剑卿，筹备物资运送工作。

胡剑卿物色了塔岗村他的学生胡耀椿。胡耀椿年龄仅20多岁，他从小聪明伶俐，很有商业头脑，18岁就从事工商业。抗战期间，创办了新会荷塘塔岗民兴糖厂、民兴丝厂、碾米店，经济实力雄厚，是个开明进步人士。平时，胡剑卿就因师生之谊，多次到塔岗探望他。闲谈中，胡耀椿曾流露出对时局的关注，对日军侵略中国，到处烧杀抢掠的不满，对贫苦百姓的同情。并说，如有机会，他愿意为抗战出一份力。于是，胡剑卿找胡耀椿，开门见山地说："现时抗战形势紧迫，游击队缺乏物资，经常食不果腹，为保障部队的战斗力，须在塔岗设一秘密据点和交通运输点，以连接中山海洲、棠下周郡、高鹤（现鹤山、高明）的抗日根据地。我们与上级研究，审慎考虑，觉得你支持革命，深明大义，是最合适的人选，想以你的民兴糖厂、民兴丝厂作掩护，组织地方武装和船只，借助塔岗码头，护送物资往鹤山游击区，为抗战出力，你意下如何？"胡耀椿略作思索，抬头望望胡剑卿，说："好，但我对地下工作不熟悉，不知如何去做。"胡剑卿说："我们会有同志联系你，你放心做好了。同时，一定要注意保密，注意安全，千万不要走漏风声。"胡耀椿一一点头答应。就这样，胡耀椿成了这条秘密交通线上塔岗段的联络人。

不久，经胡剑卿介绍，胡耀椿结识了禾岗村的容忍之、容辛（又名容国瑞），中山海洲袁世根（又名袁士坚）等中共党员，受他们的影响，胡耀椿的抗日爱国情怀更坚定了。为了更好地支援游击队抗战，经上级组织研究，决定由荷塘得源米店，塔岗碾米店组织大米、食盐、冲菜、煤、汽油等物资，经塔岗码头偷运过西江，转往鹤山沙坪等游击区。胡耀椿爽快地接受了这一任务。

当时，荷塘的粮食也不充裕，为更好地筹集大米，胡耀椿通过其弟胡耀民（时任日伪政府中山县参议员），让他在中山三乡收购稻谷，运回塔岗，在胡耀椿的碾米厂加工。为更好地落实各项工作，胡耀椿又通过胡连岱、胡连壮等人，联系民船将相关物资经塔岗码头，在夜间偷运过西江，由地方武装押运，在棠下周郡码头上岸，然后，将物资运给游击队。其间，多次遇到日本巡逻艇而发生遭遇战，塔岗地下武装有几位同志壮烈牺牲。

抗战期间，荷塘人民冒着生命危险，筹措物资，通过塔岗码头将物资偷运到抗战游击区，有力地支援了游击区的抗日斗争。

七、护送首长过荷塘

1942 年年底香港沦陷。初期，很多人从香港逃难回内地，其中不少是文化名人和知名人士。事后方知，他们是被在香港活动的地下党组织所营救，这就是著名的省港大营救。其中很多文化名人在香港获救后，辗转至澳门，过中山，经荷塘，至棠下，再往鹤山，最后转至桂林大后方。当时位于西江边的荷塘的塔岗、三丫、南村、良村、篁湾、禾冈等村都设有秘密交通联络站，地下交通员负责护送那些文化名人、地下党员、游击队战士等，荷塘成为抗日战争时期粤中地区交通线的重要联络站。由于胡耀椿的特殊身份，一些重要人物都被安排由其负责接待和护送的任务。

有一天，胡耀椿适值无事，在家与夫人闲聊。一名家人来报说胡剑卿要见他。胡剑卿是胡耀椿的老师，又是老熟人，胡耀椿也就少了客套语，说："老师近来忙么？这次来有何贵干？"

胡剑卿见他夫人在侧，就起身说："带我到你天井侧边看看。"胡耀椿引他走出大门，来到天井侧的小屋里，胡剑卿四顾无人，小声说："接到上级通知，近期有一重要人物，从中山海洲，经荷塘塔岗，横渡西江，去粤桂大后方，需要你提供协助，万勿推辞。"说完胡剑卿注视着胡耀椿。胡耀椿知道事关重大，也不多问，就说："尽量完成任务。"胡剑卿说："不是尽量，是一定！过两天，陈能兴、容忍之等会来找你，具体研究这项工作，可能欧初先生也会来。"说完，胡剑卿连饭也没吃，就赶回去了。

欧初是珠江纵队第一支队支队长，胡耀椿也有所闻。两天后的早上，家人来报，说有5人（其中一个经常来的）要来见他，已在外面等候。胡耀椿疾步来到门外，只见陈能兴、容忍之两人已到面前。胡耀椿举目一望，见一商人模样的人，旁边两人便衣打扮。胡耀椿心想，这些人可能是欧初和他的警卫员了。

胡耀椿警惕地向四周环视一下，就引他们进内，一便衣打扮的人站在门外，没有进门。欧初对胡耀椿说："三天后，上头有一重要人物要经塔岗码头，渡江去棠下周郡，你要动员地方武装和渡船人员，确保万无一失，护送他们安全过江。"接着，欧初又说："我们研究再三，认为荷塘群众基础好，塔岗码头最接近周郡，这里江面较窄，你在塔岗又有一定的势力，在群众中有很高的威信，所以选定了这条线路。"胡耀椿凝神听着。"事关重大，一定要确保不出事。要做好保密工作，同时要制订周密的行动计划。珠江纵队有几十个战士随行护送，你们关键是要组织好船队和地方武装协助护送。同时，一定要保密。"欧初再三叮嘱道。

欧初又听取了胡耀椿对此事的看法和安排，并在胡耀椿屋前屋后转了一圈，再在他们的陪同下，离开塔岗村，步行一千米左右后，来到塔岗码头。面对滔滔江水，欧初若有所思，说："一定要摸清日军巡逻艇的行动规律。"叮嘱再三，欧初才离去。

第二天，容忍之、容辛、胡剑卿等人又来到胡耀椿家，具体研究护送上级要员之事。最后，确定了如下方案：第一，安排机警人员，监视李桂元行踪，做到二十四小时监视。第二，由胡剑卿、陈能兴和塔岗的地方武装组成精干武装，在塔岗村头至塔岗码头戒备。第三，挑选老实可靠的货船船主五人，将五条船停泊在塔岗码头附近待命。第四，加强胡耀椿住房附近的安保工作。这些都要在保密的情况下进行。容忍之他们又一一询问了其他情况才离开。

接下这一任务，胡耀椿可谓食不甘味、寝食不安，终日思索如何才能万无一失地完成这一任务。熬到了第四天的晚上，情报人员传来消息，珠江纵队的战士已经过了海洲河，踏上了荷塘的土地。容忍之、胡剑卿他们立即开始各项工作。胡耀椿又安排家人开锅煮饭，让战士们到来后就有饭吃。过了一个小时左右，站岗人员说他们来了。容忍之、胡剑卿他们快步出迎，见欧初、陈能兴等几十人，已悄悄地进到村里。走在前面的几个战士，分别站在胡耀椿住房的四个角落，警惕地望着四方，担负起警戒工作。

这时，几个战士簇拥着几位妇女进了厅堂，其中两位妇女格外引人注目，一位上身穿一斜襟女衫，头发乌黑锃亮，头后梳一髻，装束整齐，面露微笑，和蔼慈祥，雍容淡定，这妇人还拉着一个约八九岁的小孩。另一位虽是农村妇女打扮，但谈吐不凡，举止有度，一看便知不是一般人物。

欧初对胡耀椿说："我带他们上小阁楼稍候，其他人就在天井和厅堂坐地吃饭吧。"说着欧初就带着几名战士，引那几位妇女上了小阁楼。战士们席地而坐，在昏暗的灯光下吃着饭，静悄悄的，没发出任何声响，连附近的村民也不知道。吃过饭后，时间已近午夜，珠江纵队的队伍又出发了。

天黑漆漆的没有一丝风。战士们手拉着手，在黑夜中摸索前进。上了围堤，一位警戒人员走来，说一切正常。胡耀椿问："日军的巡逻艇过去了吗？"警戒人员说："已过去半个小时了。"原来，经长期观察，日军巡江是有规律的，他们巡过一次之后，一般要过3小时再来巡江。胡耀椿向欧初说了这一情况，欧初当即下令："渡江！"

胡耀椿和几位地方武装人员另加几位珠江纵队的战士上了第一条船，船夫奋力划桨向对岸驶去。其他人员依然留在塔岗码头，负责警戒的战士依然保持着警戒，向四面张望。胡耀椿提着驳壳枪，扭头回望，船已过了江心。不一会儿，船靠在了棠下周郡码头，胡耀椿一跃而上，率领战士们疾步登上围提，找好位置，做好警戒工作，随后向塔岗码头方向亮了三下手电光。

"他们已到对岸啦，下船！"随着欧初一声令下，战士按顺序下了船：第一条船由胡剑卿率珠江纵队的战士乘坐，安排一挺机枪架在船头；第二条船由欧初和几位妇女以及小孩，另加几位珠江纵队队员乘坐；第三条船由陈能兴带珠江纵队队员乘坐；第四条船由容忍之和珠江纵队战士乘坐。

大半个小时过去了，四条船也陆续抵达了周郡码头。珠江纵队战士簇拥着几位妇女上了岸，登上围堤。欧初等人回头和胡剑卿、陈能兴、容忍之、胡耀椿他们一一挥手致谢，直奔鹤山方向而去。目送着渐渐远去的身影，胡剑卿、陈能兴、容忍之、胡耀椿等人终于为完成了秘密护送任务松了一口气。

荷塘老区村交通站的共产党人和革命群众，在革命战争时期，就是这样在粤中通往粤西的地下交通线上，秘密地护送了无数不知姓名、不知身份的文化名人、革命志士和战友。

八、护送珠纵渡西江

1944年，盘踞在广州、三水、佛山、九江、江门一带的日军，从西、北两路，分别向南宁、桂林、独山、韶关和衡阳等战略要地发动猖狂进攻，企图直逼贵阳，抚重庆之背，打通南北交通线，扭转侵华日军逐渐显现出的颓势。为此，中共广东省委研究决定，珠江纵队挺进粤中，向粤桂边区发展，实行战略转移，开辟新的抗日游击战场。

珠江纵队接到命令后，迅速研究如何出发。

1944 年 10 月中旬的一个晚上，在会上经过充分讨论，纵队领导对挺进工作作了具体部署：第一梯队由陈中坚、赵彬、李进阶同志率领，挺进台山、开平、恩平等地；第二梯队由谢立全、黄江平、谭桂明率队挺进新会、鹤山、高明等地；第三梯队由梁嘉、刘向东、欧初等领导，留守珠江三角洲，继续坚持和发展这个地区的抗日斗争。

就第二梯队的挺进路线，当时有三条可供选择。珠江纵队司令员林锵云在军事地图上一一标出，并逐条分析：第一条是南路，第二条是北路，而这两条线路敌人驻扎了重兵。那里人民生活困苦，群众抗日意识相对淡薄，况且地形环境恶劣，在此路过困难较大，风险较高。第三条是中路，绕过石岐，经中山第二、第三区直抵新会荷塘，然后从塔岗码头横渡西江，向新会、鹤山方向挺进。这条线路虽有敌重兵在石岐、小榄等地把守，但沿途有地下党控制的二顷围、海洲、荷塘等"白皮红心"据点。这里群众基础较好，又拥有一定的隐蔽武装，战力强悍。挺进部队到时会得到他们的有力支持。只要绕过石岐、小榄，过了中山九洲基的国民党顽军谢老虎和塔岗国民党顽军李桂元一关，其他的问题就不大了。于是，挺进路线最后选择了中路。

散会时，已是拂晓。虽然计划周密，但在实施时，依然是困难重重，险象横生。

10 月 20 日，珠江纵队绕过石岐、小榄，抵达海洲，在海洲袁世根的接应下，横渡西江的一条支流，踏上了荷塘。

部队经过高村到了塔岗附近，已是子夜时分。在塔岗村口等候的陈能兴、李超、关立、容忍之等同志迎面走来和珠江纵队的领导一一握手，简单汇报了塔岗方面的准备工作。原来，西江两岸敌伪和反动势力统治较强，政治情况也错综复杂。他们之间既臭味相投，又有利益冲突；地方势力既勾结国民党，又依靠敌伪，形成一种复杂微妙的政治局面。江的西岸（棠下）有陈炽的反动武装，东岸塔岗有李桂元，江尾（均安）和太平墟有李细，仓门和金字墟有欧阳培等国民党地方武装。宽阔的西江江面，有日军的汽船和炮艇巡逻封锁。当时在棠下石山对面，西江河中有一小岛，土名叫"猪头山"，又有两条日本炮艇驻守在那里，所以，人们把这里的渡口称为"鬼门关"。来往的民船、商船不是遭到日军巡逻艇扫射击沉，船民葬身江底，也会被土匪和国民党地方武装洗劫一空。唯有那些土豪、恶霸、国民党地方武装的走私船只与敌伪串通，才能自由往返。

为了组织渡江船只，切断敌人的电话联系，保护挺进部队安全渡江，陈能兴、李超、关立、容忍之等同志采取了一系列措施。首先，由李超、容忍之两人出面与地方反动势力头目打通关系，说是得源米店从鹤山买来一批烟草，要从周郡村码头横渡西江。在塔岗码头起货，请他们多多关照，事后必有重酬。那伙唯利是图的家伙听到有油水可捞，哪有不答应之理？当即面堆笑容说，到时一定关照放行。

接着陈能兴、李超、容忍之等人在胡剑卿的安排下秘密来到塔岗，找到胡耀椿，说明了珠江纵队要在塔岗码头渡江的情况，并要求胡耀椿准备一批干粮，到时分给战士们，以备他们在路上充饥。胡耀椿了解了纵队队伍经塔岗的时间后，就秘密找到了塔岗村可靠的船工李均平，由他物色了十几名船工，说到时有食糖和大米请他们渡过西江去。胡耀椿又通过其妹胡耀秀（嫁往棠下石头村），在石头村租借了十余条货船备用。再找到一些平时以走私为生，常常偷渡西江的船工，请他们到时运送物资过周郡，答允完事之后必以重酬。那些船工平时就和胡耀椿很熟，知道胡耀椿有势力，讲义气，重情义，出手阔绰，纷纷答应。接着胡耀椿又派出得力助手监视国民党地方武装李桂元的行踪。并说：
"二十四小时监视，每天汇报三次，如有特殊情况，随时汇报。"
随后胡耀椿又带陈能兴等人走出家门，把塔岗村尾到码头的路段
走了一圈，了解这段路的情况。马敬荣（珠江纵队队员，任良村
自卫班长，渡江后跟随纵队而去）带来良村的自卫队和塔岗的地
方武装会合，组织警戒工作。胡剑卿也从南村乡率领抗先十多人
来协助渡江工作。最后，又通过敌人内部的电话总机接线员刘志
明阻截敌人之间的电话联系。

　　作了简单汇报后，陈能兴、李超便带着纵队战士进入塔岗村。
过了塔岗村，拐了几个弯，部队很快就踏上了塔岗围堤。胡耀椿、
马敬荣事先已安排了地方隐蔽武装和自卫队在距码头 200 米的南
北方向，各架起一挺机枪，担负起警戒任务。纵队一到又安排两
挺机枪，加强警戒，以备不测。胡耀椿还安排其他人员将熟鸡蛋、
米饼、熟芋头等干粮塞到战士们的手里。

　　这时，马敬荣跑来报告，刚才接到刘志明电话说反动武装头
目李桂元察觉到有部队经过塔岗村，在塔岗码头集结准备渡江，
便立即打电话下令各部出动拦击。但他一连拨了几次都传不出去，
暴跳如雷，他指着刘志明劈头大骂，声称要查究惩办。刘志明推
说总机太旧，常出故障，没办法接通，把他应付过去。这时，黄
江平急步过来请示："警戒战士已进入指定位置，先头部队已到
码头，是否开始渡江？""好！马上行动！"谢立全应了一声，吩
咐黄江平带着吴桐中队先行渡江，一到对岸立即抢占有利位置，
加强警戒，负责掩护大部队渡江。

　　陈能兴随先头部队登上船离去。谢立全、李超、容忍之、胡
耀椿等人站在江岸上，屏住呼吸，眺望江面，倾听着江面的动静。
不久船只就消失在茫茫的黑夜中。谢立全他们的心都悬到嗓子眼
上，那一刻，仿佛经历了一个世纪那么漫长！

突然，对岸闪了三下红光，这是黄江平他们已安全登岸的暗号！谢立全悬着的心总算放下，就与林锵云、刘田夫等几位领导和胡耀椿简短商量了一下，便命令部队上船。后续部队上船后，一些船工疑惑了，运载的不是什么烟草、砂糖、大米，而是荷枪实弹的部队！见状，部队的战士当即对他们进行了宣传教育，讲述抗日救国的道理。这些船工平时都饱受日军、土匪的欺压，也就消除了疑惑，又见战士们纪律良好还帮他们划船，胡耀椿、李均平又做起了他们的思想工作，这些船工也就放下心来奋力地向对岸划去。

江面上依然是漆黑的一片，划船声、风雨声、船头激起的浪花声，混杂在一起，几十条船渐渐地远离了塔岗码头。船队航行到江心时，突然听到上游传来大船的柴油机声，因为顺水，很快就看到两条大船已渐渐驶近纵队的船只。谢立全看着那两条船不时发出红绿灯光，下令船队加速划船前行，并做好战斗准备。

谢立全凑到胡耀椿身边，说："那是不是鬼子的船呢？"胡耀椿凝神细看，又倾耳听了听大船的柴油机声，说："不是鬼子船，是走私的。"他们才松了一口气。原来，胡耀椿长期生活在江边，对日军的炮艇声和其他的货船声早已熟悉，了如指掌。而走私船多数是半夜才经过，胡耀椿判定不是日军的巡逻艇。船只在江上行驶了半个多小时，终于顺利通过了敌人在西江的封锁线，停靠在棠下周郡码头以北的一段围堤边。部队上岸后，谢立全、林锵云、刘田夫等紧紧握着陈能兴、李超、容忍之、胡剑卿、胡耀椿的手，激动地说："谢谢你们，你们为部队渡江作出这么大的贡献，我们代表珠江纵队谢谢你们！"陈能兴、容忍之等人和珠江纵队指战员们挥手道别，乘船划回荷塘塔岗，他们才长长地舒了口气。这时，风小了，雨也小了，胡剑卿、陈能兴、容忍之、胡耀椿等人与渡船船工和各地方武装人员一一道别。

杜阮人民抗日斗争纪实

一、杜阮人民难忘的一天

1939年3月29日，恰巧是杜阮墟期（每逢农历三、六、九日）。天还未亮，就有很多人从江门陆陆续续地向杜阮走来，有些人还直往井根、鹤城方向而去，原来日军已在江门北街登陆。当此消息传开，杜阮的民众人心惶惶。在人群过处，上空有一架日军的飞机跟踪，人们当即大乱，东躲西藏。因为一个月前日军飞机曾轰炸江门，村民惊魂未定。

上午9时许，日军3架飞机从江门方向飞到杜阮上空，由于飞得很低，因此轰鸣声甚响。飞机在上空转了一圈，忽然俯冲下来，接着昂首上冲，炸弹就从飞机的尾部投下。一颗炸弹落在杜阮墟的水泥桥（现通往镇政府和医院的桥）上。该桥一尺多厚，从中间被炸断。一人被断桥压死。接着飞机又用机枪扫射，死伤有50多人。

杜阮墟还有一座桥，桥头旁边有一家桥园茶室，当时茶客们看到飞机来了，纷纷躲在茶室旁边的竹林丛中，恰巧有一颗炸弹就落在那里，接着是机枪扫射，又死了三四十人。

杜阮南街有一个村叫山顶园，村口有一棵一百多年的大榕树，当日军飞机来的时候，有很多人躲在树下，以为安全。谁知日军的飞机是低飞侦察，看得很清楚，落下一颗炸弹在大树对面的房屋上，接着又是机枪扫射，有三四十人死得体无全尸，不少残肢断臂挂在树枝上，惨不忍睹。南街尾是一大片稻田，当时还未插秧，有些乡民看见飞机来了，一时无处藏躲，只好躲在田边有杂草的地方，也逃不过机枪的袭击，死伤二三十人。杜阮南街老字号育和堂药材店的掌柜文渭銮就被机枪子弹打穿腹部，肠子也流了出来。虽然当时有几个江门的医疗人员抢救，但他们也是逃难而来，只有一个简单的药箱，还是返魂无术。有位教师黄焕常（当年19岁）也被弹片炸伤脚跟部位，流了很多血，肿了起来，一个多月不能走动。

那一天杜阮先后遭受3次日机轰炸，第一次是上午9时左右，第二次是11时左右，第三次是下午1时左右，每次都是3架飞机，投放炸弹后用机枪扫射。特别是第三次，那天有几十个国民党官兵从江门撤退到杜阮，藏在西头村后山的树林中，有1架日机低飞侦察时，他们用步枪向上射击，因此更激怒了疯狂的日军，3架飞机马上飞来投弹轰炸，并用机枪扫射。原来日军飞机就是跟踪追寻这支败退的军队的。由于军队掌握防空知识，分散隐蔽，日机无法追踪，遂以老百姓为泄愤目标。国民党官兵的射击把自己暴露了，又招来了一场轰炸，结果死伤最多的还是老百姓。

根据有关方面事后调查，那天被炸弹炸死和机枪射死的有200多人，伤的无法统计。1939年农历二月初九日，杜阮就有许多人的父母、兄弟、姊妹、丈夫、妻子、儿女都在同一天死去，成为许多人沉痛纪念的"忌日"。被炸死的尸首，附近有亲属的便在一两天内认回安葬；外地人到来趁墟，不幸被炸死而无人认领的，由乡公所做善后工作，在"死仔地"（现戴爱莲广场附近）挖两个大坑，全部掩埋，有四五十人。

这是日本侵略给杜阮人民留下的一笔血债。

二、杜阮镇龙榜大王庙前的抗日战斗

1939 年春，日军占领江门后，为了控制杜阮和打通往西的道路，在杜阮木朗村的马山下驻军设立司令部，在马山和豸岗山上修筑炮楼，在阮江公路设置关卡，并经常到杜阮烧杀抢掠，人民苦不堪言。而国民党军队早已撤到鹤城防守，日军也曾几次调兵向鹤城进攻，但因前往鹤城沿路山多路狭，易守难攻，多是败退而回。国民党军则采取"敌进我退，敌退则回"的战略，时而袭击日军，较大的一次战斗是龙榜大王庙前的阻击战。曾经饱受国民党军队欺凌的龙榜老百姓，本来对国民党军队十分反感，守护家园，人人有责，面对日军进犯，村民们激发起共同抗日的民族大义，自发地支援这场国民党军队抗击日军的战斗。

1941 年 3 月，日军板田兵团及 228、229 联队进犯四邑，妄图打通新鹤公路，派兵西进，攻占鹤城，控制肇庆，直取广西。当时有国民党 64 军 156 师的一个营驻守鹤山，奉命在杜阮阻击日军西进。他们派出两个连的兵力进驻杜阮，一个连驻守井根，另一个连驻守龙榜、龙安江鹤沿路一带，指挥所设在龙榜大王庙。国民党军利用庙前围墙、水圳加筑作掩体，并在庙周围及龙榜、龙安村一带挖战壕、筑工事，分兵在龙安村、龙眼村刘道院一带布防。当时进出大王庙的是一条弯曲不足两米宽的泥路，中间有个小山包，两旁是开阔的稻田，那时还未插秧。国民党军在公路上放了三道用树干做的木卡，又在牛过路（地名）筑沙堤蓄水，把水引进龙安村前和大王庙前的稻田灌满，白茫茫一片。不久，全副武装的日军果然来袭，他们先用大炮轰炸壮胆，然后由铁甲车开路，后面有骑兵、步兵跟随，杀气腾腾直奔杜阮。龙眼村民黄水毛协助国民党军巡逻，看到日军来势凶猛，马上冲上去用木卡封路，不幸被日本士兵发现射死。守军即还击，双方炮火密集。

日军在其铁甲车掩护下向大王庙进攻，由于路曲道弯，又有木卡阻拦，铁甲车无法前进，便改用步兵及骑兵从田间进攻。水稻田水深泥烂，举步艰难，战马深陷无法行走，四面无掩体之物。国民党军在小路的山丘埋伏了机枪手，待日军走近，一轮扫射，不少步兵、骑兵丧命田里，战马泥足深陷，日军骑兵只好跳马逃生，败退回杜阮墟。试图改由公路从后包抄，但在被乡民破坏的公路上行走艰难且又遭龙安一带守军袭击；后又试图从杜阮墟经南田（地名）直攻大王庙，被驻守仙娘庙（地名）的守军猛烈炮火阻击。日军死伤惨重，屡次进攻无法前进半步。其间，龙榜一带百姓主动承担做饭送茶水干粮和抢救伤员等后勤工作支持守军抗日。龙榜东胜里的彭耀能和旅港老同胞黄添满就曾积极参加和组织村里的青年、妇女征集棉被送给战士取暖，为抗日战士做后勤供应工作。

这场战斗，双方都伤亡惨重。这支抗日队伍由于多日战斗，伤亡较大，且弹尽粮绝，全连战士所剩无几，只好退守鹤城一带。这场战斗在杜阮被老百姓传颂，鼓舞了抗日斗志。这场战斗也给老百姓带来了灾难，日军突破防线后，在龙榜、松岭、井根和龙眠等村烧杀抢掠，杀死无数无辜平民，烧毁无数房屋，犯下滔天罪行。

三、中和将军山的抗日战斗

将军山位于新会大泽与杜阮中和的交界处，是圭峰山脉的延伸部分，东起大泽的同和村，西至杜阮中和村桂山，背靠叱石峰顶的绿湖屏。它有两个尖峰，海拔超过 300 米，可俯瞰江会、潭江、崖门、开平等广阔地带，是钳制广湛公路新（会）开（平）路段的要冲。地势险要，易守难攻，常为兵家必争之地。抗战时期，曾在这里发生过两场激烈的战斗。

第一场战斗发生在 1939 年 5 月下旬,日军集中兵力,以搜捕游击队员为名,大举进犯大泽潮透一带,实质是企图打开新开路段西进的通道。24 日拂晓,日军飞机在将军山上盲目轰炸扫射一轮。之后,隐约从杜阮井根方向传来枪声,大量的日伪军从大泽同和直扑而来。日军气势汹汹,以为凭着精良的武器装备,可以一举占领将军山要塞,岂料被埋伏在将军山阵地上的省保安 7 团 3 连战士迎头痛击。战士们摸透了敌人炮轰规律,进行灵活作战。每当敌人炮弹落地炸出深坑,机枪手就跃出战壕,跳进弹坑,不时变换位置,瞄准敌人扫射。当时参加战斗的机枪手梁炽在回忆录这样记述:"机枪还没有打出两梭子弹,就有炮弹连续落在机枪前后,一战士连枪带人被炸毁,其他士兵仍毫不畏惧。在猛烈的炮火烟尘滚滚中,我时跳时伏,打打停停……"。战斗了一个上午,日军仍无法占领山头,下午又发起第三次冲锋,结果也败下阵来,死伤无数,尸体用骡马运到吕村附近焚烧。抗日战士也死伤不少。黄昏时分,日军又改用飞机大炮更疯狂地轰炸扫射将军山,省保安 7 团为了保存实力,奉命暂时撤回台山休整。神勇机枪手梁炽受到奖励,台山人民也送来礼品表示祝贺。当晚敌人不知抗日军队虚实,不敢贸然占领将军山。

第二场抗日战斗发生于 1941 年 9 月 20 日,国民党军 64 军 156 师 468 团奉命到新会大泽接防,抗击西进日军。团部设在大泽吕村。刘镇湘任团长,他多谋善战,亲临前线,精心部署,指派部分连队镇守潭江北岸各个渡口,预防日军炮艇登陆突袭;主力重点部署在江开公路两旁的制高点,使响水桥—马鞍山(简称马山)—将军山,成为一条弧形战线,特派善战的工兵 9 连驻守将军山上,指挥所和后勤部设在杜阮中和的上邑村。部队一进入阵地,便挖战壕、垒掩体、筑工事、设路障。中和的老百姓,有的主动为国民党军送茶水、削竹签、绕铁网,并在将军山下的要道深插竹签，架设铁刺网等路障。25 日，日伪军数千人沿广湛公路新开路段进发。首先进攻小泽响水桥和大泽的马鞍山两个前沿阵地，遭国民党军顽强抗击，经过两昼夜的战斗，阵地相继失守，驻守马鞍山的 8 连徐连长壮烈牺牲。

27 日，日军集中兵力，驱赶会城居民在阵前开路，直迫将军山下。工兵 9 连将士严阵以待，沉着应战，日军一天内连续从大泽同和向山上发动 5 次冲锋，均被击退，伤亡惨重。翌日再大举进攻，仍未得逞。29 日起，连续 4 天进行阵地争夺战，日军尸横遍野，仍不甘心，重演故技，靠飞机大炮压阵。10 月 3 日再从中山三灶机场调来 5 架轰炸机，从会城抽出 4 门迫击炮，向将军山狂轰滥炸，尽毁山上的防御工事，使翠绿的将军山变成秃岭焦土。工兵 9 连 100 多名战士几乎全部阵亡，只剩下 3 名勇士，抱住枪支滚下西面山麓，得以绝处逢生。由于增援部队未能及时赶到，致使将军山阵地被日军占领。

日军占领将军山和大泽墟后，便疯狂地对大泽同和、鲗鱼山及杜阮中和几个村落实行杀光、抢光、烧光政策。据不完全统计，共烧毁房屋 100 多间，杀死平民 150 多人。

据中和村老乡忆述，由于战后双方尸首遍野，未能及时殡葬，腐烂引发瘟疫流行，附近村民又死亡 100 多人，几乎成为无人村。后来，村民只好就地掩埋战场遗物和残骸。到 20 世纪六七十年代，村民上山打坎植树，还在山上和战壕里挖掘出不少子弹、水壶、人骨、炊具等物件，这些都是将军山抗日战斗的历史见证。

棠下镇抗战斗争纪实

一、建立游击区

三堡村位于棠下镇井溪莱山，地处新鹤边界山区，抗战时期，是省、港、澳经江门至棠下镇进入新鹤游击区的主要通道。党在三堡村开辟和建立交通联络站，在当地开展武装斗争，建立政权等革命活动。

1941 年春，新会、鹤山两县的中共党组织有了新的发展，根据各自的条件，发动群众，建立抗日据点，组织人民武装，加强统一战线工作，把党的全面抗战方针、政策贯彻到实际中去。新开鹤（新会、开平、鹤山）党组织活动也迅速开展，以鹤山三区为重点，迅速把"借救"和"两减"推向全区，打下群众基础。采取"背靠鹤山，面向新会"的方针，组织了 4 个强大的武工队。武工队到新区去发动群众，结交朋友，专门拔"钉子"，打汉奸，配合主力部队战斗等，取得较大成果。其中比较大的战斗是 1943 年 12 月 26 日的棠下战斗，仅十分钟时间，全歼敌一个自卫中队，缴获轻机枪一挺和步枪、弹药等一批。棠下战斗，使新鹤两县反动派大为震惊。经过石步、大泽等多次战斗，抗日武装活动地区扩大至河村、北洋、杜阮、井根、桐井以及丹灶、白沙、里村等靠近江门的地方，有的武工队队员甚至到江门范罗冈活动。

1944 年，中国抗日战争逐步发展到战略反攻阶段，为适应抗日斗争需要，在南番中顺游击区指挥部和珠江特委领导下，新鹤大队在大泽田金宣布成立，着手建立和发展中（山）新（会）边抗日游击区。同年7—8月，分别在棠下三堡大井头村、鹤山罗帷洞等地扩建2个中队。

二、三堡村成立武装，开展抗日斗争

自江会沦陷后，江门会城和周边乡村由日、伪、国民党和地方实力派势力统治，棠下等地属国民党控制区。中共党组织把陆其俭的和昌杂货店作为棠下墟镇首个地下党的秘密交通站。

1942年冬季，大井头特支党组织抓住大井头地方武装老更队一年一度改选队长时机，把与军统特务有联系的老更队队长梁文沛改选掉，推举出思想进步的归侨工人梁衍伯（党员梁金玉的父亲）当队长，中共党员梁荣广和梁柏万当副队长，把大井头地方武装完全掌握过来，使大井头成为棠下党组织领导各乡武装斗争的核心区。

1944年1月，中共新会县委根据上级指示和武装斗争形势的需要，实行"地武分家"，即地方党组织和武装分开领导，武装系统党组织加紧组建新（会）鹤（山）人民抗日游击队。研究认为，由于新会大泽的武装力量不足，必须发展壮大，把活动范围从司前、大泽、汉塘、平岭、井根到棠下三堡这条山脉连成一片，作为抗日游击战争长期活动区域。5月，珠江纵队特派员郭大到三堡大井头向廖健、李兆培、梁广等同志转达上级关于发展中区抗日武装斗争，要在大井头组织一支武装，建一个中队的指示。廖健、李兆培在大井头老更队中选拔了思想进步可靠的梁礼康、梁坚（梁金玉）、梁景常、梁柏朗、梁国林、梁荣广、梁建文、梁锦章、冯锡垣为骨干。同时把朱力在鹤山雅瑶罗帷洞教学时发动的区润林、李子友、李平枝、李兆群、李子葵、李杏英、李月芳、李子明等进步青年农民，以及附近莲塘的冯日，元岭的陆锡伦，赤岭的李兵，桐井的梁景苗，南坑口的李逵，沙富的周良、周根等先后组织到大井头参加游击队。7—8月，新鹤大队在司前石桥乡桥下村扩建第二中队，又在大井头莱山梁公祠成立第三中队，李兆培任中队长，指导员为廖健。随即第二中队镇压了大井头恶霸梁文沛，同时公开挂国民党广阳守备区指挥部挺进第五纵队（简称挺五）周汉铃××大队第四中队的番号。中队成立时，人员主要来自大井头和罗帷洞老更队，武器主要是老更枪（旧式步枪），李兆培在罗江借了两三支短枪，区润林带来了一支步枪。为保存力量，特支部利用周国仪（原为党员后来叛变）与棠下地方实力派陈炽是结拜兄弟的关系，写信通知陈炽。陈炽对大井头成立武装队伍并没有怀疑，还表示要互相支持。

一个月后，新鹤游击队的陈江派刘南率一个机枪班过来大井头，派来的军事干部有陈强、王伟、邝耀等，队伍扩大到30多人，李兆培为中队长，刘南为副中队长，廖健为指导员，陈强、王伟、邝耀、梁礼康等为正副排长，朱力为政治教员。

1944年8月，珠江纵队拟挺进粤中在荷塘横渡西江。中顺新边县工委和荷塘党支部为配合部队横渡西江，经周密筹划，事先为部队渡江选择地点，组织大批船只，控制电话总机，严密监视广阳守备区敌后工作队特务大队李桂元部的行动。10月20日，珠江纵队挺进粤中主力大队近500人，在林锵云、罗范群、谢立全、谢斌、刘田夫等率领下，从中山五桂山抗日根据地出发，经海洲、荷塘，在塔岗码头横渡西江，避过李桂元的关哨，22日夜，顺利越过日军江上封锁线，在棠下周郡安全登陆后，与新鹤大队会师，立即开赴三堡大井头，继续西进，抵达鹤山宅梧，建立了新的抗日游击区。随后，第三中队打击了杜阮伪乡长黄其仔。大井头中队逐渐在附近各乡有了很大影响，争取了很多民众的支持，直到解放战争时期，敌人对大井头都不敢轻举妄动。10 月下旬，新鹤大队公开宣布成立，大井头中队也撤离了大井头，在鹤山罗帷洞正式编为新鹤大队第二中队，跟随部队转战粤中。1945年 1 月，粤中部队在鹤山云乡整编，成立广东人民抗日解放军新鹤大队，第二中队扩编为第二团，原来大井头中队的干部、战士又作了调整，廖健调到司令部，李兆培调到二团，朱开被派来中队接替李兆培，任连长。

三堡村参加新鹤人民抗日游击队的战士付出重大的牺牲，其中有 5 人在粤西、粤北地区作战中光荣牺牲。他们是：在新会司前战斗中牺牲的新鹤人民抗日游击大队班长梁桥丁、副班长梁海棠，在新兴县战斗中牺牲的粤中纵队二支队司务长梁惠容，在始兴县战斗中牺牲的新鹤人民抗日游击大队二中队保卫员梁健民，在阳春县战斗中牺牲的粤中纵队二支队梁礼康。2006 年，为纪念三堡村光荣牺牲的 5 位烈士，蓬江区政府和棠下镇三堡村民委员会修建了革命烈士陵园和烈士纪念碑。

港澳同胞、华侨支持抗日战争

在抗日战争中，为了挽救中华民族的危亡，无数优秀的中华儿女抛头颅，洒热血，甚至不惜牺牲自己的性命。杜阮、棠下两镇华侨及港澳同胞在这场血与火的斗争中，也作出了积极的贡献。

一、杜阮镇港澳同胞、华侨支持抗日战争

（一）缅甸爱国华侨参与祖国抗战

杜阮镇木朗村曾居住一家贫苦农民尹豪，其一子尹勤看到村里乡亲们出洋打工，便跟着出洋创业，来到缅甸摩谷，经营当铺并兼做宝石生意。后来，尹勤陆续组织几个弟弟和乡亲从家乡到摩谷帮忙料理生意，遂形成尹达成堂家族。

1935年，尹达成堂家族在缅甸摩谷地区开办了启新学校，家族成员尹国彦任义务校长，张培道任教务主任兼教员。聘请具有爱国进步思想的年轻教师容希文、许耐荣、李兴微担任教员，以爱国抗日、民主革命的思想为宗旨培养教育华侨的青年一代。

1937年，日本侵略者发动了七七事变，对中国进行全面侵略。在这危急关头，缅甸华侨进一步加强对祖国全面抗日的支持。缅甸摩谷华侨救国分会改组成为摩谷华侨救灾分会和摩谷华侨抵制日货分会，购买了数千缅甸盾的救国公债，由总会汇

回祖国支援抗战，为英勇的八路军战士购买寒衣，捐款支援陕北公学；号召华侨同胞抵制日货，拒绝买卖日本货，打击日本经济……

尹达成堂家族尹坚华、尹元坚、尹坚英、尹坚秀、尹坚君、尹惠竹六个青年女孩，来到仰光，结识了从国内转来的徐迈进、张光年、郑祥鹏等党组织的领导人，阅读了中国共产党党章和其他大量进步书籍，接受了爱国抗日的进步思想。不久，尹坚华、尹元坚、尹坚英、尹坚君加入了共产党，成为光荣的无产阶级革命战士。随后，她们又积极参加缅华战工队，与战工队的同志一道，积极工作，热情号召抗日，宣传中、缅、印、英人民团结起来，消灭日本侵略者，保卫缅甸，保卫和平。

1941年12月，日本侵略者发动太平洋战争，对仰光、曼德勒等缅甸大城市进行狂轰滥炸。在轰炸中，战工队队长李乃、队员尹坚君及杨师傅三位同志英勇牺牲。仰光、曼德勒等地区的华侨纷纷回到祖国抗日，尹坚华、尹元坚、尹坚英跟随战工队撤回祖国参加抗日战争。

抗战胜利后，尹元坚、尹坚英留在国内，尹坚华回到缅甸继续教书育人，为缅华民主爱国教育和中缅友谊积极奉献力量。

（二）"一门忠烈"的旅印尼华侨

黄一飞（1905—1986），号启图，祖籍杜阮，父亲黄树渠是孙中山创立的同盟会会员，献身于国民革命。黄一飞年轻时家贫被"卖猪仔"（卖身到国外做苦役）往南洋。历尽艰辛创业，后成为印尼工人领袖、华侨侨领，是抗日战争后援领导人、巨港油区工会副主席。1941年印尼苏门答腊巨港市沦陷前夕，为了不让日军得到战略物资，他只身炸毁勿拉柔油厂，被人们赞为"孤胆英雄"。黄一飞的二弟黄铁曾，在参加抗日游击队战斗中负伤被捕，坚贞不屈，被日军装进麻袋沉江杀害；三弟黄铁孙在新加坡参加华人游击队抗日，不幸被捕，后送去泰国北部修路惨死。人们赞誉黄一飞"一门忠烈"。

（三）远渡重洋回国参加抗战

戴爱莲（1916—2006）女，祖籍杜阮，国际知名舞蹈艺术家，出生于多巴哥共和国，本名吴爱兰，在英国改名为戴爱莲。其曾祖父是第一批被"卖猪仔"的劳工，在国外姓戴。戴爱莲随母从小喜爱音乐、唱歌、跳舞。1930 年赴英国伦敦学习舞蹈，拜过多位著名舞蹈家学习现代舞和芭蕾舞。1939 年抗战期间，戴爱莲历尽艰辛，乘客货两用船历时两个月从英国回祖国投身抗日救亡活动，受到宋庆龄热情接待。她出生在国外，对祖国文字和语言都很陌生，但她努力克服语言障碍，在香港参加了"保卫中国同盟"的义演，后又深入广西、重庆等地义演，拿起文艺武器鼓舞民众抗日救国。她创作和表演宣传抗日的《惊醒》《前进》等 10 多个歌舞剧目，一时艺惊国内外。周恩来、邓颖超、郭沫若、周扬、田汉等中央领导及文艺家接见了她，并观看她的演出。

（四）抗战前线的新闻记者

简捷（1919—2008），祖籍杜阮井根村东和里，出生并居住在广州，著名新闻摄影工作者，毕生致力于新闻摄影事业。曾任中国摄影家协会首届常务理事、广东省摄影家协会创会主席、中国新闻社广东分社副社长。

1937 年，简捷在香港中共地下组织领导下开展抗日救亡活动，1938 年，率香港学生回粤第四战区参加抗日宣传，到珠江三角洲游击区工作并兼新闻记者。抗战以来一直从事新闻和摄影工作，撰写大量新闻通讯稿件和拍摄新闻照片在香港及海外华文报刊发表，把祖国人民开展抗日和解放战争的消息向外发布。中华人民共和国成立后，简捷先后在香港、广州任职，2008 年 12 月在广州逝世，享年 89 岁。

（五）战斗在抗日前线的革命夫妇

简惠仙，女，杜阮井根村人。1914 年出生在一个旅日华侨家庭，1937 年全面抗日战争爆发随家人回到家乡。先在新会县立师范学校读书，后在江门景贤商业学校教书。受该校校长、地下党员陈翔南影响，参加了进步青年抗日爱国宣传活动，1938 年加入中共党组织，成为新会妇女抗日救援会骨干。1939 年江会地区沦陷，她受组织委派，与丈夫廖健以教师身份先后在棠下、杜阮、三江、荷塘及鹤山、开平等地从事抗日救亡活动。1941 年，简惠仙、廖健被党组织派到棠下大井头开辟革命根据地。先后在大井头建立党组织，改造地方武装，成立抗日游击中队，廖健担任中队指导员。1945 年，所领导的大井头中队编入广东人民抗日解放军新鹤大队第二团，最后被调到司令部，在接应珠江纵队挺进粤中的过程中做了大量的工作。1944 年，简惠仙被选派参加珠江纵队政治部主任刘田夫举办的中共高级干部培训班学习，直接参加抗日救亡宣传、战地救护队上前线抢救伤员等工作。是年秋，在棠下大井头开展工作被敌人发现追捕，夫妇失散。廖健随珠江纵队北撤山东参加了人民解放军，简惠仙忍痛把仅一岁的儿子交给大姐照顾，只身前往鹤山寻找党组织，并继续在鹤山、开平、高明等地从事党的工作，直至解放，夫妻两人才得以团聚。

中华人民共和国成立后，简惠仙先后在湛江、开平、广州等地从事党的工作，参与创办湛江卫生学校并任教导主任，离休居住在广州荔湾区。

二、棠下镇港澳同胞、华侨支持抗日战争

当祖国遭受到侵略时，棠下籍华侨和旅港同胞，纷纷返回祖国，同仇敌忾，出钱出力，投身战斗，支援前线，救济死难同胞，

亦发生许多感人事迹。

旅港志士陈国泉，积极响应抗日救亡活动，慷慨捐出自己的创业积蓄，还协助到港募捐的宋庆龄、廖承志、何香凝夫妇，东奔西跑到处发动商界人士捐助抗日，开展抗日救亡工作。

1939年，日军占领江门后，许多棠下石头村民逃往港澳和海外，旅港人士陈永先生获悉后，一方面在港收容逃难到香港的400多人，安排在自己的商号工作和安置在自己的住宅食宿；另一方面托人在家乡石头办理施米施粥，进行救济，还捐献数万港元作为支持抗战军费。

1942年，旅居香港的中共党员李兆培、邓瑜碧分别返回罗江、新昌他们自己的家乡，在家乡以教书为名，进行抗日救亡宣传，组织进步青年学生和农民，发展地下交通站。

1942年，旅居澳门的陆其俭回到家乡，利用父亲富商地位和棠下墟镇镇长一职，先后在棠下墟开办和昌号杂货铺、江门常安路仁仁号金铺，建立地下秘密交通联络站，收集敌情、送情报、宣传"解盟"发展成员，并护送领导干部和进步学生到解放区参加革命队伍。

旅居马来西亚创业的郭赞洪，棠下镇大林村人，汇款回乡后，建设大林学校，把战争中失亲流浪的儿童收留到学校，负责儿童托、管、教、养、读。

1939年8月，生活在新加坡的良溪人罗洪，又名罗洪发，与好友鹤山雅瑶人陆汝金，参加了陈嘉庚发起的第九批南洋华侨机工，回国参与当时西南后方唯一的国际通道——滇缅公路物资运输工作，在参与艰难的物资运输中，获得美军驻中印缅总司令部作战参谋部盟军司令陈纳德将军亲自颁发的荣誉奖章。

1939年，在意大利陆军大学读书的棠下镇天乡沙田人谭展超，携妻子意大利皇室侄女贝安加回国，加入国民党军著名将领孙立人麾下，随孙立人的远征军奔赴缅甸与日军作战。

1938 年，随叔父在印尼谋生的棠下新昌人邓天培受进步思想影响毅然变卖部分家产，与温福昌、徐明等爱国华侨回国到延安参加八路军。

还有一位远在美国读书的三堡汉坑人陆荣恩，为反法西斯，应征入伍，随军开赴欧洲战场，与德军作战。

4

第四章

曙光破晓　迎接解放

第一节 坚持艰苦卓绝的斗争

一、积聚力量，隐蔽伺机

（一）国共内战一触即发

1945 年 8 月 15 日，日本宣布无条件投降。9 月 2 日，日本天皇及日本政府的代表在日本投降书上正式签字，当时驻守江门镇文昌沙纸厂附近的日军系属 128 联队高谷部队（团司令部驻顺德县容奇）听到战败投降消息后，3 日，集中部队开赴顺德容奇投降。经过长堤时，他们虽仍配着武装，但一扫过去的骄横气焰，一个个垂头丧气，沿路市民欢呼雀跃，江门镇街道搭起三十多座彩色牌楼，庆祝胜利，迎接受降军队。16 日，日军投降代表第 23 军司令官田中久一中将、参谋长富田少将、海南岛日军指挥官代表肥后大佐等 3 人在广州中山纪念堂出席投降签字仪式，田中久一签署投降书。中国国民党第二方面军司令张发奎受降。29 日，中国国民党派第六十四军军长张弛进驻江门镇，在堤西路一带接收投降日军移交的武器装备及物资，军部设在江门紫茶路黄家祠，这标志着江门镇的抗日战争正式结束。

但是抗日战争胜利后，中国革命形势发生了重要的变化。1945 年 10 月，国民党代表在重庆谈判与中共代表签订了国共双方"代表会谈纪要"，即"双十协定"。随后，国共双方达成了《停战协议》。

在和平谈判中，中国共产党在解放区和人民军队等问题作了让步，同意让出包括广东在内的八个解放区，将这些地区内的中共部队撤退到陇海线以北和苏北、皖北解放区。协定签字一周内，中共部队即开始从浙江、苏南、皖南等地撤出。但是国民党军队对上述抗日根据地、解放区撤出的中共武装实行疯狂的拦阻截击，企图加以消灭。国民党广东当局更是不承认广东有中共武装的存在，污蔑各地的抗日人民武装是"土匪"，叫嚷在广东只有"剿匪"，内战在广东实际上从1945年10月已经开始。

（二）借"剿匪"名实"剿共"

1945年10月，国民党以"剿匪"为名，大举调兵入广东，并限令至1946年1月底肃清"奸匪"。而活动于广东的粤中纵队，经过一年多抗日武装斗争的锻炼，发展到1400多人，下辖6个团。抗战胜利后，国民党广东当局为了抢占中区的战略要地，对这支部队实行疯狂的"围剿"。国民党新会县政府以及江门镇配合中区的国民党军队，对活动在鹤山、新会的广东人民抗日游击队第二团和独立营加紧"清剿"。为配合"清剿"，新会县江门镇的绥靖委员会相继成立。县政府还大肆网罗地方武装乃至绿林草寇，重组新会县自卫大队，下统3个中队和1个独立中队。各乡村的联防队、自卫队、民团等亦为国民党所用。国民党坚持一党专政的同时还施放和平烟幕，愚弄国人。新会县政府在各种报刊和公开场合上，鼓吹所谓和平建国并大肆诋毁共产党，对民主进步力量加以压制和打击。国民党在江门镇成立所谓"中国新建设协会新会分会"，该会的宗旨是协助政府动员裁乱建设，实则是政府的情报机关。县政府还在农村推行保甲制，加强户口控制，巧立名目搜刮民脂民膏，引起农民强烈不满。

与此同时，中共新鹤县委将工作重点放在江会地区，做了大量艰苦、深入、细致的工作。1945年底，国民党在杜阮实行"白色恐怖"，松岭妇女识字班被解散，党组织受到破坏。这时候，中区特委办事处派黄子彬携带资金到江门镇，通过新会县进步人士、老同学陈仲衡的关系，入股江门镇"前进船务行"，掌握"前进船务行"和"前进渡"船，并开辟了一条航行于西江河上的三罗（罗定、云浮、郁南县合称）至江门镇的地下航线。"前进渡"船从1946年1月开航后，掩护同志开展地下工作，加强中区各县的交通联络，为部队的给养和党的活动赚取一定数额的经费。但是由于国民党滥发纸币，通货膨胀，百业不兴，"前进渡"亏损严重，1946年底结束了"前进船务行"和"前进渡"两船业务，有关人员转移到别的战斗岗位去。

（三）停战北撤新部署

1946年1月10日，国共双方签订《停战协议》，3月中旬，双方又达成了关于华南、广东中共武装"北撤"山东烟台的协议，主要包括三方面：第一，国民党广东当局承认华南、广东有中共武装的存在；第二，同意东江纵队北撤2400人，不撤退的复员，发复员证，政府保证复员人员的生命安全，财产不受侵犯，就业居住自由；第三，东江纵队撤退到陇海路以北，撤退船只由美国负责。

4月，中共广东区委对开展斗争进行研究，粤中纵队临时特委召开会议商讨新部署，针对北撤协议主要落实以下三点：第一，确定参与北撤人员。由于国民党广东当局仅承认东江纵队，江门镇的革命武装力量属于粤中纵队，中共广东区委经研究，为了保存各地区干部脉络，积蓄力量，决定抽调粤中纵队的主心骨57名县团级以上领导干部随同东江纵队北撤，其中包括新鹤县委书记谭桂明、武装部部长赵彬等北撤山东烟台。第二，不能北撤的人员安排复员回乡。广东人民抗日游击队第二团和独立营留下的人员仍继续分散隐蔽在新鹤边界，部队实行精简、复员、分散、隐蔽活动的方针，以保存武装力量坚持艰苦斗争。第三，按照广东区党委的指示，将县级以上的党组织由"党委制"再度改为"特派员制"，实行单线联系，由谢创任中共粤中正特派员，周天行为副特派员。当时，新会、鹤山两县中共组织合并，成立中共新鹤县委，驻地江门镇，县委书记为黄文康（先）、司徒毅生（后）。

6月，广东区党委在向中共中央报告广东局势时指出：东江纵队北撤后，广东时局必有相当严重的黑暗时期，并非短时内可能好转。因此总的方针应是长期打算，不急求事功，而是埋头苦干保存力量，待机发展。至于乡村中的组织方针，则为保持与巩固现有阵地，改变组织形式；对群众性的自发斗争及各级武装斗争决不公开领导，避免暴露力量。已复员的部队人员和党员，在两三年内应完全停止活动。不久，广东区党委又向各地党组织和坚持分散隐蔽斗争的武装人员发出指导性意见，强调"已复员而有安全保证地区，绝对隐蔽，勤业、勤交友，与群众同进退，斗争采取群众路线的公开合法方式，不随便拿出武器来"；"仍受进攻地方，利用社会上层，缓和局面，在群众掩护下用不刺激方法肃清敌特，求得支点隐蔽的巩固，白皮红心去应付局面，掩护其埋藏于山上"；"群众斗争应以和平合法为主，减少冲突，互为配合，不轻易使用武器"。

（四）"白皮红心"巧周旋

在分散隐蔽战术的实践应用中，江门镇共产党、进步人士通过公开职业身份，在社会上以一般群众的身份出现，秘密开展工作，以实现长期隐蔽坚持斗争的目的。

如棠下镇石头村的陈国泉在抗日战争胜利后，返回香港，恢复和隆行生意，并在九龙大角嘴建货仓，代客商储运出口、中转货物。因信用昭著，商务迅速发展，获利丰厚。在解放战争中，他与共产党人饶彰风、黄天度等联系，曾捐款支持香港《华商报》出版；多次利用仓库储运军需物资和接待回国人员，支持人民解放事业；还替香港的中共组织保管百余箱"南方券"（解放军在华南临时使用的钞票），以后陆续运回广州。根据斗争的需要，棠下大井头牛轭村梁礼康奉命回到家乡隐蔽待命。同时，部队还把一挺机枪交给他保管。在这期间，他经常擦拭武器，确保武器完好无损。在地方党组织的领导下，他积极参加地方交通情报及做群众工作。

江门镇里村人、农民协会常务委员、共产党员施展受党组织派遣，回中（山）新（会）交界的五权乡活动，组织发动群众打击蒋政权、迎接解放。共产党员李克平以小学教师身份打入杜阮国民党乡公所担任文书，及时掌握国民党政权动向，同时，积极而巧妙地对国民党乡、保长开展统战工作，争取他们支持共产党在杜阮松岭村开展革命斗争。1945 年底，中共粤中纵队又派黄振胜（松岭人，地下工作者）打入国民党政权，当上了松岭村的国民党保长，以合法身份从事党的地下工作。杜阮国民党副乡长黄北华，在松岭党组织的启发教育下，对夜校的活动不加干扰，还协助营救被捕的"教员"和进步人士。曾被国民党包围夜校逮捕的陈高、沈海妮、施秀容、简银容等同志，都是黄振胜与黄北华合力保释出来的。

杜阮中和村地段成为党组织新鹤游击队重要的联络点和交通站，活跃在江鹤公路沿线的粤中新鹤游击队的陈江和中州武工队队长李德华、谭俊等经常到中和村，先后在叶桃、何才等几家建立"堡垒户"和交通站，常与新会大泽、司前，鹤山的铁岗、沙坪，杜阮的井根、松岭等交通站传送情报和运送军需物资，掩护游击队和党的地下工作者活动。1946 年 6 月，新鹤特委派林振炽领导杜阮支部兼地下交通站站长，恢复江门、鹤山、大泽交通线，加强对革命工作的领导。黄凤婵、施秀容、施顺容、黄楚南、黄振胜、吕帝协等任交通员，继续为部队传送情报、武器弹药、药物等，掩护、接济各点的交通员和部队战士。党组织委派黄楚南在杜阮艺兴木厂做工，暗中协助革命工作。他根据党组织的指示，协助林振炽在木器厂旁开设捷轮单车修理店，以此为掩护，开展地下党的情报传递活动，暗称为"天下交通站"。党员吕帝协、黄凤婵夫妇还把多年的积蓄拿出来，把单车店扩大为综合商店，除修理自行车外还经营图书、文具、日用品等，为游击队输送了不少情报、文件、医药和生活物资。

党组织又派荷塘党员容辛、何军打入复兴报社，钟华打入民权报社当编辑。这两家报纸都是地方实力派的喉舌。打入报社的党员利用当时新会的地方实力派与国民党县当局之间的权力、经济利益等方面的矛盾，及时发表一些揭露国民党县当局贪污腐化、横征暴敛、鱼肉百姓以及民生疾苦之类的文章和专题评论，还特别曝光一些国民党内部的斗争、各派系的明争暗斗，国民党县政府与县参议会的论战等问题。他们还以适当的方式，揭露国民党假和谈、真内战的面目，间接宣传共产党和平、民主、团结的主张。他们还以报社为阵地，成立记者公会，团结了许多新闻记者。同时，对部分县参议员、工商界民主人士做团结和争取工作，对推动江会地区反蒋民主运动起了一定的作用。

二、组织力量，开展武装斗争

（一）低潮时期谋对策

1946 年 6 月 26 日，全国内战爆发，广东局势急剧恶化。国民党广东当局公然在全省各地大肆实行"绥靖"、"清乡"，对中共党员、复员人员、分散隐蔽武装人员以及革命群众，进行疯狂的打击迫害。中共粤中各级地方组织及复员隐蔽人员的处境日渐险恶。因周天行、谢创等在当地已暴露身份，引起反动派的注意。为保护干部的安全，广东区党委及时将周、谢先后调离粤中，到设在香港的区党委机关从事隐蔽工作。1946年6月，广东区党委调派谢永宽接替谢创，任中共中区特派员；后又先后派黄庄平、林华康任中共中区副特派员。

谢永宽抵达粤中地区时，首先通过李克平的关系，在江门镇近郊水南刘家庄租屋居住，建立起中共中区特派员的活动据点（情报交通联络站），抽调周锦照任组织干事，协助开展工作。其间，广东区党委再次将中共三罗地方组织以及高要县南部划为粤中区范围，由中共中区特派员统一领导。这时，粤中区管辖的范围已扩大到包括新会、鹤山等14个县，当时江门镇属于新会县管辖，在西江以南形成了一个统一领导的区域。谢永宽随即布置将粤中全区的党组织、中共特派员进行重新调整，对已暴露身份的领导人及时易地调整、转移，以免遭敌人下手。撤销中共新鹤县委，将县党委改为特派员制。特派员调整后，上下级之间的领导，便实行单线联系的方式。特派员迅速制定了联系工作的制度和纪律，建立了活动据点和交通联络站。新会、鹤山各设特派员。新会县特派员为司徒毅生（先）、冯光（后），副特派员关立。特派员设立后，确定工作重点由城市转向农村，在白色恐怖的环境中，改变斗争方式，坚持长期斗争，争取最后胜利。新会党组织为贯彻党制定的"隐蔽精干，长期埋伏，积蓄力量，等待时机"的方针，从1946年下半年至1947年7月，先后在江门镇、水南乡、北街村举办了4期党员干部学习班，提高党员干部对当时斗争性质的认识，增强他们斗争的信心。

为工作的需要，党组织将一些容易暴露身份的党员调往外地工作，另将从外地调入的党员安排了适当职业作掩护，并设立秘密交通站，做好巩固农村基层党组织工作。谢永宽指派共产党员依靠群众的帮助，在江门镇以开设永大成杂货店（新市路 37号）、新庆街柴花店以及堤东路公兴柴庄为掩护，先后建立一批中区特派员与各县特派员接头的交通联络站；在香港九龙设立了中区特派员与广东区党委机关联系的交通联络站。同时筹集款项，恢复了一度停航的西江"前进渡"秘密航线，沟通中区特派员与高明、高要南部及三罗地区的联系，很快便掌握了北撤后在当地坚持隐蔽活动的共产党员的状况，接上了组织关系。在一些群众基础较好的地方，还适当调整了党员力量的分布，建立、巩固了党的基层活动据点，使城镇、乡村的基层党组织能继续正常开展活动。

（二）改变策略斗顽敌

1946 年 7 月，国民党广州行营主任张发奎指派军政头目在粤中三埠亲自主持召开所谓"治安会议"，向粤中各县当局下达实行"清乡"、限期肃清"共匪"的命令后，镇压城镇乡村的爱国民主运动。8 月，又指派广东省保安第一总队总队长张平率部队进入粤中，设立"八邑'剿匪'指挥所"，并成立各县的"清乡"机构。在各乡村，特别是原抗日游击区，实行"联防联剿，联保联坐"的保甲制度，到处设关卡、出"花红（悬赏金）"，封锁山区，搜查、缉捕中共武装复员人员和分散隐蔽武装人员。贴出"奸匪自首令"，强令中共党员和复员、隐蔽武装人员前去"登记自首"；并肆意残杀中共复员、隐蔽武装人员的家眷，威迫革命群众供出中共复员、隐蔽武装人员藏身和掩埋武器的地方。

1946 年 7 月，周恩来等代表中共中央南京局，指出：广东"两三年内应完全停止活动的说法是不妥当的"。随后，广东区党委发言人先后发表谈话，对国民党当局破坏北撤协议，迫害东江纵队以及广东各地的中共武装复员人员、分散隐蔽武装人员和革命群众的暴行提出强烈抗议。广东区党委又以东江纵队北撤人员代表、东江纵队司令员曾生等的名义发表通电，声明：对当局迫害中共复员、隐蔽武装人员的行径，将采取人不犯我，我不犯人；人若犯我，迫我于绝境，自不能束手待毙，应坚决起来实行自卫的立场。与此同时，广东区党委专门设立农村工作委员会，负责联络、指导在广东境内各地农村坚持分散隐蔽斗争人员的工作开展。粤中区的谢永宽、吴桐、李德光等，通过各种渠道，逐渐与该委员会的领导人梁嘉、欧初取得联系，得到了上级对粤中区坚持分散隐蔽斗争的具体工作指示，经讨论做出三大决定：第一，依靠群众，利用公开职业作掩护，继续坚持隐蔽斗争；第二，对土匪实行教育改造，尽量争取、利用；第三，为了求得生存的条件，必要时对国民党反动当局的迫害，实行坚决的武装自卫反击。会议要求对分散隐蔽武装人员普遍进行一次斗争形势、任务和前途的思想教育，克服悲观失望情绪，鼓舞斗争士气。

11月17日，中共中央再对广东党组织主要领导人发出指示，强调指出："广东敌人兵力空虚，灾荒遍地，国民党又征兵征粮，因此造成了发展与坚持游击战争的客观有利环境。应在党内消除过去认为广东特别长期黑暗，因而必须无限期埋伏之思想；广东党组织今后中心任务即在于全力布置游击战争。香港干部集中，绝非好现象，应坚决疏散一部分到武装部队中工作。"广东区党委坚决执行中共中央的上述指示，于11月27日迅速作出了在全省"恢复公开武装斗争"的决定，并结合全省具体的斗争情况，确定了关于不违反长远打算，实行"小搞"，准备"大搞"，从无到有，从小到大，稳步前进的发展方针。

随着全省陆续进入恢复公开武装斗争阶段，广东区党委在1947年3月15日发出的《关于广东武装工作意见》中，进一步就恢复公开武装斗争的方针、口号、军事原则以及武装组织的形式、名义等问题作出明确指示。该《意见》指出，"我们的任务，最主要、最基本的是为人民做好事，保卫群众利益"；"我们的口号：'反对三征，维持治安'"；军事斗争"避免打硬仗，保存实力为主"；发展武装斗争"应首先着重边境山区和重要交通线的经营"。并强调"今天仍不是大搞，而是小搞的时候"。江门镇的中共党组织要依托当地人民的支持和信任作为掩护，在各地积极开展广东中共党委提出"恢复武装斗争，实行小搞"的工作。

（三）潜伏学校壮队伍

江会党组织调派李尧担任新会县第五区特支书记，并指示：第一，继续把陆其俭父亲开设的和昌杂货店作为交通中转站。第二，积极开展学生青年工作，在学校中慎重地发展党的组织。由于日本投降后，各地各种文化机构陆续恢复和新建，派人员到各文化机构工作，有利于在工作中开展和培养先进分子。第三，依靠党支部（小组），秘密发展和掌握白皮红心的政权，这个时期的重点放在加强农村工作。大井头支部武工队主要仍是巩固根据地，并以更夫队名义秘密发展力量。

1946 年下半年，新会县国民党三青团派人到新会县立第三初级中学（简称"三中"，现棠下中学）发展组织，将申请表发给各班，实行软硬兼施的动员，但始终没有一个学生买他们的账。三青团在三中无法建立组织，难以立足，也无法开展活动。同年，组织派出夏章帆到三中当教师开展工作。第二年底又调新会八区区长赵梅友到三中当校长，发展蔡辉等学生和教师入党。就这样，在中共党组织的领导和推动下，一大批进步青年投奔游击区从事革命工作和参加武装斗争，并对江门镇周边的民主革命起到了重要的作用。据不完全统计，1948 年下半年至 1949 年上半年，三中有 4 批 30 人投奔新高鹤游击队。

荷塘党组织也以学校为掩护更好地开展了地下工作，上级党委在荷塘梅溪小学设立了党的秘密组织。当时，关立是县工委组织部部长，李恩硕任区工委书记，容忍之任区工委宣传统战委员，为方便工作，上级党组织安排李恩硕到梅溪小学任教师。其间，容忍之、关立两人来到梅溪小学，找校长胡剑卿说明来意，胡剑卿当即答应，并亲自安排了李恩硕、朱政敏夫妇当了教师。从此，夫妇俩以教师身份作掩护，以梅溪小学作据点，开展了中顺（中山、顺德）新边区的地下工作。

（四）反抗"三征"挫敌气

在国民党发动全面内战后，其兵源不足、军饷缺乏、财政拮据等问题接踵而至。为了摆脱困境，国民党政府便加紧进行"三征"（征兵、征粮、征税），"三征"所到之处，民众怨声载道。国民党新会县政府打着"清剿"、"复兴"的旗号，横征暴敛。税费名目众多，如联防费、乡自治费、修公路费、复员建设费、警员被服费、壮丁安家费，无所不有。大小官吏则乘机贪污舞弊、中饱私囊。当时，国民党县政府为增强"清剿"实力，还收编了一些地方武装和绿林草寇，国民党对那些乌合之众，只给部队番号，不给粮饷和枪械，让其自筹自给。因此，为了生计，这些杂牌军打着维持地方治安的旗号，乘机向农民摊派各种费用，敲诈勒索，农民叫苦不迭。因此，农民群众公开地自发反"三征"斗争时有发生。中共党组织采取灵活的斗争策略，适当地领导和推动反"三征"斗争的开展。

1947年下半年，全国解放战争形势发生了根本性的变化。人民解放军在全国主要战场对敌作战不断取得胜利，大量歼灭敌人的有生力量，已形成了对敌发动全面进攻的总态势。国民党的正规军遭到沉重打击，兵力损失严重，被迫由进攻转入防御。在广东，宋子文为继续实现其"安定华南，支持华北、华中，确保华南最后堡垒"的企图，于1947年底制订了对广东人民武装，实施"分区扫荡，重点进攻"的军事"清剿"计划，向各游击区发动更猖狂的进攻，妄图在短期内将广东各地的人民武装消灭，镇压人民群众的反"三征"斗争，从而维持国民党的统治。

（五）放胆"大搞"武装斗争

为了打破宋子文的"清剿"计划，反击敌人的进攻，中共党组织于1948年2月在香港召开会议，部署反"清剿"斗争，决定将广东乃至华南地区的人民武装斗争，由"小搞"阶段提升到"大搞"阶段。会上，党组织和人民武装提出了"普遍发展，大胆放手"的要求，并对大搞武装斗争中的军事工作、群众工作、政权工作、统战工作及加强党组织和人民武装建设等方面作出新部署。

为适应大搞武装斗争的需要，加强党对武装工作的领导，粤中各级地方组织陆续撤销特派员制，重新恢复党委制，将"地""武"两个系统实行统一领导。3月，首先在新会、高明、鹤山、台山（含赤溪）、开平、恩平、新兴及高要（南部）等8县区域内，恢复建立了中共中区地委，谢创兼任地委书记，谢永宽、郑锦波、周天行为委员，统一领导上述各县党组织和武装工作。

三、战斗在江鹤沿线的中州武工队

1948年秋，中国人民解放军已进入大反攻阶段。人民解放军粤中纵队第六支队奉命向江会进军，并在江会地区成立五台山（新鹤县工委代号）武工队，内分青州、中州、东西洋三个小组。其中中州武工组（号称武工队）主要在江鹤公路沿线包括鹤山共和及杜阮乡的井根、楼山、丹灶、新民，江门的白沙等地开展革命活动。武工队队长李德华、副队长谭俊，初时队员有胡炳洪、苏细、刘国庆（杜阮北芦人）、黄河（又名黄振胜）、骆水凌、李福林、胡伟明、杨志、杨溢、李波、关能、黄旺、冼维等人，一年后发展到20多人。武工队的主要任务是宣传共产党主张、侦察敌情、除暴安民、征粮筹款、组建农会和民兵组织、配合主力大军作战等。

中华人民共和国成立前夕，国民党派保安二师的黄汉山、周汉铃等部不时到江会地区进行"扫荡"，又派张时度一个保安营进驻杜阮，驻扎在杜阮黄氏大宗祠，并分兵镇守井根乡的园峰村，在路口设卡，在山冈上立哨所，阻止共产党武工队的活动。但是，武工队员白天分散到田间与农民同劳动，晚上落户访贫问苦，宣传党的主张和解放形势，消除群众的疑虑，并逐步在江鹤公路沿途各个乡村建立群众联络站和"堡垒户"，其中杜阮各点骨干有子绵村的李溢、李海，亭园村的文玉楷，双楼村的关能，松岭村的黄振胜、袁柏胜，松园村的黄礼生，上巷村的黄葵、黄克，井湾村的黄海，北芦村的刘国庆、李波，南芦村的苏番元、苏二牛，瑶村的区国强、区毛，丹灶村的李洪、谢慧明以及隐居叱石寺内的黄叱石等。他们以杜阮的中和村和松岭村为根据地，全面开展对敌斗争。

（一）惩治恶霸灭气焰

平岭村乡长冼怀忠，为人老谋深算，善于看风使舵。武工队要他交军粮5000斤（2500公斤）时，他凭着附近有敌军驻防壮胆，借口无粮而拒不缴纳。杜阮乡副乡长黄彩榕，外号叫"蛇仔泰"，有杜阮土皇帝之称。此人贪得无厌，办事又心狠手辣，在抗日战争时期，以雇工为引子，做妾侍为诱饵，骗取一些穷苦妇女上当，污辱后转给耕仔（租地耕种的农户），侵吞新鹤公路建设公款，还在乡中组织自卫队，放出各种谣言，恐吓群众不要接近共产党游击队。群众把他的情况反映给武工队，要求武工队对他进行惩治。为惩治恶霸气焰，警告其他恶霸地主，武工队把抓捕冼怀忠和黄彩榕的计划报告五台山，领导作出了同意拘捕的决定。

武工队考虑到冼怀忠和黄彩榕平日警惕性极高，特别是杜阮的黄彩榕平时更是枪不离身，在附近又有保安队驻防，为了达到预期目的，武工队作了周密部署，命令杜臂村黄海同志跟踪侦察黄彩榕。在侦察中，发现其一般只有在如厕才放下枪，降低警觉。因此，武工队集体决定采取代号为"厕所抓捕"的惩治恶霸行动。

1949 年 5 月的一天清晨，几个武工队员埋伏在龙榜三丫市，待黄彩榕习惯性饮完茶上厕所的时机，队长李德华突然冲进去，一脚踏住他放下的短枪，一手将其抓住，把他押到平岭明记茶楼。而另一武工队也把抓到的乡长冼怀忠带到茶楼。入座后，两个乡长看到这个阵势，面色突变，武工队长手指着黄彩榕对冼怀忠说："他是杜阮乡的乡长，是我们刚才在杜阮龙榜三丫集市捉来的，你的粮交不交？""息减不减？"冼怀忠连忙说"我交，我交，我减，我减"，他生怕武工队听不清楚而不断重复着。黄彩榕经过一番教育后，答应向人民政府交粮税，为农民减租减息谷粮 50 担（2500 公斤），并表示今后再也不敢捣乱。

这场斗争的胜利，有效地打击了杜阮乡恶霸的气焰，大部分地主乡绅土豪再也不敢与武工队作对，按规定交纳粮租，对农户实行减租减息，保证了征粮工作顺利开展。

（二）袭击税站毁岗哨

1949 年农历三月初四是杜阮镇井根乡墟日，国民党保安营有 6 名全副武装巡逻的士兵在墟场被武工队缴械生擒，经教育后遣散回乡。同日夜间，武工队集结在井根税站活捉当地地征局两名职员，没收全部税款，将所有的地籍册搬到墟场当众焚烧，对两名职员私人财物丝毫不犯，向其耐心讲明中共党组织的政策并劝导他们以后不要欺压农民，不要在此设点征税。与此同时，以武工队的名义打电话到新会会城地征局，声明武工队已打进税站，焚烧了地籍册，没收了税款，把两名职员遣送回去，并告诫地征局以后不得再派人到此处加收粮税。

6月，武工队又摧毁杜阮龙眠村刘道院的敌哨岗并俘虏了哨兵，还烧毁了山上哨岗。这些行动，打击了敌人的气焰，鼓舞了士气，迫使驻守园峰村的国民党保安兵全部撤回杜阮大本营。

（三）开仓派粮民众赞

杜阮国统区经过武工队宣传发动，广大农民行动起来，坚决抵制国民党的"三征"，积极向解放军交粮。平岭村仅用三天时间就完成纳粮任务，南芦村在苏番元、苏二牛的带领下对拒绝纳解放军粮的地主进行警告，并发动农民向解放军踊跃交粮。而南芦村保长没有征收到国民党军粮，只好要求派遣部队助力征收，每日带着保警持枪到处强征粮。在敌人武力威迫下，很多农民被迫交出少部分粮谷。农民内心不愤，便连夜赶到解放区报告，要求武工队从国民党处夺回粮食。为维护农民权益，武工队决定出击南芦粮站。

武工队出击前进行形势分析，南芦粮站离平岭粮站路途较远，再加上保安队守住杜阮的路口，遂决定用少而精的武装实施夜袭。行动前武工队做好侦察工作。1949年7月某日，武工队员在天黑之前潜入南芦村民家待机行动。天黑后，李德华、刘国庆等3名队员冲入粮站，高喊："缴枪不杀！"保警不敢抵抗，举手投降并被缴了枪。武工队随后命令俘虏打开粮仓把粮食分给当地群众，群众拍手称快。10月3日，武工队又出击驻守杜阮楼山乡的国民党保警队，经过10多分钟的激烈战斗，全歼保警队一个排，伤敌1人，俘20多人，缴获步枪20支，港币2000多元。

四、荷塘武装斗争

荷塘南村乡上村人胡剑卿是黄埔军校第四期毕业生，中共地下党员，他在上村创办了梅溪小学并任校长。抗战胜利后，根据区党委按照党对国民党统治区的秘密组织实行"隐秘发展，积聚力量，迎接解放"的指示继续坚持党的活动。党组织以学校为基地，以群众为基础，以学习为纽带，通过办夜校、办识字班等多种形式，提高青少年的文化水平和思想觉悟。经常有党组织人员以教师身份居留该地。在1947年7月，因工作需要，李恩硕、朱政敏两位区工委领导调往部队，离开了梅溪小学。同年8月，中顺新边区党委改由江门地区党委负责领导，冯光（江门地区党委负责人）派邓冰华（邓瑜碧）接任李恩硕的工作，继续在梅溪小学从事革命活动。

南村乡群众的抗日情怀、爱国热情，一直受当地国民党的注意。1948年，国民党对统治区进步力量实行高压查办，有多年秘密地下活动的梅溪小学受到国民党的格外关注，他们经常派人来学校，表面是了解学校的教学情况，实际是查探地下党组织在学校的活动情况。

考虑到党组织已受到反动派的严密监视，为保证党组织的安全，更好地开展革命工作，上级决定将梅溪小学的党组织转移到别处去。邓冰华与胡剑卿权衡再三，认为胡耀椿是可靠之人，他在当地实力雄厚，有民兴糖厂、丝厂，可以腾出地方来办学。邓冰华将这一计划呈报上级，得到上级批准。于是，邓冰华请胡剑卿出面，与胡耀椿商谈办学事宜，得到胡耀椿的大力支持，决定在塔岗民兴丝厂开办立本小学，胡剑卿当校长。9月，党的秘密机关和邓冰华转移到塔岗立本小学。邓冰华是荷塘白藤党委书记，负责领导荷塘白藤地下党的工作。当时组织成员有周悦芬、李平心、陈务坚、胡连壮、胡连晃、胡洁卿等。经常来这里参加活动的还有曾国棠（新会党领导人）、陈能本、陈能植、胡丽美等同志。

1949 年 7 月，胡丽美从部队回来执行关立、曾国棠、邓冰华的指示，在梅溪小学组织武装，准备接应大军南下，解放江门、新会。邓冰华、曾国棠、胡剑卿做好迎接南下解放武装队伍的组织工作。上级又派蔡启、周忠协助胡丽美的工作。不久，胡锦鸿从部队回来，也加入到这支队伍中。参加这支武装队伍的还有胡耀桐、胡新、朱四、胡立明、胡其照、胡顺尧、苏锡耀、胡锡良、胡庆旋、胡锡裕、胡其兆、胡丽娟、胡丽珠、胡葵仙等 20 多人。但当时武装力量不足，胡剑卿凭着自己的经历和威望，借助宗亲的关系，带领胡锡良到高鹤古蚕借轻机枪 1 挺、长枪 7 支给队伍。后来，因工作需要，胡丽美调去新会县城接受新任务。这支队伍改由蔡启、胡锦鸿、胡耀桐负责。

为使江门免受破坏，9 月，党组织派容辛等与驻守江门的国民党"坚忍"部队谈判，促成了"坚忍"部队司令云汉率部起义。他们草拟起义声明时，容忍之、容辛、陈能兴、陈能本、陈能植、胡剑卿等都在场。随着南下大军的到来，解放江门、新会的工作跟着进行。邓冰华、曾国棠、胡剑卿亲自带领胡耀桐等 20 多人，配合江门军事管制委员会接管江门市政。荷塘老区人民为江门地区的解放事业作出了重大的贡献。

五、棠下镇三堡村武装斗争

在解放战争时期，棠下三堡村的革命斗争十分活跃。而敌人也在这一带布置重兵，作垂死挣扎。由此在三堡一带，就展开了革命与反革命的殊死搏斗。

（一）安全隐蔽送领导

1948 年周天行从根据地往香港华南分局开会，回根据地后召开新高鹤党委会议，反复研究建立新的国统区的安全路线，决定继续使用经赤岭至江门镇往香港路线的三堡联络站。三堡联络站是赤岭地下党员陆其俭以商人身份为掩护，利用父亲陆锡麟富商地位和任棠下墟镇镇长身份的有利条件，在棠下墟开设和昌号杂货铺及其家中建立的，负责安全接送任务比较可靠。但因当时夜袭棠下不久，敌人加强戒备，为确保安全，陆其俭和他父亲陆锡麟商量应采取妥善的方法。当周天行被武工组护送到赤岭后，周天行找到陆其俭，听取了陆其俭的汇报，对三堡联络站工作亲切指导，又和陆锡麟作了长谈，陆锡麟十分钦佩共产党人的革命精神，毅然以富商身份护送周天行到北街坐船前往香港，顺利通过了危险的国统区。

　　1949年中华人民共和国成立前夕，粤中区党委决定由吴枫接管江会地区的工作，由陆其俭到游击区接他至赤岭三堡联络站居住，再通知江会地区的李光中和容辛来赤岭共商大计，然后护送他们去江门城工小组。1949年初，陆其俭调往江门开展工作，仍然联系棠下和赤岭的工作。具体的交接联络事务，经周天行批准由陆贞勤负责。陆贞勤多次机智地安全护送人员进入游击区，如护送周锦照的妻子，途经篁庄时遇国民党军卡检查身份证，就以预先准备的别人身份证应付过去。又如到会城葵风小学带黄子彬、陈仲衡入游击区，就和他们约定在同一时间分别乘车到棠下大口井会合，再带他们绕山路到仁和里梁乾交通站。联络站也曾秘密护送伤员到北街仁济医院治疗，又多次带送药品、转送情报到游击区。联络站早在抗战后期就利用社会关系，安排其他地方转移来的党员梁明煌、古禹明等到棠下周围的养正、觉民、沙富、金竹冈、广德等小学任教师作掩护开展工作；还通过组织篮球赛、演话剧、办夜校等活动，联络进步教师掌握棠下的教育阵地，又开展上层统战工作，扩大革命斗争力量。

（二）夜袭棠下震敌胆

　　1948年冬，国民党新会县政府派一个自卫中队进驻棠下，横征暴敛，危害交通线安全，激起民愤，民众强烈要求新鹤大队教训他们。因此，新高鹤总队决定夜袭棠下。

当时，新会县自卫大队第五中队驻守棠下墟侨美里牛屎栏祠堂，中共党组织派出关立、陆其俭、余绪明、梁乾对自卫中队驻地周围做侦察工作。陆其俭的父亲是棠下镇长，又是商人，利用这种身份便于了解和掌握敌人动向。关立和陆其俭有时故意在敌人营房门前来往，边走边谈，装作闲游的样子，暗中侦察敌人的人数和装备，对于地形地物，也暗中记清楚。梁乾扮作收粪水的农民，到敌人营房的厕所收集粪水，借机侦察敌人的动静和熟悉地形。侦察过后，他们还让突击队手枪组的队员亲自去侦察。突击队的钟志强还化装成一个买卖枪支弹药的贩子，进入敌人营房，利用和敌中队长打麻将的机会，了解敌情。

随后，中共党组织下达攻打棠下自卫队的任务，其中命令江西队（即当时新鹤边区武装基干队）50人任主攻，南星队（当时新建立的区队）约80人负责警戒，还有领导机关和武工队同志约20人，共约150人参与战斗。

11月25日凌晨，部队从牛山（现鹤山市鹤城镇牛山村）出发，拉到竹叶水隐蔽。当天下午五六点钟，部队吃过晚饭后，即向棠下出击。部队经过鹤山南靖，到棠下大井头。大井头是个联络点，也是梁乾的家乡。在这里，杨德元和关立在梁乾家里碰了头。因为当时关立是负责同陆其俭联系的，而陆其俭则约定，在晚上九点钟前，情况如有变化，则从棠下派人出来通知大井头，如无变化，则不通知。碰头结果，情况无变化，只是敌人有一挺轻机枪坏了，当日下午送去了江门镇修理，营房里只剩下另一挺机枪。部队按照原来的部署行动。当时，部队到了江佛公路与棠下公路交叉的地方，便各就各位，这次战斗由杨德元指挥，指挥部设在棠下墟北面七八百米远的山边石路旁。首先派出警戒，准备对付路过的运兵的汽车，由南星队两个班到溪湾后山的山脚下警戒，监视江门方向和湾溪更夫队；又派两个班到大岭山腰警戒，监视沙坪方向公路；还派出一个班监视新会县三区派出所的一个警察班，并向属自卫性质的商团武装交代共产党保护工商业政策，争取他们中立。之后，他们还切断了通江门、沙坪、佛山的通讯电线。在一切部署妥当后，部队马上开始攻敌。江西队梁冲带一个机枪班，去到敌营房前面水塘对面的竹林边，负责封锁敌营房大门，支持突击队的行动。江西队连长赵均亲自带一个机枪班，登上敌驻地的象山，抢占制高点，并防止敌人从后山逃跑。因为后山树林茂密，勒竹又多，加上天黑，战斗还未打响，赵均就连人带机枪跌落一个深坑里，几经周折才爬了上来。

战斗中，负责正面进攻的是突击队。这个突击队是从部队和武工队抽调人员组成的。主要成员有钟志强（司令部手枪组）、蔡启（武工队队员）、谭灿（江西队指导员）、郑平（江西队副排长）、李福、肖小、肖金福、肖惠如（女，卫生员）。这一天晚上，天昏地暗，黑得伸手不见五指，为了容易联系，突击队员都在颈上缠上白毛巾，后面的人就望着前面的白毛巾走。为了避开敌人营房外行人路上的哨兵，突击队迂回到敌营的左侧墙边。由于一路上瓦渣很多，脚踩上去"沥沥"作响，狗吠得很厉害。敌人听见狗吠，有些警觉。当部队到左侧墙角，走在前头的战士正在转弯冲向大门的时候，敌人哨兵就喝："边个？（粤语：是谁？）"跟着就听到拉枪栓的声音，说时迟，那时快，钟志强果断地一个箭步，第一个扑了上去，后面几个人紧紧跟上。这一突然袭击，把敌哨兵吓蒙了，丢了枪就跑！钟志强又第一个冲入敌人营房。按照事前侦察掌握的情况，直冲入祠堂右侧小房间内，从敌中队长的床底下，拖出了一挺轻机关枪。李福抓住一挺汤姆逊冲锋枪，向着祠堂的后墙扫了一串子弹。有一个分队长吓得钻进了灶膛里面，但屁股却露了出来。郑平发现了他，叫他出来，他死活不出，郑平打了一驳壳枪，击中他的大腿，痛得他嗷嗷大叫。接着指导员谭灿同把俘虏集中起来训话，向他们讲述了中国人民解放军节节胜利，国民党反动派节节败退，全国解放即将到来的大好形势，又宣传解放军的俘虏政策，劝告他们不要再为国民党反动派卖命，卫生员肖惠如还为三个受伤的敌兵敷了药。

这一仗打得干脆利落，只用15分钟就结束战斗。敌自卫队未发一枪就全部被俘，武工队取得无一伤亡的战绩。这场战斗俘敌28名，缴获轻机关枪1挺、步枪17支、子弹数百发，以及一批军用物资。此仗虽不是大仗，但由于棠下墟是江佛公路上的一个交通要点，又是新会县比较重要的一个商业市镇，对敌人的震动很大。国民党反动派的报纸更是用大字标题报道了这件事，惊呼："大队土共进攻棠下"，"新鹤交界治安堪虞，共军偷袭棠下驻军。"

后来，中共党组织还用抗日战争时期一支革命歌曲的歌谱，填词写了一首歌颂棠下战斗胜利的歌在连队教唱。歌名叫做《棠下山头闪闪光》。这场战斗，大大地鼓舞了棠下人民的斗争士气，武工队迎接解放斗争的热情更加高涨。

余绪明同时在三堡一带组织武工队开展活动，逐步发展壮大。新高鹤总队青州武工队由林文山率领，以汉坑、元岭、狮子里、大湖朗为根据地，积极开展武装斗争。三堡解放大同盟（以下称解盟）小组新鹤人民解放大同盟，密切配合发动群众给予后勤保障，提供情报的支援，使武工队以三堡为基地，无后顾之忧，能安心隐蔽休整，机动灵活出击。如大湖的革命群众掩护武工队伤病员陈光、陆卓彬等人。陆义光、梁源辅等经常和林文山、梁友贤、梁志明联系，研究敌情。根据解盟情报，武工队在养正小学避过了张寿一伙敌人的追击，又夜袭桐井的保六团据点。武工队还在棠下各地，北至天河，南下丹灶，扩大影响，给反动派沉重打击。三堡还输送了一批青年进入部队和武工队，有梁志明、梁毅、梁秀英、梁宝琼、梁惠兰、梁连章、陆卓彬等同志，他们在部队和武工队表现出色。

（三）营救战友巧安排

赤岭村解盟组织做了大量革命工作，打击敌人，引起震撼，遭到反动势力的疯狂反扑。防守江佛公路沿线的敌保二师六团在1949年农历八月初四凌晨派兵前来围捕，把解盟盟员和农会民兵陆义光、梁源辅等7人和3名外乡水泥工、木匠抓捕。陆义光和梁源辅等同志坚贞不屈，并机智地利用副保长的身份和敌人周旋，保住组织秘密。所有他们熟悉的组织和同志都安然无恙，陆义光又利用监狱这座特殊学校，教育其他被捕同志，经受了考验锻炼。陆其俭获得陆贞勤送来消息后，一面做了应变准备，向李光中汇报，组织营救，并决定陆贞勤撤往根据地；一面亲自出面会同地方人士，以国民党乡公所名义与保六团交涉，要求放人。井溪解盟小组也积极配合武工队准备营救。保六团见捞不到油水，抓不到把柄，又四面受敌，急于撤退，无奈把他们解押到国民党县府处理。会城解盟同志当即密切注视事态，设法营救。张寿逃亡前决定将陆义光和梁源辅等7人杀害，李光中和陆其俭命令打入国民党县府的秘书、地下党员梁正紧急营救，梁正采取拖延策略，将批文拖下，而当时正值刘安琪兵团逃窜过境，向张寿迫要粮款，张寿狼狈出走，陆义光和梁源辅趁机在狱中和其他难友一起越狱，全体同志平安返回赤岭。

第二节 江门和平解放

一、中华人民共和国成立前夕的斗争准备

随着粤中各区游击根据地的日渐形成和巩固，中共解放区也在不断扩大。1948 年夏天，新高鹤武装斗争更是蓬勃发展起来了。陈能本根据党的决定又把荷塘泰通里的交通站恢复起来，他家成为来往人员的落脚点。鹤山县工委负责人关立就常来泰通里沟通工作，还凭借荷塘泰通里的有利位置顺路过境往中山、顺德联系工作。从部队出来的冯志谦、汤平、蔡启、周琳等人以及一些武装人员也是途经泰通里再去百顷、三江、双水等地。其中，新会简易师范有 2 位解盟成员投奔部队，潮连乡的区元枢调往粤中纵队司令部，陈能本以家为中转站，经过多方努力将人员送达目的地。1949 年 4 月，江门镇连平路永大成店的交通站遭到敌人的破坏，新会区委决定重新开辟一条交通线，即百顷—潮连—荷塘—桐井牛扼村，代号为"普天同庆"。"普天"为百顷曾国棠，"同"为潮连陈萃谦，"庆"为荷塘泰通里陈能本，桐井牛扼村是梁权。交通线建立之后，陈能本带着好几批外海辛隐中学学生加入部队，其中最多的一批有 13 人，是陈能本和梁权两人护送的。这条交通线一直畅通无阻，至江门镇和平解放。

解放近在眼前，要让江门镇获得和平解放需要多方力量的支持，需要各界人士出谋划策，共同努力。因此，在 1948 年 6 月下

旬，中共中国民主同盟（简称"民盟"）在江门镇成立民盟江会小组，成员有文植虞、林树登、刘锦沛、余镜波，组长由民盟南方总部派成员何巴栖兼任。江会小组按民盟南方总部指示，在当地寻找共产党并接受领导以开展活动。李锦波在江门镇筹备一个城市地下工作机构，在党的领导下开展城市工作。

1949 年 4 月下旬，新高鹤地工委指派曾国棠以新高鹤总队代表的名义，在江门宣布成立城市工作小组。李锦波任组长，文植虞负责组织，林树登负责宣传。此后，增加了刘锦沛、黄培年等成员。城工小组属下的人员有江门民盟、解盟和工商界人士。

二、建立解放大同盟

1948 年初，杨德元根据上级指示，为扩大党的组织作用，建立党的外围组织——新鹤人民解放大同盟（后统一称为粤中人民解放大同盟）。新鹤区余绪明和陆其俭等人共同研究决定成立新鹤解盟机构，该机构由余绪明总负责，陆其俭负责棠下、三堡、桐井等地，李伯纪和胡学明负责鹤山的龙口至雅瑶等地，发展组织、吸收盟员。在 1948 年夏，解盟吸收赤岭陆贞勤和陆义光入盟，新鹤边各地也同时发展盟员。陆贞勤主要在棠下活动，陆义光在赤岭活动，之后又吸收了梁源辅、梁旺枝、梁连章、陆翠珍等人加入解盟小组。1949 年春，陈云英调来领导解盟，井溪村吸收了梁志明、梁振、梁宝贤、梁宝平、梁雯、梁秀英、梁衍香等人加入解盟小组。各小组都根据自己的条件积极开展革命活动，如办夜校宣传教育群众、控制基层保甲更夫组织，支援武装斗争，收集传递情报。

1948 年夏天，中共新高鹤地工委也开始在荷塘建立解盟。荷塘党组织接到任务后，马上开展工作，是年 8 月就发展第一批解盟成员。之后，荷塘及藤马的 10 个村和 3 间学校，以及顺德县的均安镇都有发展新成员加入解盟。荷塘党组织一共发展和接收解盟成员 37 人。荷塘发展解盟与开展统战工作相结合，解盟成员为江门镇的和平解放作出巨大贡献。如胡剑卿加入解盟组织后为筹建新会独立团搞到一批枪支弹药交给党组织，有勃朗宁轻机枪一挺，步枪几支，其中有配备瞄准镜的美国狙击步枪和全新的德国造步枪，还有一箱子弹和一箱手榴弹。他连自己收藏的一把日本军刀也献了出来。又如良村容学管，他参加解盟后积极配合党组织在当地开展工作，在家里举办解盟成员学习班。还有解盟成员陈兆烈，利用他任乡公所文书之便，为党组织提供很有价值的情报。

1949 年初，上级党组织派邓瑜碧到杜阮发展解盟。邓瑜碧首先在杜阮叱石召开杜阮党支部会议（"叱石夜会"），林振炽、吕帝协、黄楚南、黄振胜（保长身份，兼保卫工作）、吕立、简惠仙等人参与会议。会上，邓瑜碧传达上级的指示，布置工作任务，分头组织发动群众参加解盟小组。之后，邓瑜碧亲自做当地开明绅士黄叱石的统战工作，争取各界群众的支持。林振炽、黄楚南和吕帝协在捷轮店和艺兴木店发展黄达成、文成思、梁如柏、吕标等一批人入会。杜阮的解盟成员达 30 多人。

三、基层政权初步成形

（一）秘密组织农协会

在荷塘解盟成立同时，杜阮在秘密组织农协会。1948 年 6 月，杜阮松岭党小组在中州武工队的支持下，深入发动群众，首先在松岭的中兴里秘密建立了农会。

据原农会会长谭松回忆，在成立农会前，武工队队长李德华等几位队员以及松岭村的黄振胜、施秀容等到村找他和二哥谭全做动员工作。白天，分别找对象一同下田劳动了解家庭情况，晚上深入群众家中访贫问苦，启发农民的阶级觉悟。他们有时还召集一些青年积极分子唱歌读书，讲述当前的形势任务并从中发动当地青年成立农民组织，开展推翻国民党统治建立人民政权的斗争。在武工队和松岭党组织的发动下，经过一段时间准备，与中兴里的骨干袁柏胜、谭松、黎卓安、黎卓基等进步青年商量，决定秘密成立农会和建立民兵组织，在不到一个月的时间，农会会员就发展到 30 多人。谭松为农会会长，袁柏胜任民兵队队长，委员有黎卓基、黎卓安、谭全等。农会成立后，开展打击土豪恶霸、实行减租减息运动，发动群众搞好生产等，做了大量工作。中华人民共和国成立后，袁柏胜、黎卓基等几位农会骨干分别在区、村、队当干部。

荷塘第一个秘密成立的农会是在泰通里。邓瑜碧和陈能本两人经过一段时间深入的思想发动，组织了 10 人农友会开展活动，认为条件已成熟，就于 1949 年 5 月正式成立泰通里农会。第一批会员 10 人，其中党员 1 人，解盟成员 2 人，青年农民先进分子 7 人，由陈能本任主席。后来这个农会又发展了 5 人，会员共 15 人。

泰通里农会成立后，首先通过合法方式掌握本村的公用枪支，还向一些热心支持的叔伯兄弟借用他们自卫的枪支。会员在白天各自搞生产和工作，晚上集中学习、讨论时事，还学唱从部队传来的革命歌曲。与此同时，他们也学习军事知识，掌握长短枪的使用与维护知识。凡有张贴布告传单任务，他们就带上手枪和手榴弹分成三个小组连夜去各村张贴。凡有接运枪支弹药、配合友方执行任务等特别军事行动，他们都坚决完成。农会还很重视为村民做好事，泰通里河涌纵横交错，农民去塘基耕种都以农艇为交通运输工具。当年盛夏，全村主要河涌都被繁殖力很强的水葫芦塞满，村民耕种大受影响。陈能本组织全体会员连续奋战三天把全村主要河涌的水葫芦打捞干净，大受村民称赞。继泰通里村之后，塔岗、深涌、禾岗、西良这四个村，都组织起农会。全荷塘乡第一批农会会员约 100 人。

（二）建立自治乡政权

1949 年 6—7 月，荷塘解盟和组织农会已有一定规模，掌握有一定数量的武器，邓瑜碧和陈能本两人就商量建立武装队伍的问题，对集结地点和经费给养等也作了初步部署，并请示部队派军政干部来荷塘。后来，容辛在部队接收到成立新会独立团的消息，大家积极开展工作。8 月初，粤中纵队六支队调派陈能植、周悦芳、陈国荣 3 人到荷塘，邓瑜碧调去江北。陈能植接手荷塘的工作后正式成立荷塘党支部，有党员陈能植、陈能本、周悦芳和潮连乡的陈萃谦、任俊英共 5 人。陈能植任支部书记，陈能本为支委。同时，他们还成立新民主主义青年团支部。其中，团员有胡连壮、容衍以及从外海调来的陈立强 3 人，由陈能本兼任团支部书记。

陈能植和陈能本还到顺德县九区沙头村，拜访顺德独立团团长黄友权，了解他们部队集结的做法，筹备武装集结。但是，不久接到粤中纵队六支队政委周天行的指示："荷塘四面环海，回旋余地不大，还是暂不集结为好；可以分散隐蔽，积蓄力量，等待时机。"遵照上述指示，荷塘的武装队伍就暂缓集结，但准备工作仍继续进行。

9 月，李光中和容辛来到泰通里向荷塘党支部传达了地工委的指示："凡条件成熟的地方可以建立乡镇政权，或建立类似政权性质的自治组织，运用政权手段进一步推动革命工作的开展。"党支部根据地工委的指示，在荷塘藤马成立乡务委员会。经过周密准备，在泰通里辛贵祠堂举行乡委会成立大会。容辛代表上级领导在会上作重要讲话。会议选举胡剑卿为主任委员，陈能植和容学管为副主任委员，乡委会下设总务、文教、群众工作三个组。乡委会成立后，刻了印章并在两乡各村和墟镇张贴了布告。这在群众中尤其是一些上层人士中引起很大反响，有很多人去找胡剑卿了解新中国政权有关情况。成立乡委会之后与原来荷塘乡公所形成了两个政权并存的局面，乡公所不敢干预乡委会，而相反，有些事情党组织还可以迫使他们去处理。如新会国民党的县政府派武装来荷塘塔岗村口征粮抓人时，党支部发动群众奋起反抗，此次对抗行动中，共 13 名国民党兵全部被缴械，缴获 12 支步枪和 1 支手枪。当天晚上，村民把 13 名俘虏捆绑押送到乡公所并要求乡公所制止类似事件再次发生，这使得国民党乡长十分狼狈。事后，党支部因势利导决定公开训练武装人员，由军事干部陈国荣和抗日老战士胡耀桐每晚去深涌学校广场，点起煤气灯指挥操练，为武装集结做准备。

（三）设城市工作小组

随着粤中全境的解放，粤中临时区党委和粤中纵队展开了全面的接管工作。早在南下野战军到来之前，粤中各级党组织和人民武装就对接管工作做了充分的准备。1949 年 4 月，根据城市工作的需要，中共新高鹤地工委通过统战工作，争取团结了各界开明人士，进而在江会地区成立了一个以民主同盟成员、国民党新会县参议员等上层人士为主要成员的城市工作小组。该城市工作小组由当地中共党组织指派党员直接领导，小组成立后，按照地工委 5 月份发出的《城市调查提纲》的要求，对区内主要城镇的经济、政治情况进行调查，掌握社会动态，对后来的接管工作起了很大作用。

8 月，粤中临时区党委第一次执委会议召开以后，粤中各地党组织、人民武装按照会议决议，确定的关于完成由乡村转入城市的三个步骤，进一步加紧了接管工作的准备。通过举办各种军、政干部学习班，认真学习毛泽东的《论人民民主专政》，学习党的城市工作方针、政策，培训了一批组织、政权、群众工作等方面骨干，在思想方面、组织方面为接管城镇做好了准备。各地打入国民党政府内部的中共党员，也遵照党组织的指示，紧紧围绕接管城镇这一任务，大力开展统战工作，广泛团结进步人士、知识分子以及国民党军、政机构中愿意投靠人民、立功赎罪的人员，从各个方面积极配合粤中党组织和武装部队即将进行的接管工作。

因此，当南下野战军逼近粤中城镇，国民党军政人员弃城溃逃，而粤中纵队所属部队又未能及时赶到，一些主要城镇一度出现"真空期"的时候，当地党组织立即领导人民群众和各界进步人士，组织力量维持社会治安，保护城市资财、文物和重要档案资料不遭损失、破坏。在江会地区，由于城市工作小组的密切配合，防止了敌人逃跑前对城市的破坏，江门镇城内各工厂企业的物资、设备得到了保存，资本向外转移较少，旧政府机构的档案资料被完整保留下来。江门镇解放当天，当地工厂照常生产，商店照常营业，学校照常上课。

10 月中下旬，随着南下野战军的胜利进军，粤中各地的解放势如破竹。1949 年 10 月 25 日，粤中纵队独一团一部、新会独立团和六支队十九团一部接管了江门镇、会城镇，并受到民众的热烈欢迎。

四、国民党官兵起义

1949 年 10 月 17 日前后，党组织负责人文植虞从交通站接到南总委员云应霖的密信，大意是说："省保续司令暂编第二纵队，代号'坚忍'，要从广州撤到江门镇，代司令云汉与民盟有关系，该部队到江门镇时，要抓紧时机策动他起义。"国民党十五军四十五师经南海九江，沿鹤山的鹤城、沙坪进入新会县，在 22 日逼近江门镇外围。该地守敌大部已逃离，仅有随刘安琪兵团南逃时负责掩护而被丢下的"坚忍部队"孤军逗留在江门镇、会城镇两地，其司令黄禄丰已只身逃走，由云汉代理司令，后任命为司令。

　　针对这种情况，文植虞与李锦波商量，决定抓紧与"坚忍部队"联系。10月20日该部队到达江门镇，照例也到商会去要粮，换外币。当时刘锦沛在商会见到该队一位政治部主任阮云门（阮过去在复兴报与刘相熟）和一位军官在商会大吵大闹，由阮云门介绍司令云汉与刘锦沛认识，经过几次交谈，云汉透露想找地下党在江门起义。城工组经过研究决定和他接头，由于刘锦沛当时没有暴露自己的身份，向他表示可以介绍地下党与他接洽，云汉同意了。城市工作小组决定由文植虞、林树登、余镜波3人，选定江门市郊一个地方约云汉司令见面。见面地方由文植虞带武装戒备，要求云汉不得带武器、警卫，只能带阮云门一人前来约定地方。这是因为时局动荡，司令云汉是真起义还是设圈套，大家一时还摸不清，所以对其起义之事谨慎对待。

　　司令云汉按原定计划来了，见面之后，云汉说自己是民盟盟员，要求找共产党商量起义事宜。当时文植虞等人没有表明身份，只说是城工组成员代表党和他接头。随后，他们了解云汉的处境并提出城工组的条件：第一，起义前要切实维持好江门治安，遵守三大纪律八项注意；第二，起义后部队要马上集中，服从命令，听从指挥。这些条件他原则上同意，但还有所顾虑说他原是参谋长身份，还有一个团他控制不到，要求回去研究后再答复。接头后，城工组马上向上级党组织汇报。

　　1949年10月21日，城工组找到李光中、容辛等同志，由刘锦沛护送他们直接和云汉见面，云汉表示愿意率队起义，但又以其是民盟盟员为由提出要保留部队由他继续领导。中共新会特区工委代表即向其表示："坚忍部队"是国民党部队，不是民盟武装,起义后理应接受中国共产党及其领导的人民解放军的改编。1949年10月22日晚,经进一步谈判,云汉等终于接受了中共新会特区工委提出的要求,即:(1)在大军未到之前,"坚忍部队"要负责维持江会地区的社会秩序,保证人民财产不受损失;(2)发表起义宣言,申明接受中国共产党和人民解放军的领导、改编;(3)部队摘下佩戴的国民党帽徽、胸章,架起枪,等待解放军收编,并确定了起义时间为1949年10月23日上午。

五、和平解放江门镇

1949年10月23日上午,敌暂编第二纵队司令云汉,副司令陈世思、卢虞,参谋长杨国栋等联名向各界发表《起义宣言》。宣言说:(1)本纵队自即日起,正式宣布起义,接受中国共产党和人民解放军的领导;(2)遵令负责江会治安,肃清反动势力;(3)江会地区所有军警团队,务希站在同一立场,努力完成解放使命。随后,该部在江门举行起义游行、宣传,沿街受到各界群众的欢迎。

云汉起义后,江会地区国民党残余势力已基本瓦解。同日黄昏,粤中纵队新会独立团新生连在中共新会特区工委书记曾国棠率领下,首先进驻江门镇,至此,江门即告和平解放。

24日,吴枫接到报告后即派人与野战军联系前来接收,同时带领新会独立团一部由棠下赶至江门镇,并以新会独立团团长兼政委的身份跟云汉等就接收、整编等具体问题进行谈判,提出起义人员去留听便,愿留者量才使用,妥善安排,一视同仁;要求回家的发给路费,保证安全。当日晚,野战军第四十五师也从九江沿西江直下抵达江门镇北街码头,得到新生连的接应,上岸后即跑步进入江门城内。

25日,国民党广东省暂编第二纵队一千多官兵按谈判规定的地点，在江门中山纪念堂广场集中由野战军一部和新会独立团正式接收改编。野战军第四十五师各部队陆续进入江门、会城镇，而后在新会境内继续剿敌。驻防粤中沿海的国民党海军舰艇在南下野战军即将到来的情况下也纷纷归降。26日，泊驻中山三灶岛的海军第四巡防舰"联荣号"和第三十六号炮艇驶至江门镇，在北街附近向野战军投降。

　　至此，粤中纵队完成了党和人民赋予的历史使命，江门镇和平解放，各界群众走上大街，举行盛大游行集会庆祝。

第五章

翻身做主　艰苦奋斗

第一节 建立政权，恢复经济

一、1950年江门撤镇改市及区域变化

（一）市区行政区划

1950年10月，镇内分为6个地段，每段设立冬防治安委员会，辖275个冬防治安小组，取代民国时期保甲制度。

1951年1月12日，江门撤镇设市。翌年3月，市区设水上、河南、北街、堤东、太平、墟顶、仓后、羊桥、沙仔尾9个街区，各设办事处，为市政府派出机构，隶属市政府民政科，下辖居民委员会。

1957年下半年，9个街区调整为5个区，隶属江门市人民委员会，由民政科代管；时堤东区与太平区合并为堤东区，墟顶区与仓后区合并为仓后区，羊桥区与沙仔尾区合并为沙仔尾区，河南区与水上区合并为水上区，北街区不变。翌年10月，水上区并入仓后区。其时市区划分为4个区，各设办事处。1959年上半年，改属市委街道工作部管理。

1960年6月，实行人民公社"政社合一"体制。市区撤销堤东、北街、沙仔尾、仓后4个办事处，改制为堤东、北街、沙仔尾、中区（仓后）4个人民公社，下辖居民委员会建制不变。

1961年4月，北街、堤东两个人民公社并为东区人民公社，下设堤东、北街、太平、墟顶4个管理区；中区、沙仔尾两个人民公

社并为西区人民公社，下设羊桥、沙仔尾、仓后、水上 4 个管理区，区设办事处。同年 12 月，东区、西区两个人民公社复并为城市人民公社，辖区不变。1962 年 11 月，墟顶管理区、仓后管理区并为仓后区；沙仔尾管理区与羊桥管理区并为沙仔尾区；堤东管理区与太平管理区并为堤东区；北街、水上两管理区不变。5 个区共辖 43 个居民委员会。其中，北街区辖 2 个居民委员会；堤东区辖 12 个居民委员会；沙仔尾区辖 13 个居民委员会；水上区辖 3 个居民委员会；仓后区辖 13 个居民委员会。1965 年，城市人民公社易名为市区人民公社。1966 年初，5 个区辖下的居民委员会调整为 40 个。

1968 年 4 月，撤销市区人民公社和 5 个区办事处，成立 5 个区革命委员会。居民委员会改为居民革命领导小组。翌年 3 月，设立市民事战线革命委员会；1970 年 2 月易名为市街道人民公社革命委员会，下辖 5 个区不变。

1975 年 3 月，撤销街道人民公社革命委员会，5 个区革命委员会归属市委街道工作领导小组办公室领导。1978 年 3 月，5 个区革委会改由市委办公室街政科管理。

1979 年 11 月，撤销市革命委员会，复设市人民政府。5 个区革命委员会改为区办事处，同时水上区更名为江南区。

1983 年 6 月，市政府成立市区工作办公室，管理 5 个办事处。

（二）郊区行政区划

1950 年前，江门未设郊区行政建制。1951 年 1 月，新会县紫莱、白沙、水南、石冲 4 乡划入江门市，设置江门市郊区。各乡设乡公所。翌年 3 月改设乡人民政府。归隶市政府领导。12 月，原新会滘头乡划归市郊区，后滘头乡分为滘头、滘北 2 乡。

1953 年 3 月，设立郊区办事处，为市政府派出机构。市郊区辖紫莱、水南、白沙、石冲、滘头、滘北6个乡，20个行政村。

1958年10月，实行"政社合一"体制，郊区办事处改制为郊区人民公社，6个乡改称生产大队。1959年11月，原新会县新民、丹灶、篁庄、篁边4个大队划入，时共辖10个生产大队。

1961年7月，市郊区人民公社分为水南和里村2个人民公社。新民生产大队分为里村、双龙、五里3个生产大队；丹灶生产大队分为群星、联合2个生产大队；石冲生产大队分为石冲、耙冲2个生产大队。12月，水南、里村2个人民公社复并为郊区人民公社，面积61平方千米；辖14个生产大队，1个渔业大队，共辖192个生产小队。

1977年9月，经国务院批准，江门市郊增辖原新会县外海人民公社和荷塘人民公社潮连片6个生产大队，面积47平方千米。外海人民公社建制不变。潮连片6个生产大队组建为潮连人民公社。原郊区人民公社同时易名为环市人民公社。至此，郊区共有3个人民公社，34个生产大队，290个生产小队，面积107.95平方千米。

二、由商业城市向工业城市的转变

中华人民共和国成立初期，江门投机走私活动猖獗，金融市场动荡，物价上涨，私商消极经营，抽走资金，使一批商店关门或倒闭。江会区军管会及时对工商业和市场进行全面整顿，大力扶助有利于国计民生的私营商业，使其得到恢复和发展。同时，还建立和发展社会主义商业。至1952年底，先后成立盐业、百货、花纱布、烟酒专卖、食品、石油、粮油、饮食服务、药品等国营商业公司。设立华南对外贸易局江门分局，管理进出口商行。1953年始，先后对粮油、棉布等直接关系国计民生的主要商品实行统购统销，并逐步扩大农副产品和日用工业品的统购、派购范围。国营商业占领批发市场后，对私营批发商采取"留、转、包"的处理办法，让一些有发展前途的批发商留下来，其余转业或由归口国营公司包下来。1955 年，私商的批发比重由 1953 年的 88.5% 下降至 14.9%。1956 年，全市有 415 家商户实现公私合营，有 2380 户小商贩走上合作经营道路，分别组成 31 家合作商店和 175 个合作小组。私营商业社会主义改造的胜利完成，促进了社会主义商业的发展，使商品流通渠道畅通，城乡经济活跃。1957 年，国内纯购进总值 1448 万元，比 1950 年增长 11.93 倍；国内纯销售总值 3785 万元，比 1950 年增长 25.83 倍；社会商品零售总额 3306 万元，比 1950 年增长 48.2%。"文化大革命"期间，商业管理机构一度瘫痪，经营管理混乱。1967—1971 年，国内纯购进总值、国内纯销售总值和社会商品零售总额持续 5 年徘徊不前。直到中共十一届三中全会后，实行改革开放政策，商业才重新得到发展。

在生产资料所有制社会主义改造时期，私营机械厂店先后走上联营、公私合营的道路。1958 年，市委、市人委提出"苦战三年，把江门建设成工业之城"，掀起全民大办工业的高潮。公私合营工厂陆续转为地方国营工厂。1959 年 2 月 25 日，由国家投资兴建的江门甘蔗化工厂建成投产，成为全市最大的现代化轻工企业和全省最大的甘化企业。周恩来总理到该厂视察并书写厂名。1959 年，机械厂增至 14 家，形成农机、电动机、制糖机、内燃机及通用机械的生产和修配能力。当年以机械工业为主体的重工业总产值占全市工业总产值的 49.8%，成为江门工业的重要支柱。1961 年，贯彻"调整、巩固、充实、提高"方针，部分工厂合并或转产，精简压缩人员。各厂调整了生产方向，转向为农业生产服务。骨干企业在调整中得到巩固和发展。先后开发了 163F 型农用汽油机、中型制糖机和多种通用机械，其中日榨甘蔗 300

吨、1000 吨制糖机首次出口到缅甸和马里等国家。1966—1970
年，受"文化大革命"的影响，企业管理混乱，部分工厂一度停
工，机械工业发展困难重重。然而在干部、工人和技术人员的共
同努力下仍先后试制成摆线针轮减速电动机、锥型煮糖罐、
CA－10型发动机总机、矿山防爆电动机和 C6140 车床等产品。
1971 年，开展"工业学大庆"活动，掀起比效益、学先进的比、
学、赶、帮、超社会主义劳动竞赛热潮，促进了生产发展，至
1976 年，全民所有制工厂工业总产值达 5240.4 万元，比 1970 年
增长 83.7%。

土地改革，分享果实

1951 年 2 月，中共江门镇委派工作队下乡，宣传《土地改革法》，发动群众清理地主恶霸侵占的公偿款，收缴他们非法收藏的枪械，整顿基层农会组织，为开展土改做准备。1952 年 5 月，江门市土地改革委员会成立，市委副书记、市长罗哲民任主任委员，市委副书记冯光任副主任委员。同时成立郊区土改工作大队，冯光兼任大队长。大队下辖 6 个工作组，共有队员 115 人。随后，在水南乡举办土改队员训练班。

土改分三批开展：第一批以白沙乡为试点，1951 年 6—11 月完成；第二批为紫莱、水南、滘北，同年 11 月至 1952 年 3 月完成；第三批为滘头、石冲，1952 年 3—7 月完成。每批分三个阶段进行：第一阶段为发动阶段。土改工作队执行依靠贫农、雇农，团结中农，中立富农，消灭地主阶级的政策，访贫问苦，扎根串联，发动群众清匪反霸，斗争地主，退租退押，分配斗争果实，进一步巩固乡村政权。第二阶段为分土地阶段。土改队依靠农协会，按政策划分阶级成分，组织群众清算地主剥削账，丈量土地，评定产量。没收、征收地主土地财产、宗族产业和寺庙产业。第三阶段为复查阶段。1952 年 8 月始，市郊 6 个乡先后开展土改复查，进一步落实有关政策，对原划为工商业兼地主成分的改为工商业者，华侨兼地主成分的按华侨政策处理，划为其他阶级成分有错漏的逐户核实改正。土改复查完成后，发放土地证，实现"耕者有其田"，组织生产互助组，开展生产运动。

1953 年 4 月，市郊土改运动全部结束。

社会主义改造和社会主义建设

一、大办农业生产互助组、合作社

1953年秋，市政府按照"自愿互利，互助合作，等价交换"的原则，引导市郊农民走互助合作道路。先是组织临时互助组，继而拓展为常年互助组、联组。是年，市郊有临时互助组179个，常年互助组6个。1954年春，滘头31户农民分别试办3个初级农业生产合作社。合作社的生产资料仍属社员私有，土地入股分红，统一经营，收入扣除成本、公积金、公益金后按劳分配。耕畜和大、中农具一并折款或无偿入社。农业社发挥集体的优势，促进生产发展。是年秋，市郊农业生产合作社发展至19个，入社农户703户3069人，占农户总数的17.9%，占农业总人口22.8%。1956年春，农业合作化运动发展迅速，市郊建有农业社36个，入社农户3494户，占农业户总数的97.6%。其中滘头、滘北、水南三个乡入社农户达100%。其时，由于部分农民对迅速发展的合作化运动缺乏思想准备，管理干部缺乏办社经验，一度出现增产不增收的现象，导致部分社员闹退社。1957年，市委贯彻中共中央《关于整顿农业生产合作社的指示》，把36个农业社合并为6个高级社，土地、耕畜、大型农具等生产资料归社集体所有，取消土地分红，实行按劳分配、定额计酬，包工到组、到户的办法。部分高级社推行三包（包工、包产、包成本）一奖（超产奖励）的生产责任制。这种办法，调动了农民的生产积极性，新会县掀起了农业生产高潮，受到中央的重视。1958 年 7 月 3 日，周恩来总理到新会、江门视察，还专程到棠下周郡农业社，视察干部试验田、粮食加工厂、周郡小学、卫生站、蚕房、供销社等，同干部、社员开座谈会，并为周郡社题词"冲天干劲周郡社，英雄人物数今朝"。

二、人民公社发展和整顿

1958 年 10 月，根据中共中央颁布的《关于在农村建立人民公社的决议》精神，市郊 6 个高级社组建成郊区人民公社，实行政社合一的体制。公社下设管理区、生产大队、生产队。生产资料全归公社所有，统一调配，无偿使用。收回社员的自留地，劳动力由公社统一调配，生产管理按日排工。生活上推行伙食供给制，大办集体食堂，分配上搞平均主义。结果挫伤群众生产积极性，破坏了生产力。

1961 年 7 月，贯彻中央有关人民公社问题的指示和省委"大集体、小自由"等政策，实行"按劳分配，多劳多得"的原则，退回自留地，开放农贸市场。1962 年，确立以生产队为基础的"三级所有制"，各生产队实行"四固定"和"三包一奖"，推广小段排工到组、"六定"（定劳力、等级、时间、任务、责任范围、规格质量）到人及超额奖、减产罚的办法，执行"大集体、小自由"政策，社员的生产积极性再次调动起来。是年战胜几十年一遇的洪灾，仍获得早造水稻丰收，人平均收入达 85.35 元。1962 年春，恢复合作社期间的经营管理办法，建立评比奖罚与超产奖励相结合的生产责任制。是年末，人均收入增至 105 元，劳动力平均分配由 1961 年的 199 元提高至 261 元。

1963 年 8 月始，市郊开展农村社会主义教育运动。继而于

1966年开展"文化大革命",批判"三自一包""四大自由""工分挂帅""物质刺激",收回社员的自留地,推行民主评分计酬,取代按劳分配制度。1974年,再度推行"左"的做法,大割"资本主义尾巴",规定每户社员养"三鸟"不超过20只,母猪不超过2头,肉猪不超过5头,并限制个人植林、种果和种植其他经济作物,生产发展受到压制。1975—1977年,开展"农业学大寨",大搞农田水利基本建设,挖山造田、造林,生产队只搞种养业,不准兴办工业,生产项目单一。

中共十一届三中全会以后,市郊农村改革经济体制,先后推行定人员、定任务、定成本、定报酬、定上缴利润、超产奖励和小件包工、定额记工等形式的生产责任制,农村经济得到恢复和发展。

三、发展乡镇企业

江门的乡镇企业,是在1956年农业合作化运动中开始兴办起来的。1958年实行人民公社化,为扩大集体经济,以"一平二调"的办法,将原高级社的场、组划归公社所有,成为社办厂、场。1960年,市委、市人委为扶持社队企业的发展,号召市区厂企从资金、设备、技术上帮助社队发展多种经营。是年底,郊区社队办的厂企共有21家,从业人员800人。

1961年,贯彻《农村人民公社工作条例(草案)》和"以粮为纲"的方针,社队企业进行调整合并,退回原平、调的场组给生产大队。其时社队企业骤减。随后社队企业稍有增加。70年代初,受"左"的思想影响,社队企业再次进行整顿,砍掉近30%。其间,社队干部在实践中认识到发展社队企业有利于壮大集体经济、增加社员收入和安排农村富余劳动力,以搞副业、发展多种经营为理由,又创办了一批新企业。至1977年,市郊社队企业发展到 148 家，从业人员 5112 人，占农村劳动力总人数的 35.3%，形成农业企业、工业企业、运输企业、建筑企业等 14 个行业。企业的设备、技术和生产能力都有较大提高，与 1969 年相比，工业产品种类增至 26 种，经济收入增长 2.06 倍，纯利润增长 1.05 倍。

城乡建设

　　1950—1957 年，江门经济尚待恢复，城市建设财力不足，只能进行整修街道，疏通下水道，修理危房及小规模的市政建设。1958 年，市建筑工程局在调查研究的基础上，编制出《江门市十年城市规划（1958—1967 年)》。该规划以旧城区为基础，沿围绕市区的江门河段作环形发展。1958—1960 年"大跃进"期间，市政建设发展速度较快，投入资金达 113.46 万元，超过第一个五年计划的总和。1960 年始，进入经济调整时期，大幅度压缩基本建设投资，市政建设费用只能维持较低水平；1960—1963 年，共拨款 170.05 万元。由于城市规划大部分未能完成，城市居民住房日趋紧张。至 1964 年，城市人均居住面积减少到 2.8 平方米。同年，市人委针对城市居民住宅紧张的状况，提出优先发展居民住宅，10 年内将人均居住面积增加到 4 平方米；要求改善交通，增加市政设施等。后因"文化大革命"的影响，这些措施大部分未能实施。至 1973 年，城市建设费共 436.9 万元，其中大部分用于扩大城区面积。当年，城区面积 6.95 平方千米，居民住房仍相当紧张。

　　1974 年始，实施《江门市 1974—1985 年总体规划》，城市建设步伐逐年加快，建筑行业也有较大发展，具备设计、承建高难度、特大型、技术复杂建筑物的能力。1976 年 1 月，市革委会成立江门市民房统一迁建办公室，制订连片改造旧城区、综合开发蓬莱新村住宅区的计划。至 1979 年，全市竣工住宅面积达 13.57 万平方米，居民住房紧张状况有所缓解。1980 年始，房地产市场逐步开放。1983 年，地方财政投入城市建设费用增加，同时外地建筑队伍大量涌入，建筑市场出现国营与集体、个体等所有制建筑企业并存，城、乡建筑队伍相结合的新局面。1979—1987 年，共投入城市建设费 3359.6 万元，为 1950—1978 年 29 年间投资总和的 1.82 倍，平均每年投入 115.85 万元，相当于 1950—1978 年年均投资的 9.39 倍。

第六章

改革开放　经济腾飞

第一节 改革开放，振兴经济

一、江门市郊区政府成立

1984 年，江门市郊区政府成立时，辖区经济基础薄弱。1985 年，全区生产总值仅为 9493 万元，工农业产值 1.5 亿元，其中工业产值 9910 万元；财政总收入 723 万元。区委、区政府坚持"服务城市、富裕农村"的方针，调整农业生产布局和完善家庭联产承包责任制；企业推行经营承包制和厂长（经理）负责制，给郊区经济注入新的活力。区经济形势出现新的趋势：一是农村产业结构日趋完善。农、林、牧、副、渔全面发展，农、工、商、运输、建筑同时并举，第二、第三产业发展较快。农业产值比重逐年下降，由 1985 年占生产总值的 19.3%，到 1988 年降为 14.7%；第二、第三产业产值逐年上升，由 1985 年占生产总值的 80.7%，到 1988 年上升至 85.3%。二是社会劳动力转移，从事农业的劳动力逐年减少，从 1984 年占总劳动力的 77.2%，到 1988 年减至 38.5%；从事第二、第三产业的劳动力逐年增加，由 1984 年占总劳动力的 22.8%，到 1988 年增至 61.5%。三是农业布局日趋合理，形成水稻、经济作物、塘鱼各占 1/3 的"三三制"格局，具有城郊型的特色。1988 年，全区认购国库券 79.4 万元，超额（6.1%）完成任务；各项税收收入 1680 万元；提供城市各类农副产品 7.28 万吨。经济的发展使人民的生活有了很大的改善。是年，郊区农民年人均纯收入为 1737 元，职工人均年工资收入为 1781 元，比 1985 年分别增长 139.9% 和 27.4%。

1989 年开始，经济重心向工业倾斜。区经委在港口路建起工业大厦。区财办利用外资办起区属首个工业开发区——金山工业村，实行"筑巢引凤"，吸引内资和外资前来投资办企业。其间，虽受国内外形势变化影响，市场疲软，一度出现资金紧缺，效益下降，工业生产受到影响，但仍能保持两位数的增长。1990 年与 1989 年相比，全区生产总值增长 22%，工农业产值增长 24.6%，财政收入增长 14.4%。此后，区委、区政府确立"巩固农业，提高工业，发展第三产业"的经济发展思路，采取"筑巢引凤""引凤筑巢"相结合的方法招商引资，发展私营个体企业、"三资"企业和联营企业。1991—1993 年，全区实际利用外资累计达 5038 万美元，1993 年，全区"三资"企业出口总值达 4497 万美元。区借助外资发展工业企业，逐步形成以电子电器、五金机械、纺织工艺、金属家具、建筑装饰材料、皮革制品、化工、农副产品加工等八大行业为主的工业体系，第三产业突破以商业、饮食服务业为主的传统行业框架，房地产业迅速发展。是年，全区生产总值 12.29 亿元，工农业产值 20.7 亿元，预算内财政收入 9237 万元，社会消费品零售总额 2.74 亿元，分别比 1988 年增长 4.56 倍、4.68 倍、3.52 倍和 34.3%。农民人均年纯收入 2800 元，比 1988 年增长 61.2%。

二、江门市蓬江区成立后区域调整

1994 年 8 月 10 日，经国家民政部批准，江门市郊区更名为江门市蓬江区。同月 18 日，蓬江区人民政府正式挂牌成立。蓬江区是城乡结合的县级市辖区，是江门市党、政、军机关的所在地。区政府所在地仍在建设二路 18 号。辖下有北街、堤东、仓后及沙仔尾4个街道，环市、潮连2个镇，共77个居民委员会，19个农村管理区，135个村民委员会。其中：北街街道有7个居民委员会，堤东街道有15个居民委员会，仓后街道有24个居民委员会，沙仔尾街道有28个居民委员会，潮连镇有7个管理区，环市镇有12个管理区和3个居民委员会。各居民委员会设若干个居民小组。

1995年，区内居民委员会从77个调整为99个。1997年，完成蓬江区与江海区的勘界测绘工作，确定江海区与蓬江区的边界走向和界桩埋设位置。农村管理区从19个调整为18个。1998年，管理区改名为村民委员会，原村民委员会改名为村民小组。1999年，居民委员会从99个调整为106个。12月，蓬江—新会边界线和蓬江—江海边界线全线勘测完成。2000年5月进行界桩埋设。2001年，居民委员会从106个调整为61个。2002年6月，潮连镇撤镇设街道。同月，原新会市辖的棠下、荷塘、杜阮3镇划归蓬江区管辖。至年末，蓬江区辖下有5个街道、4个镇、64个居委会、74个村民委员会。2003年，勘定蓬江—新会（杜阮—会城—大泽）、蓬江—鹤山（杜阮、棠下—共和、雅瑶、沙坪段）的边界线，确定蓬—新—鹤边界线的交会点由蓬江区负责。调整仓后、沙仔尾2个街道办事处的行政区划，两处的分界线由广新路调整为胜利路，市邮局至堤中路以东归仓后街道办事处管辖；市工人文化宫至堤中路以西归沙仔尾街道办事处管辖。同时，居民委员会从64个调整为63个。2004年10月，环市镇撤镇设街道。杜阮镇的贯溪村委会的金都花园1—15号、杏苑新村1—17号、凤溪里24—34号和友谊大厦1—3幢的住宅区划归沙仔尾街道管辖。12月，环市街道实行"村改居"（即村民委员会改为居民委员会），环市街道的里村、双龙、篁边、群星、联合、篁庄、耙冲7个村民委员会改为居民委员会。其辖下的白沙村划归沙仔尾街道管辖；水南村划归堤东街道管辖；紫莱村划归仓后街道管辖。至年末，蓬江区辖下有3个镇、6个街道、62个村民委员会、76个居民委员会。2017年，蓬江区辖棠下、荷塘、杜阮3个镇和环市、潮连、白沙3个街道，村民委员会55个、社区居民委员会88个。

三、家庭联产承包责任制的施行

1984年，郊区普遍实行家庭联产承包责任制，改革单一的家庭经济为家庭、集体统分结合的双层经营新体制。推广潮头乡五星村的经验，发展第二、第三产业，贯彻贸、工、农一体化的生产方针，发展壮大合作经济和集体经济。是年，全郊区有专业户448户，从业人员857人，兴办4个专业户经济联合体，呈现了多种合作经济，多种经营方式、多种经济成分同时并存的局面。翌年，郊区贯彻珠江三角洲开发区的优惠政策，调整农村产业结构，建立农工商经济合作社，取消对农村的各项指令性计划。

中共十一届三中全会后，实行农村经济体制改革，农业生产贯彻"服务城市、富裕农村"的方针。1982年，开始实行"包产到户、包干到户"的"双包"，俗称"大包干"的家庭承包生产责任制，取消集体劳动和按工分分配制度，直接将劳动成果与劳动报酬联系在一起，最大限度地调动农民的生产积极性，发展多种经营，增加经济收入。根据市委的《进一步深入贯彻落实中央〔1984〕1号文的工作意见》精神，对土地承包坚持"大调整，长稳定"的原则，稳定和完善家庭联产承包责任制。当年农民经济收入大幅上升，全区农民人均收入545元，比1981年的290元增长87.9%。全区有各类重点户、专业户1268户，占农业总户数1.71万户的7.4%，出现一批万元户，有的农户全年纯收入达2万—3万元。随着家庭联产承包责任制不断完善和"专业户""联合体"和股份合作经济不断涌现，出现社区型股份制或以土地为中心的股份合作制。在农村的生产队建立经济合作社，成立一村一社或一村多社。近郊对外经济来往较多的乡、村称之为"农工商合作社"。经济合作社负责管理集体固定资产和发展集体经济，联结农户和接受国家计划指导。到1986年，全区建立经济合作社312个。家庭经济、集体经济的双层经营体制基本建立。1986年下半年，城市化进程加快，耕地逐渐减少，农村富余劳动力逐渐增加。随着社会主义市场经济的建立，家庭联产承包责任制改为分包与投标相结合的责任制。1987年，改土地分户承包为专业投标承包制，将土地无偿承包改为有偿承包。是年末，全郊区耕地分包35109亩（2340.6公顷），占实有耕地面积83.4%；有专业户549户，从业人员2578人；建立外向型生产基地、农业示范基地23个；农村人均收入1344元，为1979年的9.27倍。

1994年更名蓬江区后，继续完善农村家庭联产承包责任制。翌年，根据《国务院批转农业部关于稳定和完善土地承包关系意见的通知》的精神，首先是在有条件的地方推行联社一级核算，其次是发展农村股份合作制和逐步发展农业适度规模经营。1997年，市郊农村第一轮土地承包陆续到期。根据市农委提出"明确所有权，稳定承包权，搞活使用权"原则，土地使用权在农民自愿、有偿的基础上延长承包，将原来承包的分散土地改为适当集中，解决农民的承包责任田零碎分散的问题，使大耕户、专业户和联合体增加，农业生产向规模经营和集约化发展。环市镇出现社区型股份合作制和以土地为中心的股份合作制。2000年底，辖区延长土地承包制基本结束。2002年底，在全区74个行政村中，实行股份合作制的有35个村。2004年9月，区委、区政府作出决定，规定农村土地征用补偿款50%用于发展集体经济，投资建商铺、楼宇、仓库、厂房等固定资产物业。

四、各项基础设施建设

（一）城市基础设施建设

改革开放前，市区的城市基础设施建设已较为完善。1976 年 5 月，蓬江大桥建成，结束了市区人、车过河必须坐渡轮的历史。1984 年，在堤西路段建成人行铁桥，方便南北两岸市民来往。1989 年后，修建江门大桥和迎宾大道，疏导粤西地区前往中山、珠海的过往车辆，减轻了过境汽车对市区道路的压力。此时，市区所有街道、大路、大巷都安装了路灯。在饮用水方面，居民家庭陆续接通了自来水，结束了市民到公用水龙头排队买水的历史。在市区，下水道网络较健全，排水较为通畅，但排水能力较弱，每逢大雨过后，市区积水严重。1985 年后，新建或扩容沙仔尾、水南、北街、胜利等排涝站，在较快时间内把暴雨导致街道的积水排到江门河。1988 年，建成北街水闸后，有效地防御每年农历五月暴涨的西江水。进入 20 世纪 90 年代，城市化建设步伐加快，城市基础设施建设的重点是道路及其配套建设。1994 年，辖区城市道路总长 48.6 千米。1995 年后，辖区内新建城市街道有农林横路、华园东路、海傍路等 13 条；扩建港口二路、迎宾路与港口路交叉口路段、跃进路和迎宾西路。2000 年后，市、区政府为创建全国旅游城市，加大城市道路建设力度，新建丰乐路、宏兴路、白石大道等 10 条道路，改造或扩建农林东路、蓬莱路等近 20 条道路，总面积 60.87 万平方米。进入 21 世纪，为实现人和自然的和谐发展，市、区政府加大投入，绿化城市，建设公园和文化广场，对东湖公园、东湖广场及多条主干道路进行绿化改造建设。2002 年，建设部命名江门市为 "国家园林城市"。至 2004 年末，辖区内共有城市道路 209 条，其中主干道 43 条，城市道路总长 344.07 千米。是年，区内城市排涝站共 12 座，安装水泵 88 台，装机容量 3748 千瓦，抽水量每秒 47.55 立方米，比 1994 年分别增长 50%、52%，其中新建良化、北郊、北环路等排涝站；扩建北街蛇山、水南等排涝站，城市排水系统的进一步完善，基本解决了长期水浸街的问题。是年末，辖区内城市园林绿地面积达1770.76 公顷，人均公共绿地面积 9.28 平方米；绿化覆盖率为40.39%；绿化道路总长 192.3 千米，覆盖面积 139.16 公顷。城市树木总数达 293 万株，园林植物有 126 科 685 种。辖区内共有城市公园 19 个，其中区属 5 个，总面积 202.45 公顷。

（二）郊区基础设施建设

郊区成立时，管辖环市、外海、潮连 3 个区，均属市郊农村地区。实行农村经济体制改革后，既给农业经济的发展注入了生机和活力，也给农村的基础建设提供了经济实力和动力。1984年，郊区农村制定村容村貌建设规划，推进自来水工程建设，村庄进行道路混凝土化、沟渠硬底化、厕所无害化的"三化"建设。其时辖区内仅有 6 条乡道。1985 年后，辖区的道路建设纳入江门市城市统一建设范畴。其间，先后建成外（海）睦（洲）公路、外（海）麻（园）公路、青兰路、金溪大路、利亨路、潮连青年公路等 6 条主干道路，总长 33.82 千米。随着城市化建设步伐的加快，近郊的农村逐渐纳入城市规划，道路建设得到同步发展。到 1993 年，辖区农村原来的泥沙公路全部改为水泥路，村庄的路、巷全部实现硬底化。1995 年后，辖区内环市的水南、紫莱、白沙、白石、里村、东风、双龙等 7 个管理区土地全部被征用，新建有农林横路、华园东路、海傍路、东华路、东华西路、甘化路、江华二路、环市二路、潮江路、港口三路、五环路和五环路匝道、白沙工业大道等道路。1996 年，潮连大桥和荷塘大桥相继建成通车，与之配套的潮连大道、连荷路也先后建成，结束了人车进出潮连岛、荷塘岛须坐渡轮的历史。2000 年后，北新区进入开发阶段，相继建成篁庄大道、双龙大道、江兴路、发展大道、五邑华侨广场环路、北环路等道路，总长 43.83 千米。与乡镇道路建设相配套的桥梁、路灯、供电、供水、下水道等基础设施建设都得到同步发展。在防洪、防汛、防涝方面，辖区靠近西江边的棠下、荷塘、潮连 3 个镇、街的堤围建设得到加强。1994 年 7 月，辖区经历了百年一遇特大洪水袭击，西江河蓬江区沿线先后达到 3.8 米的警戒水位，潮连围东侧水位 5.21 米，有 600 多米堤段的堤顶与洪水持平，汛情危急。区委、区政府迅速成立抗洪前线指挥部，区委书记赵基耀、区长利北来带领机关各部门人员赶赴潮连围抗洪前线，与潮连镇干部及民兵共计 2000 多人上堤防守抢险，最终取得抗洪的胜利。1995 年后，按照"三十年一遇"、"百年一遇"的防洪标准，对天河围大堤、荷塘围大堤、潮连围大堤、天沙河两岸等围堤进行加固，总投资 9975 万元，完成土方 478.6 万立方米、混凝土（石）11.7 万立方米。2004 年末，辖区内防洪围堤共 44 条，总长 146.86 千米。全区共有水闸 82 座，电排站 83 个，装机 162 台，总装机容量为 1.24 万千瓦。

（三）杜阮镇基础设施建设

1993 年开始，杜阮镇政府对杜阮的路网进行规划，分步实施建设。第一步，投资 8000 多万元，把贯穿全镇由贯溪至鹤山平岭 13.5 千米的江杜公路扩宽为 24 米四车道的一级公路。第二步，新开一条 25 千米长的环镇公路（分为杜阮北路、杜阮南路和杜阮西路三段）。第三步，实施纵向次干道和支路网建设。投入超一亿元资金，修筑乡村公路、工业区道路及村、巷道，实现乡村道路等级化和硬底化。

2012—2017 年，杜阮镇抓住江门市交通"大会战"发展契机，开展江门大道、杜阮北一路、篁庄大道西延线、迎宾西路（杜阮南路）等几条重要交通路网完成扩建改造，总投资超 10 亿多元，有效畅通了江门市区连接江鹤高速和江肇高速出入口的交通，使杜阮逐步成为江门市区连接珠三角高速公路网的枢纽。

至 2017 年，杜阮境内共建有等级公路 60 多千米，高速公路 20 多千米，铁路（广珠线）4.5 千米，乡村道路 50 多千米，全镇在主干及次干道共修建大小桥梁 30 多座，全镇公路密度平均每百平方千米为 160 千米。至 2017 年，基本形成"一环一横五纵"、四通八达、快捷通畅的交通道路网。

（四）荷塘镇基础设施建设

荷塘镇是一个位于西江下游的江心岛，以往人们到镇外都要靠摆渡过江。后来，人、车进出荷塘岛依靠机动渡船、平板渡船过江。从 1989 年 12 月开始，荷塘镇委、镇政府按照规划筹建"四桥五路"的发展思路，开始筹集资金，投资 2.75 亿元，先后在荷塘东南部兴建连接中山市古镇的荷塘大桥，在白藤东南沙修建横越海洲水道与佛山市顺德区均安镇环镇路相通的白藤大桥，在霞村修建跨越海洲水道与中山市古镇连接的马滘大桥，在蠔步村修建跨越西江与潮连镇相连的西江大桥。其中，西江大桥 1999 年竣工，工程总投资 1.37 亿元，桥长 1531 米，主桥长 330 米，宽 17.5 米，高 22 米。同一时期，投资建设集装箱专门货柜码头和千吨级港口码头，3 座 110 千伏输变电站与装机容量 2.54 万千瓦荷塘发电厂。此外，修筑抗御百年一遇洪水和台风侵袭能力的环岛围堤公路，修建了 4 条通往镇内各村居的公路，使镇内的交通得到进一步完善，为镇的经济建设打开了"生命通道"。

（五）棠下镇基础设施建设

棠下镇基础设施实现大跨越，交通路网日益畅达。完成镇村公路改扩建工程 106 千米，新建桥梁 6 座。打通新中心环镇路，启用棠下镇中心综合市场。旧墟镇"三旧"改造拉开序幕，建成达进雅苑项目。成功列入国家级中小河流整治项目，完成天沙河横江、桐井等河段疏浚及虎岭、石头、良溪水闸电排站重建（技改）等一批水利基础设施和防洪减灾工程，重点项目形势喜人。龙舟山公园、蓬江湖、银葵医院项目进展顺利。广东省实验中学江门附属学校、保利酒店成功落地。江门体育中心、珠西国际会展中心投入使用，成功举办省第十六届教育装备博览会。大力推进"森林围城，树林进城"绿色行动和生态景观林带建设，实现村村通路灯工程。大力实施"富民强村"工程，落实各项惠农惠民政策。

五、确立"工业立区"战略发展五大支柱产业

1994 年，区政府把经济发展战略重点从农村转向城市。翌年起，将"工业立区、科技兴区、人才建区、第三产业富区"作为区的经济发展方向，以经济建设为中心，推进各项改革，巩固农业，发展工业，开拓第三产业，改善投资环境，使国民经济和社会各项事业全面发展。农业方面：调整生产布局，发展高产、高质、高效益的"三高"农业，实现基地化生产，植树造林，改善生态环境。1997 年，实现农业总产值 1.11 亿元。翌年，调整农业生产结构，发展经济作物，园艺作物，扩大鱼塘和水果、蔬菜、花卉种植面积。发展生猪饲养、家鸽饲养，引进鸡、鸭、鹅、珍禽等 10 多个优良品种。2000 年，全区农业总产值完成 1.22 亿元，比 1994 年增长 52.7%。工业方面：深化企业股份制改革，加快工业化进程，在全面提升工业经济总量的同时，区政府提出将企业"做大做强"的发展思路，形成一批年产值过亿的骨干企业。初步形成摩托车制造、五金机械、电子信息、化工制药、纺织服装五大产业。在发展工业的同时，发挥区域调整所带来的地处中心城区的优势，发展商业、饮食及服务业。加大固定资产投资，房地产业兴起，成为区新的经济增长点。是年，全区生产总值完成

30.47 亿元，其中第一产业增加值 5300 万元，第二产业增加值 14.53 亿元，第三产业增加值 15.41 亿元，分别比 1994 年增长 37.9%、113% 和 91.44%。三大产业的比重由 1994 年的 2.52：44.76：52.73 调至 2000 年的 1.74：47.69：50.57。

进入 21 世纪，全区经济全面、协调、快速发展。农业方面，2002 年，棠下、荷塘、杜阮 3 镇划入后，增强了区的经济实力并提供土地和人力资源，使第一产业、第二产业、第三产业有了新的发展空间。农田面积大幅增加，农业产值在经济总量产值中的比重上升。至 2004 年全区有 5 个农产品被省农业厅批准为"无公害农产品"。工业方面，2002 年，蓬江区成为全国最大县级摩托车及零配件生产营销基地，有 7 家摩托车整车生产厂和 130 多家摩托车配件生产厂，建成大长江集团公司、江门市兴江转向器有限公司、嘉宝莉化工有限公司、江门市制漆厂、吉事多卫浴有限公司、旭升制衣有限公司等产值高、效益好的工业企业。2004 年，区属工业企业有 2680 家，工业总产值达 230.09 亿元。2011 年，蓬江区生产总值 436.07 亿元，工业总产值 253.37 亿元。

六、华侨、港澳同胞对家乡建设的支持和贡献

在 2015 年习近平总书记侨务论述研讨会上，有学者认为，习近平总书记关于侨务论述的主要内容包括：华侨华人为住在国经济、社会发展做出了不可磨灭的贡献；在中国革命、建设、改革中，华侨华人是推动中国发展的重要力量；华侨华人具有爱国情怀，是中国的宝贵财富和资源，在"两个一百年"建设中可以发挥不可替代的特殊作用。从新中国诞生到改革开放，江门五邑侨胞为争取民族独立、人民解放、国家统一，谱写了一曲曲可歌可泣的感人赞歌；他们心系祖国，积极投身社会主义建设的伟大事业，为国家经济社会发展作出了不可磨灭的贡献；他们情系桑梓，

无私捐办公益事业、投资兴办实业，大力支持家乡建设发展。

蓬江区籍华侨、港澳同胞如繁星闪耀，有第一个发起倡议兴办"五邑大学"的叶汉，有率先独资新建甘光仪学校的香港实业家甘光仪，有两度独资捐建并命名为叶蔼小学的杜阮镇港澳同胞叶蔼，有给江门的公益捐款超过 1000 万元的陈杰恒，有捐资超过 1 亿元的香港慈善家黄炳均，有热心帮助家乡建设、侨居美国参加过第二次世界大战的老兵陆荣恩等。潮连、杜阮、棠下、荷塘各镇的医院、卫生院，都是由华侨、港澳同胞捐资并承担绝大部分的费用。华侨、港澳同胞在经济发展、教育、医疗、公益事业等方面为蓬江区作出了重大的贡献。至 2004 年，全区共有 28 人被授予"江门市荣誉市民"称号，他们是：陈广河、陈圣泽、陈德强、梁洪、张子芳、罗兆宁、施俊贤、黎耀华、郭昌、李作权、吴珠、叶蔼、李世奕、吴侠荣、黄成广、黄颂盈、甘光仪、甘庆林、卢宜国、莫华耀、黄丽德、莫华沛、莫华操、周广安、刘德华、陈基平、陈伟立、郭功武。

（一）杜阮镇华侨、港澳同胞对国家和家乡的贡献

中华人民共和国成立后，华侨在侨居国的政治地位提高。各级人民政府对华侨、侨眷给予关怀，妥善安置回乡的归侨侨眷。20 世纪50—60 年代，虽然华侨、港澳同胞及其眷属在政治上遭受过不公的对待，合法权益曾受损害，但他们大多抛弃成见，一如既往地支持家乡建设。1978 年，国家实行改革开放政策，激发了华侨港澳乡亲的爱国爱乡热情，踊跃向家乡捐赠汽车、电视机、收录机等。1979—1985 年，杜阮镇有黄启枝、尹雄、文松碧、黄颂盈、黄安培等 20 多位华侨、港澳同胞，先后为家乡捐赠各类货运汽车、小汽车共 80 多辆。其中木朗村尹雄是第一位捐赠汽车的乡亲，龙榜村的黄安培先后为家乡捐赠汽车 5 辆，他们为改变家乡落后的交通运输作出了贡献。1983 年侨港杜阮同乡会成立后，

他们为家乡分忧解难，协助政府发动海外乡亲捐资兴建学校、医院、老人院及文化、体育活动场所等。30多年来，先后扩建杜阮卫生院、新建杜阮第二医院，建筑面积9500平方米；新（扩）建杜阮华侨中学、杜阮中心初中、井根长塘侨中、楼山初中及亭园小学、龙溪小学、叶蔼小学、龙岭小学、杜阮小学、松园小学、木朗小学，总建筑面积5万多平方米。新建幼儿园9间，老人活动中心及文化室16间，总建筑面积5300多平方米；新建叱石宾馆、侨联大厦各一间，建筑面积4000平方米；修桥12座、筑路24条及捐赠教学、医疗设备等公益项目100多项，为家乡兴办公益事业捐资赠物共计达6000多万元，其中捐资10万元以上被上级政府确认为"侨捐项目"52项，总值4500万元；捐赠10万—99万元的华侨、港澳同胞有37人，捐赠100万元以上的有14人，其中捐赠较突出的有瑶村村的区氏家族，倾力捐建楼山初中，至2016年已捐资达1300多万元。井根村的叶蔼卖掉在港实业，倾资回乡建井根侨中和叶蔼小学、叶蔼幼儿园，在家乡传为佳话。知名华侨商贾黄景文、陈玉珍，旅港商人黄颂盈、区沃沧、叶蔼、黄成广，他们捐资建学校、医院、文化、体育等社会公益项目都超过300万元，先后被江门市人民政府授予"江门市荣誉市民"称号。

2000年12月，杜阮镇委、镇政府对贡献较大的海外华侨、港澳同胞给予表彰。授予造福桑梓贡献奖的有黄颂盈、黄成广、叶蔼、何厚铧；授予振兴杜阮贡献奖的有邓志成、陈基平、曾荣虔；授予建设家乡贡献奖的有谭陈玉珍、区沃沧、黄景文、尹雄、黄翰荣、黄尧、黄泽霖、简达贤、黄柏超、叶围洲、叶启进、叶立民、谭成焕、黄子裕、黄炳照。

（二）棠下镇华侨、港澳同胞对国家和家乡的贡献

改革开放后，华侨、港澳同胞将爱国爱乡的热情转化为力量，投身家乡建设。许多华侨热衷于家乡教育和其他慈善公益事业，有的选择在家乡投资兴办企业。广大侨胞捐资、兴办实业的热潮成为新时代的特点。侨资真正成为棠下侨乡发展经济的优势，侨心也在经济的繁荣中得以回归。

1979 年，棠下三和村同港商签订合同办地拖厂，开创新会全县"第二份合同"合资办企业，也是棠下首创与港商合资办企业的合同。

1980 年，棠下虎岭村牡丹人，旅港商业翘楚陈广河怀着实业报国反哺之心，敢为人先，率先回乡投资 125 万多元，在家乡虎岭兴办占地 3500 平方米、拥有 1500 多名职工的虎岭花厂，后来又再增资 170 多万港币扩产，创棠下港资企业的先例，带动全镇"三来一补"企业遍地开花的热潮。该项目也是广东省首批"三来一补"项目之一，对发展家乡经济发挥了先锋模范作用。1983 年 8 月和 1984 年 9 月，时任国务委员谷牧到广东视察时，还参观了虎岭花厂。

1979 年，三堡村华侨陆家齐、陆家韶、陆家豪三兄弟回国，在广州兴办协同玩具厂。1986 年 12 月，陆氏三兄弟为回报家乡，支持家乡建设，在三堡村兴办三堡玩具厂，开创了三堡村有史以来第一家侨商独资企业。1993 年 8 月，陆家韶在村规划的工业发展区购置 70 多亩（4.67 公顷）地，投入 1700 多万元，建筑厂房面积 6000 平方米，为家乡近千名富余劳力解决就业问题。三堡村由于地处山丘林区，地理环境较差，经济发展缓慢，村级集体经济每年收入仅有几千元，自 1986 年陆氏兄弟开办三堡玩具厂后每年收入 5 万元，由于村积极引进外资，兴办外向型企业，壮大经济，至 1997 年，村级集体经济收入达 30 多万元。

三堡村汉坑，美籍华人陆荣恩，从 1977 年至 1995 年，回乡捐建三堡学校和罗江学校教学楼、桐井同济医院、三堡村巷道、村民小组活动室，以及三堡忠勋里、罗江村自来水工程等，共捐资 40 多万元。

从 1979 年至 2001 年，陆家韶、陆荣恩、冯汝燊、梁惠秀、梁广森、梁兰生、梁湛泉、梁兆强等华侨，为家乡建学校、修村道、兴办公益慈善事业捐献资金达 100 多万元港币。

改革开放后，棠下涌现出吴侠荣、罗兆宁、陈广河、莫华操兄弟、叶荣钜、梁祺祐、郭功武、郭昌、陆家韶、陆荣恩等热心支持建设祖国发展经济的华侨和港澳同胞，在他（她）们的热心支持下，棠下经济、交通、文化、教育、卫生、环境等各项事业发生了翻天覆地的变化。

棠下旅港澳乡亲虽然身居异乡，却初心如故，不忘梓里，为了进一步维系港澳乡亲感情，给予互帮互助，旅港澳同胞先后成立了"香港棠下同乡会"和"澳门棠下同乡会"，把不同行业、血缘的同胞团结起来，达到"守望相助、疾病相扶"、"爱国、爱乡、振兴中华"的目的。

从改革开放初始至 2012 年，棠下华侨为家乡各项公益慈善事业捐献资金共 10459.83 万元。这不是简单的数字，它凝聚着棠下 6 万多旅外乡亲对家乡人民的深情厚谊，体现了侨胞们的凝聚力，也是棠下内外乡亲的自豪与骄傲。

从 2012 年至今，棠下的华侨港澳同胞以同乡会侨团组织为核心，不忘初心，乡情不改。短短几年为家乡修宗祠、建文化室、购置卫生和医疗设备捐献资金超过 1 个亿。棠下人民以及华侨、港澳同胞在党和政府领导下团结一致，创造更美好的未来。

（三）荷塘镇华侨、港澳同胞对国家和家乡的贡献

荷塘镇是著名的侨乡。改革开放以来，海外华侨、港澳同胞十分关心家乡的教育、医疗、福利等事业。在上世纪八九十年代，在荷塘同乡会的带动下，华侨、港澳同胞纷纷慷慨解囊，造福乡梓，彰显了爱国爱乡的家国情怀，掀起了捐资建校、建医院、修桥筑路的热潮。据不完全统计，从改革开放至 2005 年，华侨、港澳同胞捐赠给镇、村、学校、医院，以及各项公益事业的金额达 6700 多万元，人数多达 3929 人次。

据统计，荷塘镇华侨、港澳同胞捐赠福利工程款情况：胡珠等 119 人次捐助南村村 211 万元，黄国能等 345 人次捐助唐溪村 143.8 万元，李濠光等 217 人次捐助为民村 226 万元，余悦时等 202 人次捐助塔岗村 307.68 万元，胡珠等 162 人次捐助六坊村 505.3 万元，刘昌基等 68 人次捐助蟛步村 350.96 万元，容友俊等 25 人次捐助禾冈村 106.92 万元，容德仁等 167 人次捐助良村村 594.3 万元，李作权等 182 人次捐助篁湾村 773.03 万元，黎景鸿等 40 人次捐助三丫村 376.05 万元，黎佑甜等 30 人次捐助康溪村 33.54 万元，高如松等 333 人次捐助高村村 134.12 万元，高长根等 121 人次捐助霞村村 180.37 万元。合计 3943.07 万元。

另外，在捐资建校、捐资助学方面，最为突出的有：黎达荣等 29 人捐资 198.49 万元成立荷塘镇奖教奖学基金，每学年进行奖教奖学。朱仁杰等 127 人捐资 100.08 万元改建荷塘中学。香港容氏基金有限公司、黎沛霖等 199 人捐资 206 万元新建三良中学。李作权捐赠 210 万元建三良中学李作权教学大楼。吴珠捐 70 万元建联育中学吴珠楼。吴珠、陈维江、吴张少珍 3 人捐资 30 万元兴建联育中学联育楼。容翼国等 100 多人捐资 58 万元改建三良小学。刘昌基夫妇捐资 37 万元新建蟛步幼儿园，又和刘锦棠、刘德华、刘达贤等 26 人捐资 81 万元新建远昌小学。胡珠等 12 人捐资 54 万元新建梅溪小学，又捐资 16 万元新建梅溪小学教学楼，胡珠还自己捐 15 万元建梅溪小学电脑室。余悦时等 40 人捐资 25 万元建白藤小学。高伟健等 85 人捐资 75 万元新建高村学校。黎景鸿捐 118 万元建黎景鸿幼儿园，捐 125 万元新建良山中学。陈烈捐 20 万元兴建泰通里幼儿园。容志捐资 6.3 万元装修信义幼儿园。陈庭尚、黎健强赞助 4 万元修缮育德幼儿园。

在支持文化康乐事业方面，冯志金等 40 人捐资 22.5 万元建塔岗老人之家；吴珠捐资 26 万元新建吴珠图书馆；吴珠、梁永光、梁振强、吴显均、吴伟雄捐资 61 万元建山塘文化康乐园，高长根捐资 15 万元建霞村医务所；黎建强捐资 25 万元兴建黎景鸿纪念楼。

在修桥筑路方面，梁文安等 366 人捐资 328.39 万元兴建荷塘大桥；胡珠等 45 人捐资 311.98 万元兴建白藤马滘大桥；冯九如等 20 人捐资 36 万元铺筑塔岗龙田水泥路面；吴珠等 23 人捐资 58 万元加固环岛围堤；黎景鸿捐资 22 万元修建富民路；刘昌基夫妇捐资 76.15 万元修筑通津码头；高如松等 40 人捐资 19 万元铺设高村村水泥路。

从 2005 年后，学校的办学条件、设备设施已经日趋完善，医院的仪器设备亦得到提升，荷塘镇的港澳同胞、华侨基本上停止了建校、建医院的捐资活动，但他们爱国爱乡的热情不减，每年春节期间，他们回乡参加联谊活动；重阳节期间，他们回乡举行敬老爱幼、奖教奖学活动。家乡的变化，有华侨、港澳同胞的一份功劳。

踏上新征程，老区谱新篇

一、全区经济步入快车道

"十二五"时期（2011—2015 年），蓬江区发展取得显著成绩，全区上下"拼"字当头，以加快转变经济发展方式为主线，"种树、搭桥修路、抓大项目"取得明显成效，大改革、大民政、均衡教育成果丰硕，经济综合实力上新台阶。2015 年全区生产总值达 547.81 亿元，年均增长 8.8%；人均地区生产总值达 74608 元，年均增长 8%；地方公共财政预算收入达 21.36 亿元，是 2010 年的 1.8 倍，年均增长 12.9%；固定资产投资达 266.68 亿元，是 2010 年的 2.95 倍，年均增长 25.3%；外贸进出口总额达 53.42 亿美元，年均增长 9.97%。产业结构优化升级，第一、第二、第三产业健康协调发展，三大产业比重由 2010 年的 2∶55∶43 调整为 2015 年的 1.35∶46.65∶52.00。工业经济持续较快发展，至 2015 年底，全区规模以上工业总产值 1043.51 亿元，年均增长 18.5%；规模以上工业增加值 234.69 亿元，年均增长 16.2%。现代服务业发展水平迅速提高，2015 年社会消费品零售总额达 216.74 亿元，是 2010 年的 1.7 倍，年均增长 14.4%。义乌小商品城、万达广场、汇悦城、益丞国际广场先后建成营业，保利大都会等大型城市综合体项目陆续建设，北新区商业综合体建设初具规模，商业集聚区逐渐成形。

"十三五"时期（2016—2020年）是蓬江区率先全面建成小康社会的决胜阶段，全区坚决贯彻落实党的十八大，十八届三中、四中、五中全会和习近平总书记系列重要讲话精神，以中央"全面建成小康社会、全面深化改革、全面依法治国、全面从严治党"战略和"创新、协调、绿色、开放、共享"五大发展理念为指导，围绕省委"三个定位、两个率先"决策部署，按照市委打造"三门"、建设"三心"总目标，以及区委"全面建设富裕文明美丽新蓬江"总体要求，全面构建"三足鼎立"的发展格局，推进供给侧改革，转变经济增长方式，加快产业转型升级，统筹做好农村发展、民生保障、公共服务、城市提升等重点工作，争当全市加快发展的龙头和标杆。

2017年，全区实现生产总值661亿元，增长8.2%，全面完成区人大十届二次会议提出的工作任务。

（一）全力推动经济协调发展，支撑作用不断增强

经济发展质量提升。生产总值、固定资产投资、社会消费品零售总额、外贸进出口总额等4项指标总量继续保持全市第一，增速位于全市中上游水平，对全市经济发展起到支撑作用。工业经济结构持续优化，全年全区先进制造业实现增加值105亿元，同比增长11%，占全区规模以上工业增加值比重34%，比上年提高8.4个百分点。骨干企业培育工作取得成效，海信产业园产值突破百亿元。成功推动迪浪科技、道生科技、兴艺印刷在新三板挂牌上市，全区上市企业增至14家。现代服务业大发展架构拉开，业态提升。全年第三产业实现增加值360亿元，同比增长9%，占全区生产总值比重54.4%。珠西国际会展中心投入使用，成功举办第十六届广东教育装备展览会暨第二届江门·台湾教育装备展览会、首届中国（江门）智博会等大型展会。滨江总部经济基地规划建设前期工作有序开展，23个区域总部意向进驻。金融服务业积极对接实体发展需要，筹备成立产业投资基金、创业投资基金。农村经济持续健康发展，村级经济收入增长17.7%，收入超千万元村增至26个，所有村集体经济组织总收入均超200万元，新增省名牌（农业类）产品3个。特色小镇建设有新突破，棠下镇成功入选第二批全国特色小镇。

发展空间持续拓宽。全面开展土地收储和整理，完成征收土地超7000亩（466.67公顷），盘活闲置土地1246亩（83.07公顷），收购二级土地超1300亩（86.67公顷）。着力"腾笼换鸟"，处理空置厂房11.58万平方米，"工改工"面积567.8亩（37.85公顷）。国资规模不断扩大，达到310亿元，优质资产日渐增多，逐步构建以滨江、珠西、金控几大平台为支撑的国企发展格局。全力做好资金融通工作，获得各类金融机构授信融资额度超128亿元，获准发行PPN私募债20亿元。载体建设加快。全年工业用地供地25宗1397.9亩（93.19公顷），建成工业建筑52.4万平方米；珠西创谷科技园、台湾新创中心投入运营，激光产业园首期、金镜山工业区投入使用；高标准规划建设江门人才岛，首期2个建设项目正式开工。

招商引资有新成效。创新招商方式，开展驻点招商、会展招商，成立驻深圳招商办事处，以教育装备、智能装备及激光产业为重点开展精准招商和以商引商。全年新引进香飘飘、海目星、聚金激光、诺贝电机等46个优质项目，计划总投资257亿元，明确投资意向项目30个，计划总投资144.6亿元。高规格重组"大工商联合会"平台，成立海外青年联合会，筹备成立青年企业家联合会、女企业家协会，汇聚各方人才和智慧，带动新产业、新资本聚集。

紧抓项目落地。举办30个总投资173亿元的重点工业项目和45个总投资超200亿元的第三产业重点项目集中签约、奠基、落成活动，展示招商成果，各方形成合力，力促项目早开工、早投产、早达产。全年完成工业投资 101 亿元，同比增长 14%。落实区领导联系重点项目制度，重点项目进度顺利推进，全年完成投资 90.11 亿元，完成年度投资计划的 109.3%。

（二）全力深化改革和推动创新，发展动能不断集聚

各项改革稳步推进。启动新一轮滨江新区体制改革，从有利于发展的角度出发，配合市开展调研，广泛听取意见，进一步理顺蓬江区与滨江新区、滨江新区与棠下镇的关系。推进简政放权，顺利承接实施第一、第二批 219 项市级事权，将 7 个部门共计 35 项行政审批和管理职权委托下放各镇（街）实施。2015 年，蓬江区在学习借鉴上海、佛山等地行政服务改革经验做法基础上，启动"邑门式"（又称"一门式"）行政服务改革，以便利、贴心、高效、公平为宗旨，将区公安、社保、民政、残联、卫计、城管、食药监、农林水务等 15 个部门 385 项事务，统一归集到"邑门式"服务中心办理。其中，江门市公安局下放 103 项事项至"邑门式"服务中心，此举在全国走在前列，荣获"中国十大民生决策"称号，成为全市、全省乃至全国行政服务改革的标杆，受到中央改革办、工信部、海关总署、国家行政学院等考察团的充分肯定。推动"邑门式"融进村居"一家园"，实现"政府服务就在家门口"。

创新驱动作用增强。高新技术产品产值占全区规模以上工业总产值 38%，技改投资 38.5 亿元，增长 20%。抓好高新技术企业培育，新增国家级高新技术企业 112 家，累计 192 家，新增科技型小微企业 132 家。强化企业自主创新，全年发明专利授权量和授权专利总量分别达 140 件和 2183 件，有效发明专利 706 件。主营业务收入 5 亿元以上工业企业研发机构实现全覆盖，规模以上工业企业研发机构覆盖率达到 35%，2 家企业被认定为省级工业设计中心，实现江门市零的突破，2 家企业被认定为省级企业技术中心。人才引进工作有新突破，成立全市首家县区级博士后创新分中心，启动"江门人才岛双百博士引进计划"，引进一批来自各领域的博士人才，"珠西智库"专家成员达 61 名，引进激光产业专家姚建铨院士、航空推进技术专家李应红院士设立院士工作站，全年完成高层次人才认定 254 人。

（三）全力打造发展软实力，城市更有内涵、更有格局

文化事业持续繁荣。区文化馆被评为广东省舞蹈创排基地，是全省唯一获此殊荣的县区级基层单位。成功举办 2017 "戴爱莲杯"群星璀璨人人跳全国舞蹈展演活动，戴爱莲文化品牌和舞蹈小镇的打造取得重要进展。公共文化服务水平进一步提升，建成 7 个 24 小时自助图书馆，覆盖 6 个镇街，"百姓文化大舞台"全年举办群众文化活动 1000 多场次，倾全区之力配合市顺利通过"全国文明城市"测评复查。加强文物保护，潮连洪圣庙会、卢艺鹿角椅制作技艺两个项目成功入选省级非物质文化遗产名录，有 2 个项目入选市级文物保护单位。

教育事业持续发展。财政投入向教育倾斜，2017 年教育投入 10.26 亿元。学校建设有序推进，启动紫茶中学等 6 所新建学校项目，总投资约 5.4 亿元。推进名优教师团队建设，全区各级各类名师达 320 名。教育质量稳步提升，高考本科上线比 2016 年增加 46 人，中考成绩在全市名列前茅。加大助学力度，落实各项助学金 463.62 万元，受惠学生 6446 人次。紫茶小学荣获第一届"全国文明校园"称号。推进"教育部现代化教育装备技术应用综合改革实验区"和"教育部 3D（VR、AR）技术教育教学应用实验区"建设。启动江门市粤港澳大湾区少年警营交流活动，打造青少年创新拓展基地名片。

城乡环境越来越美。全力打好环境质量改善"三大战役"，拆除烟囱 10 座，淘汰黄标车 1370 辆，关停取缔"小散乱污"企业 242 家，燃用高污染燃料小锅炉淘汰率 100%。全面推进河长制，加快南北片区黑臭水体治理 PPP 项目，投资 2720 万元启动天沙河清淤疏浚工程，总清淤量约 47 万立方米；在全市率先完成天沙河、杜阮河黑臭水体整治"初见成效"阶段工作任务；基本完成限养区整治，累计清空养殖场 3824 家。配合市成功创建"国家森林城市"，完成生态公益林"扩面" 3.04 万亩（2026.67 公顷），投入 1330 万元实施绿化项目 14 项，成功申报 2 个镇级森林公园。营造优美舒适的社区环境，投资 2200 万元实施市区道路维修改造及市政配套等基础工程，道路维修面积约 3.8 万平方米。

（四）全力建设和谐社会，让发展成果惠及全区人民

民生保障持续加强。全年全区财政用于民生支出 23.02 亿元，占财政支出的 68.02%，比上年增长 7.8%。投入 3.2 亿元大力推进 24 个十大民生实事项目。持续提高城乡低保标准，由 600 元/人·月提高到 700 元/人·月，新增 60—64 岁老人和轻度残疾人两项分类施保类别。完善老年人保障体系，在全市率先实现"银龄安康"工程全区 60 岁以上老年人全覆盖。人民生活水平进一步提高，城乡居民人均可支配收入 40790 元，增长 8%。城镇新增就业 9929 人，失业人员实现再就业 5754 人，城镇登记失业率为 2.4%。创新扶贫机制，打造"残疾人社区康复中心""智能洗车""新阳光农场"等一批扶贫开发造血项目，新增脱贫户 131 户 389 人，累计脱贫率达 63.1%。扎实推进广西天等县对口扶贫工作。医疗服务水平提升，全力推进具有蓬江特色的医联体建设，市二院与广州呼吸研究所钟南山院士团队建立专科协作关系，顺利完成省流动人口卫生计生基本公共服务均等化试点工作，杜阮镇卫生院获评"全国百佳乡镇卫生院"。

新农村建设加快。村容村貌进一步改善，投入 4129 万元开展村庄整治，新建和改造村居公园 24 个，新建和改造农村无害化卫生公厕 13 座。全面铺开农村土地承包经营权确权工作，颁证率 97.8％，居全市前列。严格贯彻执行集体资产、资金、资源"三资"管理制度，实现集体经济组织大额资金使用情况实时监控，全面开展村（组）账镇（街）代管。顺利完成棠下镇新昌村、杜阮镇瑶村"村改居"工作。

社会大局安定稳固。全面完成镇街"中心＋网格化＋信息化"建设，划分 438 个基础网格，配备网格员 594 名。完善立体视频监控体系建设，健全织密治安防控网络。圆满完成"一带一路"峰会、香港回归 20 周年庆典、党的十九大、省委十二届二次全会等重大特防期维稳安保工作。抽调 843 名干部下沉一线，高质量完成村、社区"两委"换届选举工作，是全市唯一完成书记主任"一肩挑"、交叉任职率"两个 100％"，以及无发生群体性事件、无有效投诉"两个为零"目标的市（区）。顺利完成拆"两违"工作，处理违法用地 184 宗、546 亩（36.4 公顷）。深化法律服务进村居工作，实现村（社区）法律顾问 100％ 覆盖。

社会各项事业全面发展。成功抵御"天鸽"和"帕卡"双台风袭击，灾后复产快速有序开展。强化安全生产监管，全年没有发生较大以上安全事故。食品药品安全、水利三防、消防、防疫工作有效开展，强化突发公共事件应急处置，有序开展风险隐患排查。"质量强区""双随机一公开"工作稳步实施。工会、共青团、妇女儿童、民族宗教、外事侨务、统计、武装、双拥、慈善会、档案、地方志、红十字会等工作扎实推进。

中共十八大以来，以习近平同志为核心的党中央，把扶贫开发摆到治国理政的重要位置，提升到事关全面建成小康社会、实现第一个百年奋斗目标的新高度，纳入"五位一体"总体布局和"四个全面"战略布局进行决策部署。习总书记一再强调，全面建成小康社会，没有老区的全面小康，是不完整的。"小康不小康，关键看老乡"。

二、荷塘镇经济发展情况

荷塘镇贯彻中共十八大、十九大精神，围绕"1328"工作部署，"十大战役"的工作重点，认真布局，迎难而上，开拓进取，贯彻落实抓"大项目"落地，抓"十大战役"中村级换届、"两违"整治、基层治理等重点工作，推动经济社会协调有序发展。

（一）经济健康发展，实力稳步增长

坚定不移贯彻新发展理念，发展质量和效益有所提升。2017年荷塘镇规模以上工业总产值136.16亿元，同比增长13.9%；固定资产投资14.52亿元，同比增长8.67%；社会消费品零售总额3.87亿元，同比增长11%。实际利用外资150万美元，外贸进出口7.35亿元。财政收入16314万元，完成区下达预算任务16290万元的100.2%。跟踪服务好项目发展，基顺隆第一车间、思盟电器等重点项目落地投产。基础设施建设加快推进，配合上级完成荷塘西江大桥的维修加固，推进南沙港铁路征地；投入300万元改造马桷电排站高压房；投入183万元进行加装4千米防撞钢护栏，更换5000平方米破损路面，翻新1800平方米公路标线等道路设施升级维护；提升67千米道路绿化管理水平，补种苗木6万棵；投入130万元在中兴四路加装2千米路灯；维修更换300盏LED路灯。发展壮大农业优势产业，渔业全年收入7608万元，比2016年增长4%；提升农产品质量监督，投入20万元修整农产品实验室。大力实施创新驱动发展战略，荷塘镇有19家企业被认定为高新技术企业，其中2017年新增14家，还有13家在申报认定中；有17家企业已建设工程技术研究中心。20家企业投入4.61亿元进行技术改造；全镇企业有效发明专利33个，实用新

型专利 38 个，新增外观专利 125 个；新增机器人企业 2 家。

（二）改革全面深化，红利不断释放

改革多点突破、纵深推进，以高度的政治责任感和创新有为的精神状态，做好工作，落实职责，提高效能。全面提升行政服务水平，对区下放的 35 项事权，荷塘镇按照"接得住、管得好、用得好"的原则，及时、准确对接好承接事权下放的各项工作。加强组织实施，强化责任，各司其职、各负其责，形成上下贯通、层层负责的责任链条，以责促行，以责问效。完成第三次全国农业普查的工作任务。完成 13 个村和 118 个村民小组的土地确权方案制定和 9 个村的颁证工作。

（三）法治意识增强，社会更加稳定

推进基层民主法治，顺利完成 2017 年村级"两委"换届，14 个村（居）共选出村（居）委会干部 51 名，村（居）党组织支委干部 89 名，有效实现了村（居）书记、主任"一肩挑"和村（居）"两委"交叉任职两个 100% 的目标。按时、安全、平稳完成 38 宗执法任务。落实领导干部"一岗双责"，推进"大安全"联防体系建设，无发生重大安全生产事故及重大食品药品安全事故。落实社会维稳责任制和领导接访、领导包案制度，形成"中心＋网络化＋信息化"新的运作模式，妥善处理劳资纠纷等维稳事件，实现重要敏感时节"零上访"。加强治安综合治理，建设荷塘镇社区戒毒（康复）中心。开展全镇六类场所、"三合一"违规住人场所专项整治行动，取得实效。

（四）办好民生实事，改善群众生活

深入贯彻以人民为中心的发展思想，实施惠民举措，人民获得感显著增强。实施民生工程，颐养院安装消防设备，升级改造唐溪村农村幸福院、塔岗村"一家园"、三丫村公共服务站。人民生活水平进一步提高，农村人平纯收入 2.4 万元。投入 377 万

元实施 17 个村级公益事业一事一议财政奖补项目。全镇 3.2 万名居民参加了城乡医保，1.15 万人参加了城乡居民养老保险，最低生活保障标准提高到 700 元。实施精准扶贫，全镇 212 户低保户都有镇党员干部负责。深化"大民政"，继续由镇财政统筹安排超 100 万元用于困难群众的助医、助学、助困及危房改造。荷塘镇"稻草人"社会工作服务中心提供护老扶残家庭服务，服务辐射全镇。推进教育现代化，投入 1300 万元建设白藤小学梅溪校舍；投入 450 万元完成远昌小学运动场、良村小学足球场改造；投入 200 万元维修 8 所中小学的校园、校舍、文化阵地；投入 33.5 万元为学校图书室添置新书；投入 560 万元更新课堂多媒体平台；投入 300 万元改造各中小学网络环境。所有学校安装了监控设备和实现了 500 兆无线网络覆盖。加强学校管理，完成中小学校长离任审计和换届，顺利通过"教育强镇"复评。

三、杜阮镇经济发展情况

2011—2017 年是实施第十二和第十三个国民经济发展五年规划时期，杜阮镇以党的十八大精神统领，深入贯彻落实科学发展观，以国家实施"一带一路"倡议和粤港澳大湾区战略为引领，主动融入江门市建设"珠西智谷"产业对接，打造"珠西智谷"产业链。以"加快转型升级、建设幸福杜阮"为总目标，紧紧抓住"一路三片区"（即杜阮南路、东部物流片区、中部旅游片区、西部先进制造业片区）的建设机遇，进一步优化产业结构，提高第一、第二、第三产业经济发展质量，推动一批重点经济项目和民生项目上马建设，保持经济社会的持续、平稳、较快发展。2017 年，实现地区生产总值 68.86 亿元，规模以上工业总产值 153.4 亿元，工业增加值 32.95 亿元，地方财政一般预算收入 2.8 亿元，村级集体经济纯收入 1.4 亿元，农村股份分配人均

2111 元。

（一）加大基础设施建设，推进重点项目上马

抓住江门市交通"大会战"发展契机，2015 年至 2017 年杜阮镇全力配合江门大道、杜阮北一路、篁庄大道西延线、迎宾西路（杜阮南路）等几条重要交通路网完成扩建改造，有效畅通了江门市区连接江鹤高速和江肇高速出入口的交通，使杜阮逐步成为江门市区连接珠三角高速公路网的枢纽。加快完善骑龙山工业区道路网建设和中和公路的改造。继续完善各工业园区的基础设施建设，在加快骑龙山工业区、化工专区的基础上，着力推进了金镜山 375 亩（25 公顷）南方教育装备产业园建设，2017 年已完成土地平整，即将进行招标。

加大重点项目的引进建设达产。近十年来，杜阮分别引进了嘉宝莉（1~2 期）、地尔汉尔、东睦新材料、珠峰摩托、骏东木业、大长江摩托车研发中心、竞晖等一批技术含量高、产品市场好的企业。近两年又引进了霏尼格斯、加莹化工、珠西保税仓跨境电商、科杰机械、鸿美达科技等一批智能制造产业，总投资超过 15 亿元。形成了以五金卫浴、化工橡塑、家电电机等行业为支柱的工业架构。

（二）加快"三旧"改造步伐，促进房地产发展

发挥城市次中心优势，推进江杜路沿线商业街"三旧"改造，把产业逐步向物流、饮食、商住、旅业等多元化经济发展，打造有特色的"马路经济"。发挥华鸿物流专区优势，迎宾二手车城、泰盛石材市场、国际车城等三大专业市场日臻成熟。抓好房地产建设，美林山畔、金域华府、荣泰御府等住宅小区相继建成销售。木朗村白鲁浪商住楼、那糍坑商住区、芝山美的雅居乐商住区、松园村商住楼相继投入建设。加快"三旧"改造步伐，北芦村沿江杜路旧商铺、龙眠村单层旧商铺升级改造见成效，把江杜公路两旁改造成高标准的商铺物业，促进了商业服务业繁荣，也为村集体经济增长注入活力。

（三）加快实施惠民工程，创建省文明卫生镇

2014 年至 2017 年，杜阮镇为创建省文明卫生镇和结合江门市创全国文明城市工作，投入大量资金实施民生工程。

（1）重建杜阮卫生院。争取上级支持、发动社会捐资和地方财政投入资金 1000 多万元，2015 年完成杜阮卫生院重建首期住院楼工程投入使用，二期门诊大楼建设工程 2017 年动工建设，预计 2018 年完成主体工程，大大改善市民就医环境。

（2）整治河道。争取上级支持，投资 6800 多万元完成对杜阮河上游河段的扩宽整治工程和把杜阮河牛口水闸改造为橡胶水闸。实施良坑水闸的改造。完成对杜阮河全面治污和"一河两岸"美化绿化亮化工程。

（3）继续增加投入。投资完善了叱石观音寺、叱石停车场、公厕、叱石兰石观光绿道等设施建设。叱石索道、叱石济公庙、山顶小公园等建设工程也先后完成，带动了旅游业发展，为市民提供优雅舒适的旅游度假场所。

（4）继续推进公园绿化工程。配合市完成建设席帽山郊野公园工程；逐步完善兰石公园配套设施和启动建设江门植物园工程，为市民提供休闲健身场所。

（5）建成镇"一家园"综合服务中心平台，推行"一门式"行政服务改革。镇"一门式"服务中心上线运营，现设 10 多个服务窗口和自助服务机，实现 15 个部门受理 349 项审批服务事项"一窗通办"。2017 年共办理业务 81797 件，通办率达 100%。推动"一门式"服务向村（居）延伸，全面完成硬件设备安装及网络改造，23 个村（居）"一门式"服务窗口已全面上线并对外受理业务，实现村（居）全覆盖，为群众提供在家门口更便利高效的服务。

（6）改造环卫设施，加强环卫整治。结合创文创卫工作，镇村先后投入 200 多万元新建垃圾屋 70 间，垃圾中转站 4 座，压缩站 1 座。各村进行无害化公厕改造和农村卫生户厕改造。全面开展农村清洁专项活动，进一步完善各村（居）环境卫生工作量化考评方案，过半村分别被评为省、市卫生村。

（四）创建特色小镇，实施乡村振兴战略

利用杜阮凉瓜成功申报为国家农产品地理标志的契机，市镇连续举办了五届杜阮凉瓜文化节。通过"凉瓜王"评选、凉瓜烹饪大赛、千人凉瓜宴等活动，提高杜阮传统特产凉瓜的知名度，推动凉瓜的种植和效益。以凉瓜为主题，融合戴爱莲舞蹈、戴爱莲故居、叱石宗教以及叱石山、兰石公园的自然资源优势，发展集生态、健康、休闲、旅游于一体的文化旅游特色片区。利用凤飞云坝下的三角梅主题公园为基地，打造绿色健康发展生态区。形成三角梅苗圃种植、展览、科研、销售产业链，把杜阮建设成为集特色农产品博览、展销交易、饮食服务、休闲配套、旅游宗教文化等于一体的特色小镇。

四、棠下镇经济发展情况

中共十八大以来，棠下镇经济保持健康快速增长。2017 年，实现地区生产总值 181.82 亿元，同比 2012 年增长 335.4%；规模以上工业总产值 566.67 亿元，同比 2012 年增长 608.8%；规模以上工业增加值 136.69 亿元，同比 2012 年增长 727.4%；地方公共财政预算收入 5.07 亿元，同比 2012 年增长 136.9%。镇委、镇政府在区委、区政府的正确领导下，团结和带领全镇干部群众，砥砺拼搏，攻坚克难，全面提升基层治理水平，先后获"全国千强镇""全国特色小镇""广东省文明镇""广东省教育强镇""江门市十大活力镇街""江门市发展镇街经济先进镇"等荣誉称号,推动经济发展提质增效,为今后加快发展打下了坚实基础。

(一)经济发展提质增效

全镇经济保持快速增长,滨江新城建设稳步推进,依托全国顶级设计团队,开展总部经济基地项目规划设计,为打造珠西总部经济中心谋篇布局。园区扩园提质取得实效,成功引进海信、康师傅、东望洋、金莱特、银葵医院、浪潮等49个项目,投资总额超200亿元。江沙示范园区被认定为省级智能制造示范基地。滨江总部经济基地规划建设前期工作有序开展,吸引23个区域总部意向进驻。新签约香飘飘、海目星激光、科业电器等9个优质项目,计划总投资31.2亿元。康师傅秉信建成投产,江粉高科技产业园、美心食品等一批重点项目进展顺利。园区基础设施建设加快推进,新棠路、堡莲路二期、莲塘二路污水管网等5项工程建成投入使用;堡莲路一期、三期、仁和路等一批工程加快推进,配套服务、绿化水平稳步提高。广中江高速公路、江门大道棠下段已建成通车。配合完成天沙河引水增流工程和思洋到五邑500千伏输变线路工程。建成园区生活小区及富怡路、桐新路等一批园区道路、给排水等配套工程。

(二)民生保障水平稳步提高

投入1.94亿元,占地方公共财政预算支出66%。扎实推进虎岭小学、实验小学、陈垣纪念学校、棠下卫生院住院大楼、棠下镇文化中心等13项文教卫工程项目建设,建成16个农村幸福院、棠下镇24小时自助图书馆。"一家园"服务实现村居全覆盖。棠下镇公共服务中心被认定为"广东省集中式城乡居保业务系统基层经办服务示范点"。推进北部片区自来水改造工程,完成良溪北坎电排站等水利工程,完成横江海口电排站和南冲电排站项目立项,黑臭水体整治及水利工程PPP项目加快推进。完成区下达的危房改造任务，完成弓田、虎岭等 10 个村被征地农民养老保障预存资金分配等工作。新增确认桐井等 3 个村小组为全征地村，精准扶贫扎实推进。

（三）社会治安保持稳定

按照"德威并施、标本兼治"原则，认真履行维稳主体责任，切实做到领导到位、人员到位、措施到位，敢抓敢管、抓实抓细，有效化解了一批重点信访案件，成功打掉一批村霸和宗族黑恶势力，确保全镇大局平稳可控，实现了中央"四个坚决防止"、省委"四个不发生"和市委"三个一"的目标要求。

（四）社会事业全面发展

成立棠下慈善会，广泛发动镇、村、厂企、海外华侨等社会各界力量积极参与，凝心聚力、奉献爱心，共募得善款 2300 万元。加强服务型基层组织建设，工会、妇联成功换届。新增劳模（职工）创新工作室 2 间，天地壹号工会主席熊贤平获得"广东省五一劳动奖章"，海信电子职工书屋被评为"全国工会职工书屋建设示范点"。人口计生、老龄、残疾人、共青团、外事侨务、统战、武装、兵役、双拥、红十字会、义工联、统计、审计、新闻等社会各项事业进一步推进。

脱贫致富，老区村巨变

一、新时期老区村社会经济发展日新月异

区老促会成立之后，区各级党委、政府对老区镇荷塘镇和9个老区村建设发展越来越重视，逐年加大对老区建设的投入。区、镇各级政府领导经常到老区村调研，指导老区村发展，重点从加强领导班子建设、发扬老区革命精神入手，关心和支持老区的基础设施，在建桥修路、建房改水、兴建学校等方面不断加大投入，致力改善老区生产生活环境，努力营造良好投资环境；帮助引进项目促进经济发展；下拨和筹集资金帮助老区实施民生工程，改善村容村貌，增设文体阵地和设施，提高了老区人民的生活水平。全区9个革命老区村逐步甩掉了贫穷落后的帽子，社会经济快速平稳发展，村容村貌发生了日新月异的变化。

（一）荷塘镇6个老区村

1. 荷塘镇禾冈村

（1）基本情况。

禾冈村坐落于荷塘镇的西南端，东与篁湾村隔涌相邻，西与蟛步连接，南同江门、潮连隔海相望，北面紧靠六坊、塔岗，同时与荷塘中心市场相邻。

禾冈村世居村民主要姓氏为容姓，祖籍甘肃敦煌。明朝天顺元年（1457年），容云谷第四子梅月始从南雄迁此地，因该地有

小山丘，田在山丘上，寓意禾稻丰收，故名"丰禾冈"，后称禾冈。1989 年改称荷塘镇禾冈管理区，现为禾冈村民委员会。

禾冈村有着光荣的革命历史，早在 1938 年，村民容忍之、容焕章等人加入了中国共产党，并建立了荷塘党支部。容忍之作为地下党的重要联络员，为确保潮连、荷塘交通线的畅通，不断和反动势力作斗争。抗战期间，以德源商号为联络站，成立"抗先"，开展抗日救亡运动，团结进步青年，动员群众团结一致抗击日军。还有很多有志之士加入由欧初（后任粤中纵队副司令）领导的珠江纵队第一支队，进行武装自卫。1944 年，容忍之以德源商号老板身份蒙蔽国民党反动派，帮助林锵云、欧初领导的珠江纵队顺利在塔岗村码头横渡西江，安全挺进粤中根据地。容忍之以此身份作掩护，为党工作，直至解放战争胜利。

禾冈村面积约 1.3 平方千米，原耕地面积 2000 多亩（133.33 公顷），现约 700 亩（46.67 公顷）。下辖 1 个自然村，9 个村民小组，2017 年末村内居住人口约 4000 人（含外来人口），总户数 877 户，本地户籍人口 2962 人。有港澳台同胞约 200 人，华人华侨约 450 人，主要分布在香港、澳门、新加坡等地。

禾冈村设有党总支部 1 个，党支部 3 个，共有党员 68 名。禾冈村环境优美，民风淳朴，先后被评为"江门市卫生村"和"广东省卫生村"，2008 年获得"文明单位"和"蓬江区文明村"等称号。

（2）经济建设情况。

禾冈村改革开放前的经济以农业为主，主要农作物有水稻、番薯、木薯、花生、大豆等，还有特色农产品荷塘冲菜。1992 年以后，禾冈村大力发展工业，利用改革开放的政策用土地资源开发引进项目，搞活经济。以土地开发为主导，由村统一开发使用，受益归村集体。2005 年，村委会对各村小组的征用、转让（出租）土地收取土地本金的 20% 作集体资金和福利用途。

禾冈村委会从 2014 年起已投入 1000 多万元用作村基本建设，所有村主干道路实现水泥硬底化，实现了通水、电、电话和网络；建有禾冈幼儿园，禾冈村委会大楼、禾冈球场、禾冈公园、禾冈山顶公园。

禾冈村在发展集体经济的同时，村委会重视对福利资金的投入。禾冈村致力改善老年人的福利待遇，除了在敬老节、年终发放老年人慰问金外，自 2007 年起对年满 60 周岁的本村老人每月发放 50 元福利金，2014 年提高至每人每月 100 元，2015 年开始提高到 200 元。另外，每年还组织老年人两次聚餐，场面热闹，其乐融融。在教育事业方面，禾冈村每个学期都会安排相关人员到禾冈小学开展安全知识教育课程；禾冈竹院对考取优异成绩的学生进行奖励；在幼儿园方面，继续投入资金增置必要教具、玩具设备，使幼儿园教学设施得到进一步的完善，加强对幼儿园的管理，招聘有素质的教师，全面提升幼儿园的教学质量。

（3）教育文化建设情况。

禾冈小学：1974 年末由三良学校分出，独立成校，1975 年首先建起两排 14 间课室，建筑面积 666.9 平方米；1976 年又完成了教导处、体育室、门廊的建设，面积 331 平方米；1986 年 6 月又新建 1300 平方米校舍；1995 年由容宝钊等港澳同胞及区、乡投资 26 万元新建一座三层建筑面积 1350 平方米的教学大楼；2007 年 9 月由禾冈村委会出资 60 万元新建一幢办公楼，总面积 837 平方米；2014 年完善体育室的建设，顶面是星铁棚形式，建筑面积 200 平方米。目前，禾冈小学总建筑面积为 3528 平方米，有课室 12 间，功能室 6 间，187 米环形跑道运动场 1 个，植物园 1 个；有 12 个教学班，教师 27 人，学生 596 人。

禾冈幼儿园：2002 年建成投入使用，总投资约 230 万元，幼儿园楼高3层，占地面积约3000平方米，建筑面积约2030平方米，幼儿园外貌壮观，布局适宜，环境优美，设备齐全，是儿童成长的好乐园。近年来，禾冈村委会继续投入资金增置必要的教具、玩具设备，使幼儿园教学设施得到进一步的完善。管理更加规范化，提升教学质量，吸引更多的生源，禾冈幼儿园被评为江门市一级幼儿园。

南园文化康乐中心：1991年兴建完成，总投资约40万元，有一幢高4层文化康乐中心，外有400平方米植物园供村内老人相叙娱乐，园内有健身设备，图书报刊室、锣鼓乐器室等。

禾冈竹院寺：建于1998年，寺内供奉观音像，种有多种植物供人欣赏。每年农历二月十九日观音诞竹院寺都会举行庆灯投灯晚会，邀请禾冈村热心村民、港澳同胞一同聚餐，投灯晚会获得的捐款用于慈善。每年重阳节邀请村内60岁以上村民聚餐，共享欢乐。

禾冈公园：于2011年建成，面积约1800平方米，总投资约283万元。园内环境清幽，空气清新，设有多项健身娱乐设施。

2. 荷塘镇篁湾村

（1）基本情况。

篁湾村位于荷塘镇东南面，辖区面积7.5平方千米，古称篁林。国家级非物质文化遗产"荷塘纱龙"是篁湾村的传统民间艺术，村内还有广东省文物保护单位周源李公祠。篁湾村由高新平、上联、隔岭、石龙围四个自然村组成，下辖20个村民小组，村内常住人口6400人，1845户，流动人口6000人，设有党委1个，党支部3个，共有125名党员。

（2）经济建设情况。

2017年篁湾村地区生产总值11.9亿元，其中工业总产值11.4亿元，辖区300多家企业，工业主要以灯饰、五金制品、内衣为主；农业总产值 5700 万元，耕地面积 2000 亩（133.33 公顷），主要以四大家鱼、罗虾、桂花鲈、加州鲈为主。

村实行两级经济核算体制，村两级经济收入 1300 多万元，收入来源主要是物业出租、土地承包租金等，村民年人均收入19350 元。

（3）基础设施建设不断完善。

实现村路全面水泥硬底化，总长 12.5 千米；村民住宅厕所在2003 年全部完成无害化改造；村内排污渠实现硬底化；村委会及各自然村建有文体活动中心、活动场地，设施齐全；全面完成农电网改造；建有分别占地面积 40 亩（2.67 公顷）、建筑面积 8000平方米和占地面积 1 亩（0.07 公顷）、建筑面积 3000 平方米，功能配套齐全的江门市一级中心小学 1 所、江门市一级中心幼儿园1 所；2000 年至 2017 年，全村十多年连续成为省级卫生村。

（4）新农村建设情况。

改变村容村貌。村委会根据集体经济状况，发动村民积极参与，借助政府的扶持和利用好"一事一议"的奖补政策，采用分段开展、逐年实施的办法，从 2009 年至 2014 年，先后对石龙围等 4 个自然村全长 12.5 千米的村道全面进行水泥硬底化及下水道改造，资金投入约 200 万元。2015 年投入资金 60 万元将原建筑2000 平方米的松柏乐园升级改造为功能配套齐全的农村幸福院；投入 20 万元兴建一座占地 2000 平方米的村级公园。2016 年投入资金 63 万元将全村所有主干道路及巷道安装视频监控系统共 84个摄像头。2017 年投入 60 万元新建一座 200 平方米，配套完善资源共享的村级公共服务站。2018 年投入 30 万元将村级 3 个垃圾中转平台升级改造，及每年投入超 100 万元对村内及工业园区的环境卫生进行保洁，保洁工作群众满意度高。

通过一系列的改造，篁湾村的面貌焕然一新，美丽乡村建设效果显著。

3. 荷塘镇南村村

（1）基本情况。

南村村辖南村、上村和海边三个自然村，1958 年前隶属顺德县管辖，1958 年至 2002 年归新会县（市）管辖，2002 年 6 月起划归蓬江区管辖。全村分设 8 个村民小组，共 957 户，人口 3190人。地处荷塘最北边，东临唐溪村，南与塔岗村接壤，西由西堤一路贯穿西江边，北经白藤大桥直达佛山顺德区。地域面积 2.14平方千米。村内土地除工业用地、山林地、宅基地、村路基道和闲置地外，农业用地共计 1100 亩（73.33 公顷）。农业用地以鱼塘为主 560 亩（37.33 公顷），村内富余劳动力多到厂企务工。

（2）经济建设情况。

村实行二级经济核算体制。村小组经济收入主要来源于土地承包租金、土地出租租金和部分物业场地租金。2017 年村民小组经济收入合计共 374 万元。以村民小组为单位的股份社对享有集体股份的村民配有 3 ~ 6 股的股份。2017 年村民股份分红平均每人 1180 元。

村委会集体经济收入来源有两方面：一是物业收入，村出租楼房、铺位共计 4500 平方米；二是土地出租收入，村委会共向村民小组租入土地 470 亩（31.33 公顷）作土地开发，再向厂商出租，已有 33 家厂企落户。2017 年村委会集体经济纯收入 86 万元。

（3）加大基础设施建设。

2001 年实现村路全面水泥路面化，村路总长 2.6 千米。村内排污渠实现硬底化。村民住房厕所在 2003 年全部完成无害化改造。村委会和各自然村建有文体活动中心、活动场地，设施齐备。完成了农村电网改造，村内供农业和民宅用电的变压器 7 台班3000 千瓦时，电压及配送匹配，村民满意。建有活动面积 2520

平方米、功能室配套齐全的普惠型的村办市级幼儿园。2013 年至 2016 年连续四年 2 个自然村和 2 个片区创建成为省、市卫生村。

（4）新农村建设情况。

村委会根据集体的经济状况，发动村民积极参与，借助政府的扶持和利用好"一事一议"的奖补政策，采用分段开展、逐年实施的办法。从 2010 年起，先对南村自然村的文山和文溪两段路进行改造。2011 年将南村自然村村心路进行改造；村委会完成建筑面积 1700 平方米的村民活动大楼建设。2012 年将南村祠堂前场地拓展成广场。2013 年将建设重点放在上村自然村，主要是先由村委会提供规划方案，供村民会议讨论通过后，先解决建设土地分摊划拨，再组织实施建设。2015 年完成猪笼底文体公园一期工程；2016 年完成猪笼底文体公园二期工程并同时完成长塘文化广场一期（土地回填）工程；2017 年完成文溪里园尾公园和海边自然村路边公园工程；2018 年完成长塘文化广场（地面建设）工程。

2014 年起，加快新农村建设，共投入资金 380 万元，政府扶持 238.63 万元（其中 100 万元属山林地定向扶持），区老促会支持 20 万元，村民捐资 123 万元。通过一系列的村容改造，南村村的面貌彻底改变，新农村建设效果显著。

4. 荷塘镇塔岗村

（1）基本情况。

塔岗村位于荷塘镇的西北面，辖区面积约 2.8 平方千米，地处西江河畔，与江门市蓬江区棠下镇隔江相望，村内主干道路北昌路与西堤路、中兴路首尾对接，毗邻顺德区均安镇，村东南方与六坊村相连，西北方与南村村、唐溪村相接。塔岗村户籍家庭共 1610 户，常住人口 5425 人，下辖 4 个自然村（塔岗、深冲、龙田、团结）12 个村民小组（石岗、红旗、岗东、岗西、中联、西联、甲社、龙一、龙二、深二、深三、团结)。

（2）发展情况。

塔岗村临近西江，坐拥优质水资源，建设有数个可横渡西江的渡头，助推农村经济的大力发展。中华人民共和国成立后，农业生产以种植水稻、甘蔗及名优产品荷塘冲菜和荷塘芥蓝，养殖四大家鱼、养鸡、养猪、养蚕等为主。中共十一届三中全会后经重新布局，全面推行家庭联产承包责任制，同时大力发展水产养殖，逐渐引入名优水产品种养殖。随着形势发展和农村城市化建设要求，塔岗村不断完善各项投资环境，水电设施齐备，水陆交通方便，吸引了大批企业投资发展，现在有 100 多家厂企落户，全村集体经济收入每年稳定提高。2017 年村集体经济主要收入来源于物业出租，村集体物业有村农贸市场 3500 平方米、工业厂房 7973 平方米、商铺 347 平方米，村集体经济收入合计共 180 万元。2017 年村民小组经济收入合计共 590 万元，以村民小组为单位的享有集体股份的村民人均分红 1087 元。

（3）基础建设不断完善。

2004 年，实现村路全面水泥路面化，村内排污渠实现硬底化。村民住房厕所已全部完成无害化改造。村委会和各自然村建有文体活动中心、活动场地，设施齐备。2008 年，完成了农村电网改造，村内供农业和民宅用电的电压及配送匹配，村民满意。2015 年新建村庄标准垃圾屋，实现自然村保洁员全覆盖；拉接自来水管集中供水；建有配套齐全的普惠型的小学、幼儿园。

（4）新农村建设情况。

近年来的新农村建设，得到上级的关怀与帮助，区老促会支持 38 万元。通过一系列的村容改造，使塔岗村的面貌彻底改变，新农村建设效果显著。

5. 荷塘镇良村村

（1）基本情况。

良村村原辖有东良、西良、南良三个坊，明代时曾称为岭头，现因行政区域的变更，东良、西良合称为良村村，南良独为一体称为禾冈。1989年改称荷塘镇良村管理区，现为良村村民委员会。良村村面积约1.5平方千米，原耕地面积2000多亩（133.33公顷）。下辖3个自然村，8个村民小组，2017年末村内居住人口5000多人（含外来人口），本地户籍人口2301人，总户数710户。有港澳台同胞200多人，华人华侨400多人，主要分布在香港、澳门、新加坡等地。村内土地除工业用地、山林地、宅基地、村路基道和闲置地外，农业用地共计793亩（52.87公顷）。农业用地以鱼塘为主近637亩（42.47公顷），村内富余劳动力多到厂企务工。

2017年，良村村设有党总支部1个，党支部3个，共有党员68名。良村村环境优美，民风淳朴，先后被评为"江门市卫生村"和"广东省卫生村"，获得"文明单位"和"蓬江区文明村"等称号。

（2）经济建设情况。

村实行二级经济核算体制。村小组经济收入主要来源于土地承包租金、土地出租租金和部分物业场地租金。2017年村民小组经济收入合计共321万元。以村民小组为单位的股份社对享有集体股份的村民配有5～6股的股份。2017年村民股份分红平均每人1395元。

村集体经济收入来源有两方面：一是物业收入，村出租楼房、铺位共计7080平方米；二是约17.5亩（1.17公顷）土地出租收入。2017年村集体经济纯收入118万元。

（3）基础建设情况。

1985—1990年已实现村路全面水泥路面化，村路总长2.5千米。村内排污渠实现硬底化。村民住房厕所在 2008 年全部完成无害化改造。村委会和各自然村建有文体活动中心、活动场地，设施齐备。完成了农村电网改造，村内供农业和民宅用电的变压器 5 台班 1000 千瓦时，电压及配送匹配，村民满意。还建有活动面积 1000 平方米、功能室配套齐全的普惠型的村办镇级幼儿园。2006 年至 2008 年连续三年创建成为省卫生村。

（4）新农村建设情况。

村容村貌改造是良村村新农村建设的主要内容。村委会根据集体经济状况，发动村民积极参与，借助政府的扶持和利用好"一事一议"的奖补政策，采用分段开展、逐年实施的办法。2010 年起不断对村内损坏的水泥路面和下水道进行翻修。2012 年，在全镇率先建设 24 小时值班监控平台，监控摄像头覆盖全村各主要出入路口，并逐年完善监控盲点，大幅减少罪案发生率。2015 年新建三良文化中心综合楼和重修祠堂及老人活动中心，总投资约 210 万元。2017 年对垃圾中转平台进行升级改造，共计投入 21 万元，升级完成后能承担村民的日常垃圾处理。

近几年的新农村建设，共动用资金 300 万元，政府扶持 80 万元，区老促会支持 3 万元，村民捐资 160 万元。通过一系列的村容改造，全村的面貌彻底改变，新农村建设效果显著。

6. 荷塘镇三丫村

（1）基本情况。

三丫村辖三丫、泰通里、沙滘、苍村、塘坦五个自然村，至 2002 年前归新会县（市）管辖，2002 年 6 月起划归蓬江区管辖。地处荷塘镇政府东北 1.2 千米。地域面积 2.25 平方千米。全村分设 10 个村民小组，人口 3650 人，1097 户。村内土地除工业用地、山林地、宅基地、村路基道和闲置地外，农业用地共计 1600 亩（106.67 公顷）。农业用地以鱼塘为主近 1281 亩（85.4 公顷），村内富余劳动力多到厂企务工或自主创业。

（2）经济建设情况。

村实行二级经济核算体制。村小组经济收入主要来源于土地承包租金、土地出租租金和部分物业场地租金。2017年村民小组经济收入合计共524.84万元。以村民小组为单位的股份社对享有集体股份的村民配有3~6股的股份。2017年村民股份分红平均每人1300元。

村集体经济收入来源有两方面：一是物业收入，出租楼房、铺位；二是村集体企业收入。2017年村集体经济纯收入67万元。

（3）基础建设情况。

中华人民共和国成立以来，村委会重视基础建设，不断改善村容村貌。早在20世纪90年代，实现村路全面水泥路面化，村路总长3.5千米。村内排污渠实现硬底化。村民住房厕所在2003年全部完成无害化改造。村委会和各自然村建有文体活动中心、活动场地，设施齐备。完成了农村电网改造，村内供农业和民宅用电的变压器9台班5000千瓦时，电压及配送匹配，村民满意。还建有活动场地面积2000平方米、功能室配套齐全的普惠型的村办江门市一级幼儿园。2014年至2017年三个自然村和三个片创建成为省、市卫生村。

（4）新农村建设情况。

村容村貌改造是三丫村新农村建设的主要内容。村委会根据集体经济状况，发动村民积极参与，借助政府的扶持和利用好"一事一议"的奖补政策，采用分段开展、逐年实施的办法。从2013年起，先后对三丫村村道、泰通里村道、沙滘村村道、苍村村道和塘坦自然村下水道进行改造，对公厕进行无害化处理，等等。

2014年起，新农村建设，共动用资金100多万元，政府扶持约30万元，区老促会支持20万元，村民捐资约70万元，通过一系列的村容改造，三丫村的面貌彻底改变，新农村建设效果显著。

（二）杜阮镇中和村、松岭村

1. 杜阮镇中和村

中和村地处新会、鹤山和杜阮交界，为偏僻贫穷小山村，中华人民共和国成立前有村民75户300多人。2004年总面积4.6平方千米，常住人口156户636人，2017年，全村有山林面积3650亩（243.33公顷），耕地面积255亩（17公顷），其中水稻面积120亩（8公顷），鱼塘300亩（20公顷）；有常住村民220户731人，外来人口280人。

改革开放后，中和老区在政府、民政部门和区老促会的重点扶持下，村委会发扬老区革命精神，艰苦奋斗，多渠道筹资，先后解决村的交通、供电、自来水三大难题。1995—1996年，镇、村投资430多万元开通了一条5.5千米的平大线（中和至江鹤路）三级水泥大道经鹤山的平岭与江鹤公路相接。1998—2001年，得到新会供电局、电信局和杜阮电视站的支持，先后投资400多万元改造了电网、架设通信宽带网络和有线电视传输线路；2002年，镇政府又投资110万元，从杜阮的龙溪接长6.3千米的自来水总管通到村；2003年，村又投入60多万元把自来水输送到各村小组和村民家中，使老区的基础设施得到完善。政府对老区的经济发展也给予指导和支持，利用优势发展农业和兴办工业，协助开发中和工业区，招商引资给予优惠政策，先后引进兴办起砖瓦厂、皮革厂、化工厂、木艺厂等14家企业。2005—2008年，投入300万元开发了虎山工业区；2004—2005年，村又投入50多万元在同古咀兴建了60多间建筑面积1400平方米的集体物业，用于出租给厂企；2009—2010年投入200多万元在同古咀兴建了三层的集体物业楼，占地面积500平方米，建筑面积1500平方米，用于出租给厂企，增加村集体经济收入。2010—2011年上级政府、区老促会支持20多万元，共投入90万元新建了村委会办公楼，占地180平方米，建筑面积480平方米；争取上级政府和部门投入了500多万元重新铺设改造平大线公路。2012—2013年投入300多万元改造自来水总管。2014—2017年投入160多万元（其中区政府、区农业局支持60多万元）在四个村民小组兴建了文化楼，建筑面积共1100平方米。2017年，投入100多万元（其中区委宣传部、区检察院支持30万元）建设了两个面积共8500平方米的文体广场。全村实现村小组道路硬底化，实现通电、通讯全覆盖，大大提高了与外界的文化和经济信息的交流。

2011年以来，中和村在上级政府和区老促会的大力支持下，还在中和村征地新建了江门市驾校考场，增加了村的集体收入。同时也增加了人流，带动了中和的商业和餐饮业发展。村级物业不断增加，集体经济得到较快的发展。2011年至2017年，物业建设总面积1950平方米。2011年至2016年，中和村集体收入实现平均11.9%的增幅，2017年村级集体经济纯收入150万元，比2010年98万元增长近一倍；工业总产值1.1亿元，比2010年4000万元增长近两倍。农村人均年收入1.5万元，比2010年1.04万元增加近5000元。2013年实现村集体"一级核算"经营管理，使总收入达250万元。2018年，在区老促会和政府支持下规划兴建4000平方米的物业综合楼。

2. 杜阮镇松岭村

松岭村在中华人民共和国成立前夕有村民278户980人，所辖面积3.05平方千米。2004年常住人口445户1489人。2016年有耕地面积460亩（30.67公顷），其中鱼塘80亩（5.33公顷），林地1000多亩（66.67公顷）。户籍人口483户1631人，外来人口4000多人。1993年7月经省、市政府批准为第二批抗日和解放战争时期革命老区。

松岭村是杜阮镇两个革命老区村之一。过去以种植水稻、花生、番薯、红烟等传统作物为主，耕地多属山坑冷底田和旱地，常遭旱灾，农业产值很低，村民生活困苦。20世纪80年代末还是一个集体经济纯收入不足3万元的扶持贫困村。村集体只有一些农作物、鱼塘和农产品加工站的收入。20世纪90年代初，镇政府调整充实了村领导班子，调整发展思路，开发工业区，走工业兴村之路，壮大集体经济。上级政府和区老促会不定期资助一定的资金支持松岭村的基础建设，新开了江鹤公路经井根进村的水泥路和松香山工业区连通杜阮北路的交通公路，改变了松岭村过去没公路可通车进村的困境。先后开发松香山和上岗两个工业区，走物业兴村之路。至2010年，全村已引进大小企业60多家，工业年产值超4亿元。1996—2007年，村集体利用转让土地款，先后在两个工业区投资兴建5座共2.3万平方米的厂房和铺位出租，年租金达200万元。村集体以土地入股与开发商合作建物业综合楼7900平方米，年租金29万元。2016年又在上岗工业区的官铺新建了五层5200多平方米的综合物业楼出租。村集体物业已达3.87万平方米，比2011年增加了近一倍。2016年村集体经济收入429万元，比2011年208万元增加了一倍多。在松香山工业区旁规划土地让村民自建商住房出租，面积达1.4万平方米，形成生活设施配套区，又增加了村民收入。

2002—2007年，在上级政府及市、区老促会的支持下，通过市、区、镇、村四级筹资的办法，帮助松岭村先后兴建老区纪念亭、老人活动中心、灯光球场和文体广场，还修葺旧祠堂和老人活动中心，办祠堂文化，陈列松岭革命斗争的史料和图片，成为杜阮镇中小学的德育基地。江门市五邑大学与该村挂钩联系，向该村捐赠一批图书和电脑设备，创办"农家书屋"，供村民阅览。

2016—2017 年上级政府和区老促会又支持村新建了两层的综合文化中心楼和村委会公共服务楼，改善了村委会的办公条件和增加了村民文化活动场所。据不完全统计，10 多年来上级政府及区老促会共支持松岭村各类建设项目达 10 多项，扶持资助资金达 200 多万元。

10 多年来，村还结合创建文明示范村的要求，把全村的巷路水渠全部铺设了水泥，实现了路面硬底化，还在各自然村新建了 5 个小公园，并配置了健身器材供村民锻炼，还根据发展需要新建了 5 个小型停车场点供村民或外来工免费停车。松岭村已彻底改变了过去的落后面貌，集体经济和村容村貌发生了巨大变化，10 多年来先后多次被评为市区基层先进党支部、企业发展及管理先进村；获省、市文明村和省、市文明卫生村，市文明示范村，省农村集体资产和财务管理示范村等 10 多项殊荣。

10 多年来，上级政府及区老促会支持松岭村兴建的主要项目情况：松岭村老人活动中心总投资 30 多万元，上级政府区老促会支持约 15 万元；松岭老区纪念亭总投资 8 万元，由上级政府区老促会资助建设；松岭文体广场总投资 97.3 万元，市、区政府及老促会扶持资金 30 万元；松岭综合文化中心楼总投资 41 万元，区"一事一议"资金扶持 8 万元；松岭公共服务站大楼主体工程 74 万元，区、镇扶持资金 60 万元；松岭公共服务站大楼及老人活动中心装修、设备设施 66 万元，区镇扶持资金约 38 万元。

（三）棠下镇三堡村

三堡村位于蓬江区棠下镇西面，东接棠下镇中心村、桐井村，南连莲塘村，西北与鹤山雅瑶水沙、罗帷洞等村接壤，距离棠下镇政府 2.5 千米。三堡村山丘连绵起伏，翠绿掩映，厂区林立。全村面积 8.7 平方千米，辖 11 个自然村，17 个村民小组，有 691 户 2512 人，实际在村人口 1667 人，常年在城镇生活有 845 人，外来人口1万余人。2011年村集体总收入725.2万元，2017年村集体总收入1055.38万元，同比增长45.5%。

三堡村从抗日战争到解放战争，一直是新会著名的革命老区之一（今属江门市蓬江区），历届村党支部、村委会（管理区）在各级党委、政府的指导和带领下，发扬革命老区光荣传统，带领全村人民，坚持走"强村富民"路子，一手抓经济，一手抓民生，使全村经济及社会各项事业得到较快发展，村民生活日益改善。党的十九大后，三堡村以"乡村振兴战略"为发展宗旨，逐步推进集体全面发展，以实施党建为契机，结合实际，走出独具三堡特色的发展模式，利用江门市先进制造业江沙示范园区、两高速、一铁路，以及丘陵山区优势，大力发展三堡村经济。

1. 发展经济，脱贫致富

三堡村原来主要以种植水稻、花生、红烟、番薯等传统农作物为主。改革开放后，为进一步提高农业经济产值，大力发展养殖业，把鱼塘承包给农户养殖鱼虾，及养殖生猪、鸡等。1993年，为进一步实现"工业兴村"，设立"三堡村工业区"，先后引进协同玩具厂等港资企业，增加集体收入。2005年，市、区两级政府为进一步整合打造优质产能工业，对三堡村进行征地，建立江门市先进制造业江沙示范园区，园内有海信、康师傅、蒙德电气、帝晶、江粉等大型高端企业。三堡工业区也先后有10余家企业进驻，村集体收入不断增加。

随着园区的建设发展，外来人口不断增多，村民把旧房屋进行改造建设，经营商铺、餐厅，出租住房，增加收入。部分村民进入企业务工，村民收入来源有务工工资、房屋出租、村集体分红、自留地出租金补偿等。很多家庭新建了住房，购置家用小汽车和家电等，至2017年全村人均年收入2.8万元，全村村民已脱贫。

2. 环境治理，民风向好

三堡村在抓好经济发展的同时，坚定推进生态文明建设。近年来，三堡村"两委"班子在蝴蝶峪水库周边及辖区内荒山种植树木2000多株，对违建、违填、污臭河流进行大力治理，拆除违法用地建筑物面积500多平方米，督促违法用地者复耕复绿，妥善解决好部分群众，特别是困难群众的实际问题，对三堡区域内养殖生猪污染源进行合理拆除。对区域河流清淤、清污疏浚治理，实现了零新建、零上访、零事故、零伤亡。

三堡村还以村民小组为基本单位，建立垃圾收集点，聘请工人做好保洁，还进行村容村貌整治工作。三堡村呈现一派欣欣向荣的景象：小孩在篮球场嬉戏玩耍；年轻人改变了以前聚众赌博的陋习，闲时组织一些篮球竞技比赛，老人们围着石桌休憩促膝长谈，夜晚中年妇女在开阔平坦的篮球场上跳广场舞等，村民真真切切地感受到美丽乡村建设带来的崭新变化。

3. 民生惠普，宜居乡村

三堡村"两委"班子通过各种渠道筹集资金，不断推进新农村建设。将村小组的道路、巷道全路硬底化，家家户户通水、通电、通讯网络，新建文体中心（包括篮球场）2个，新建垃圾中转站1个，全村参加新型合作医疗保险；人均基本公共卫生服务经费从25元提高到30元；学龄儿童入学率达100%，小学毕业升初中率达100%；三堡至棠下的新棠路、堡棠路、金桐路以及11个自然村道路全部完成路灯安装工程。每年春节、中秋节、重阳节，村中都开展篮球赛、舞火龙、广场舞等活动，为宜居美丽文明乡村打下坚实基础。

现在的三堡村，厂房林立，路成网，村在林中，树在院中，人在绿中，呈现一道亮丽的风景线，诠释着"产业兴旺、生态宜居、乡风文明、治理有效、生活富裕"的新目标，村民的生活环境发生了巨大变化，人均收入得到较大的提高，描绘出三堡乡村生态宜居的美丽新篇章。

二、"三农"工作取得实效

蓬江区贯彻中共十八大提出的推动城乡发展一体化方略，蓬江区委、区政府坚持以习近平新时代中国特色社会主义思想为指导，深入贯彻落实习近平总书记重要讲话精神，加强党对"三农"工作的领导，牢固树立新发展理念，紧紧围绕统筹推进"五位一体"总体布局和协调推进"四个全面"战略布局，坚定不移实施区委"1328"〔一个区领导班子核心，稳定、发展、改革三大板块，滨江（棠下）、城区中心两大片区以及"兴业惠民、治吏简政"八字方针〕工作策略，坚持农业农村优先发展。按照产业兴旺、生态宜居、乡风文明、治理有效、生活富裕的总要求，建立健全城乡融合发展体制机制和政策体系，统筹推进农村经济建设、政治建设、文化建设、社会建设、生态文明建设和党的建设，加快推进乡村治理体系和治理能力现代化，加快推进农业农村现代化，努力为广东在实施乡村振兴战略走在全国前列作出应有的贡献；让农业更强、农民更富、农村更美，为蓬江区在决胜全面建成小康社会、建设社会主义现代化提供有力支撑。始终坚持把解决好"三农"问题作为重中之重，持续加大强农惠农富农政策力度，扎实推进农村改革发展稳定各项工作。实施农村集体经济发展财政扶持政策，使全区农村面貌发生了翻天覆地的变化，农村集体经济取得了快速平稳的发展，为全区加快实施乡村振兴战略打下了扎实的基础。具体表现为：

（一）农村基层党建有效夯实

结合驻点直联将党员干部下沉到基层一线，全力抓好软弱涣散党组织整顿工作，着力解决基层治理源头性专项问题，排查化解农村隐性矛盾，进一步密切党群、干群关系，有效提升基层组织战斗力。在2017年"两委"换届选举中实现了"两个100%"[村书记（社区书记）、村主任（居委会主任）"一肩挑"和"两委"交叉任职比例均达到"100%"]和"两个零"（无发生群体性事件、无有效投诉）的工作目标。

（二）农村集体经济持续发展

据统计，截至2017年年底，全区集体资产资金总值合计约90.6亿元，同比增长25.8%。除去生产经营性集体企业资金资产，全区集体资产资金总值合计74.74亿元，占全市总量的68%，位居全市第一，全省第七。75个集体经济组织总收入14.47亿元，同比增加17.5%，所有集体经济组织收入继续超200万元，位居全市第一；村级集体物业面积达704.48万平方米，收入达4.18亿元，同比增长9%。

（三）农村综合改革初见成效

基本完成农村土地承包经营权确权登记颁证工作，颁证率达98.1%，位居全市第一。以环市街为试点，成功探索经联社"社委"任期延长至6年管理模式，系全省唯一。通过开展内审建制，进一步深化完善具有蓬江特色的"三资"管理制度体系，实现"政经分开"纵深推进，圆满完成棠下镇新昌村、杜阮镇瑶村"村改居"工作，全区"村改居"集体经济组织达20个。

（四）农村环境整治优化上档次

近三年来，以抓紧全域推进农村人居环境综合整治和社会主义新农村示范村建设总体工作为重点，各级累计投入7000万元，实施村级公益事业"一事一议"项目259项，大幅改善农村村容村貌，持续提升优化农村生产生活环境，基本完成全区农村环境整治工作，2017年获得全省新农村建设争先奖，为进一步高品位推进美丽乡村建设奠定坚实基础。

三、实施乡村振兴计划

进入新时代，蓬江区的"三农"工作已站在了新的起点上，区委、区政府认真落实以习近平同志为核心的党中央决策部署，立足过去打下的工作基础，举全区之力把乡村振兴战略谋划好、实施好，奋力书写新时代蓬江"三农"工作新篇章，确保总书记"三农"思想在蓬江区落地生根、结出丰硕果实。

蓬江区把今后农村工作按照"3年取得重大进展、5年见到显著成效、10年实现根本改变"要求，全面实施乡村振兴战略，为2035年乡村振兴取得决定性进展、2050年实现全面振兴奠定坚实基础。蓬江区将实施乡村振兴战略目标任务分为以下几个阶段：

第一个阶段（2018—2020年）。到2020年，乡村振兴取得重要进展，高质量全面建成小康社会。城乡融合发展体制机制初步建立；农业综合生产能力稳步提升，现代乡村产业体系初步建立；党的农村工作领导体制机制全面建立，农村党组织体系进一步健全；全区75个行政村、社区（含20个"村改居"重点社区）全面完成"三清理""三拆除""三整治"农村环境整治工作任务，60%以上村（居）达到美丽宜居村标准，全区所有农村集体经济组织村、组两级合计总收入超250万元，现行标准下城乡相对贫困人口全部实现高质量脱贫。

第二个阶段（2021—2022年）。到2022年，乡村振兴取得重大提升，城乡融合发展体制机制基本健全。现代化乡村产业体系、生产体系和经营体系初步形成；乡风文明持续改善，美丽宜居乡村建设取得重大成果，乡村基础设施和城乡基本公共服务均等化基本实现，80%以上村（居）达到美丽宜居村标准；党建引领基层治理作用明显，现代乡村治理体系基本建立。

第三个阶段（2023—2027年）。到2027年，乡村振兴取得战略性成果，全面构建城乡融合发展体制机制。城乡基本公共服务均等化水平进一步提升，城乡融合发展体制机制更加完善；乡村产业现代化水平显著提升；乡风文明达到新高度，乡村治理体系更加完善，党的执政基础全面巩固，率先基本实现农业农村现代化、基层治理体系和治理能力现代化；农村生态环境根本好转，美丽宜居乡村建设目标全面实现，全区乡村普遍建成美丽宜居乡村示范村；全区所有农村集体经济组织村、组两级合计总收入超300万元。

到2035年，乡村振兴取得决定性进展，农业农村现代化基本实现。到2050年，乡村全面振兴，农业强、农村美、农民富全面实现。

全区经济建设和社会发展

一、发展概况

2017 年，全区全面贯彻党的十九大精神，以习近平新时代中国特色社会主义思想为指导，深入贯彻习近平总书记对广东重要讲话精神，围绕区第九次党代会的决策，围绕"兴业惠民、治吏简政"决策部署和区委"1328"工作策略，锐意进取、担当作为，持续深化供给侧结构性改革，构建全面开放新格局，经济社会呈稳中有进的发展态势。

（一）综合

2017 年全区实现地区生产总值 685.54 亿元，2011 年实现地区生产总值 430.85 亿元，2017 年与 2011 年相比增长 59%。分产业看，相比 2016 年，第一产业增加值 7.08 亿元，同比下降 2.3%；第二产业增加值 317.1 亿元，同比增长 8.4%；第三产业增加值 361.36 亿元，同比增长 8.8%。在第三产业增加值中，交通运输、仓储和邮政业增长 5.3%，批发和零售业增长 5.6%，金融业增长 2.4%，其他服务业的营利性服务业增长 22.7%，房地产业下降 2.3%。三大产业结构为 1：46.3：52.7。人均地区生产总值 91859 元，同比增长 7.4%。

年末私营企业 1.96 万户，从业人员 14.22 万人，注册资金 374.22 亿元，分别比上年增长 12%、7.8% 和 27.2%。个体工商户 5.69 万户，从业人员 8.56 万人，注册资金 13.52 亿元，分别增长 9.3%、10.2% 和 14.1%。

（二）农业

2017 年，全区实现农业总产值 14.37 亿元，同比下降 2.5%。其中种植业产值 2.92 亿元，同比增长 2.1%；林业产值 51.32 亿元，同比增长 10.5%；牧业产值 7.65 亿元，同比下降 7%；渔业产值 3.5 亿元，同比增长 1.7%；农林牧渔服务业产值 0.15 亿元，同比下降 3.1%。

（三）工业和建筑业

2017 年，全区实现规模以上工业增加值 294.62 亿元，同比增长 9.2%，其中，轻工业增加值 175.13 亿元，同比增长 14.9%；重工业增加值 119.49 亿元，同比增长 4.3%。

全区资质等级以上建筑企业 71 家，实现总产值 32.78 亿元，同比增长 11.5%；增加值 12.37 亿元，同比增长 2.5%；竣工产值 12.70 亿元，同比下降 9.2%；新签合同额 32.67 亿元，同比增长 5.12%；施工面积 226.86 万平方米，同比增长 32.9%；竣工面积 55.08 万平方米，同比下降 20.4%；竣工价值 6.6 亿元，同比下降 25.9%。

（四）固定资产投资

2017 年，全区固定资产投资 370.4 亿元，同比增长 16.8%。分产业看，第二产业投资 101.84 亿元，同比增长 15.2%；第三产业投资 268.58 亿元，同比增长 17.5%。

（五）国内贸易

2017 年，全区社会消费品零售总额 271.97 亿元，同比增长 10.5%。分行业看，批发零售业零售额 259.6 亿元，同比增长 11.1%；住宿和餐饮业零售额 12.37 亿元，同比下降 1.1%。

（六）对外经济

2017年，全区进出口贸易额383.92亿元，同比增长14.2%。其中出口331.5亿元，同比增长15.1%；进口52.42亿元，同比增长8.8%。全区新签合同外资1.72亿美元，同比下降20.5%；实际利用外资0.91亿美元，同比增长176.5%。

（七）财政和金融

2017年，财政收入稳定增长，全区地方财政一般预算收入24.17亿元，同比增长10.8%；地方财政一般预算支出33.85亿元，同比增长10.4%。

2017年年末，金融机构人民币存款余额276.16亿元，同比增长12.5%，其中：企业存款余额63.65亿元，同比增长3.3%；城乡居民储蓄存款余额160.56亿元，同比增长6.6%。金融机构人民币贷款余额159.43亿元，同比增长5.8%，其中：短期贷款余额68.62亿元，同比下降18.4%；中长期贷款余额90.81亿元，同比增长36.5%。

（八）教育、科学技术和卫生

2017年，全区普通高中招生1190人，在校学生3304人，毕业生949人。初中招生7281人，在校学生20197人，毕业生5618人。小学招生10370人，在校学生58554人，毕业生8668人。幼儿园入园幼儿6072人，在园幼儿20541人。小学学龄儿童入学率102.5%，小学升学率100%，初中适龄少年入学率109.8%，初中升学率100%，普通高中升学率94.4%。

2017年，全年地方财政科学技术支出（区本级）1.3亿元，同比增长10.7%。规模以上工业企业拥有研发机构174个。市级新型研发机构5家，工程技术研究院中心240家，高新技术企业192家。组织企业申报省级科技项目35项，申报市级科技项目283项。专利申请量5012件，其中发明专利1231件。专利授权量

2464 件，其中发明专利授权量 161 件。

2017 年末区属卫生计生机构（含各类门诊，下同）163 个，其中医院 2 间，卫生院 3 间，社区卫生服务机构 5 个，村卫生室 37 个。全区卫生机构在岗职工 2602 人，同比增长 6.5%；其中卫生技术人员 2268 人。卫生技术人员中执业医师 646 人，执业助理医师 855 人，执业护士 938 人，药剂人员 154 人，检验人员 137 人。拥有医疗床位 1794 张，其中，医院 1150 张。

（九）人口和人民生活

2017 年，年末常住人口 74.96 万人，年末全区家庭户 16.57 万户，户籍总人口 50.46 万人。其中棠下镇户籍人口 7.29 万人，荷塘镇户籍人口 4.75 万人，杜阮镇户籍人口 4.91 万人，环市街道办事处户籍人口 10.78 万人，潮连街道办事处户籍人口 1.29 万人，白沙街道办事处户籍人口 21.44 万人。其中：男性人口 24.87 万人；女性人口 25.59 万人。出生人口 9701 人，人口出生率 19.2‰，出生人口男女婴儿性别比为 107：100。人口死亡率 6.6‰，人口自然增长率 12.6‰。全区有 32 个民族，其中汉族人口最多。2017 年迁进人口 6071 人，迁出人口 3381 人。

全体居民人均可支配收入 41161.87 元，同比增长 9%。

2017 年，城乡最低生活保障对象 2076 人；发放低保救济金 1329.54 万元，同比增长 14.5%。发放医疗救助 7113 人次，比上年增加 110 人次，同比增长 1.6%；发放救助金 368.59 万元，同比下降 21%。全区五保供养人数 83 人，减少 17 人；全年落实供养经费 124.25 万元，同比下降 0.1%。

（十）产业发展概况

1. 摩托车及配件产业

摩托车及配件产业是蓬江区的传统支柱产业，产业配套完善，产业集聚优势明显。蓬江区摩托车产业已形成集聚效应，全区现有摩托车整车企业 9 家，占全市的 60%，摩托车规模以上配套企业 37 家，拥有豪爵、豪天、火鸟和豪江等 10 多个摩托车自主品牌。2017 年，全区规模以上摩托车及零部件企业实现工业总产值212.5 亿元，同比增长 18.9%，占全区工业总产值的比重为16.9%，比重排名居传统五大产业的第二位。

蓬江区摩托车产业骨干企业——大长江集团是中国最大的集研发、销售和服务于一体的摩托车企业，是江门市 3 家列入广东省支持大型骨干企业之一。2017 年，大长江集团产量超 200 万辆，占全国摩托车产量的 11.2%，占全区摩托车产量的 85.3%。

2. 智能制造产业

蓬江区以滨江新城产业园获得省、市共建战略性新兴产业基地（广东省智能制造示范基地）为契机，以滨江新城产业园、珠西智谷为重要载体，加快发展智能制造产业。其中，蓬江区以海信（江门）工业园为龙头，发展光通讯和视像装备生产基地，重点发展电子信息产业。2017 年，电子信息产业实现产值 238.25亿元，同比增长 14.1%，占全区工业总产值的比重为 18.9%，比重排名跃居全区五大产业的第一位。

此外，以科杰自动化为龙头，做大智能制造装备产业。先后吸引江粉高科技产业园、蒙德电气、珠西智谷装备制造协同创新研究院等落户。同时，与珠西智谷装备制造协同创新研究院、广东省激光产业协会等平台加强合作，依托平台的科研背景及行业资源，开展产业招商、平台招商。2016 年以来，先后引进海目星、聚金激光、诺贝电机等企业。

3. 健康食品产业

健康食品产业是蓬江区重点发展的主导产业之一，近年来，依托滨江新城食品产业园，紧抓被评为广东省唯一的国家级健康食品园区——国家新型工业化产业示范基地的契机，先后吸引康师傅、天地壹号、香飘飘、美心食品、滨崎食品等优质项目。2017年，健康食品产业产值15.62亿元，同比增长18.2%，占全区工业总产值的比重为1.3%。

4. 化工制品产业

化工制品产业作为蓬江区主导产业之一，主要分布在滨江新区、杜阮镇，以嘉宝莉、江门制漆厂、瑞期精细化工为重点企业。2017年，全区规模以上化工制品企业实现工业总产值125.13亿元，同比增长8.4%，占全区工业总产值的比重为10%。其中，嘉宝莉实现产值19.96亿元，占化工制品产业总产值的16%。

5. 五金卫浴产业

2017年，全区规模以上五金卫浴企业实现工业总产值111.29亿元，同比下降3.5%，占全区工业总产值的比重为8.9%。全区现有五金卫浴生产企业500多家，知名品牌包括乐家、美标、金凯登等。

6. 教育装备产业

蓬江区以打造"中国教育装备之城、中国教育培训之都"为目标，紧抓"一城、一区、两院、两馆、一中心"的规划建设，计划在未来5年至10年打造全国首个以教育装备产品研发、生产、检测认证及体验、展示、交易的全产业链平台。目前蓬江区已建成南方教育装备创新产业城、南方教育装备研究院、海峡两岸装备合作示范园区等平台，并创造了多个全省、全国之首，建成中国首个智慧校园展示中心、成立全国第一所教育装备学院以及广东省首个教育装备研究院，初步形成了以南方教育装备创新产业城为核心的产业集聚区。

二、滨江新区

滨江新区位于江门市北部，全区面积138平方千米。该区域划分为中央商务区（CBD）、核心生活区、生态旅游及田园生活区、西南部工业区、高新技术产业区、商业展览区、科研教育区等十片功能区。滨江新区是具有现代化气息、功能完善、环境优美的滨水园林新城区，具备居住、商务、旅游、文化、行政等综合功能，富有侨乡特色、生态特色、水岸特色。

（一）发展历程

2002 年 6 月由于区划调整，新会撤市设区，原属新会的棠下镇归入江门市区（划归蓬江区）。发展空间的变化，给蓬江区带来难得的拓展机遇。

2003 年 6 月江门市政府提出"三大组团"和"五大工程"，其中滨江新区、滨江大道各占其一，"滨江新区"也成为体现新思路的产物。同年 9 月滨江大道 1.5 试验段动工建设，被称作"新世纪江门第一工程"。

2004 年江门市首次聘请国外公司到滨江新区进行城市规划设计。2005 年 1 月 10 日，备受社会各界关注、被誉为新时期"江门第一工程"的滨江大道全线开工。2006 年党代会确定明确力争用 20 年时间建成"宜居、宜业、宜游"的滨水园林新城区，这标志着滨江新区决策正式出台。

滨江大道于 2007 年 5 月全线通车，新汽车总站也在北郊选址，政府机关相继向北新区搬迁，高尔夫一号、珠江地产等开发商开始在滨江新区最南端布局。

2008 年 6 月滨江新区启动区征地展开，面积 10540 亩（702.67 公顷），分两期进行。2009 年 8 月滨江新区启动区建设举行开工典礼，新区建设全面启动。

2010 年滨江新区开发建设已完成投资 10.8 亿元，13 项基础设施建设全面启动。2011 年市本级商住用地出让收入约为 21.2亿元，滨江新区商住用地出让收入为 11 亿元，约占 52%。

2015年3月滨江新区党工委、滨江新区管委会和棠下镇党政机构合署办公，实行一个机构、两块牌子管理，并撤销江沙示范园区（大部分位于棠下镇）管理委员会、江沙示范园区建设协调小组，其职能并入滨江新区（棠下镇）党工委、管委会。

2018年1月，江门市委、市政府将滨江新区全权委托蓬江区委、区政府管理，滨江新区党工委、管委会分别与蓬江区委、区政府合署办公，实行"一个机构、两块牌子"，一体化运作。

（二）发展定位

滨江新区的发展定位是依托西江，承接广佛，发挥创新驱动引擎作用，建设成为集大制造、大数据、大健康产业于一体，产城人融合发展、宜居宜业宜游的现代化生态园林新城。

滨江新城不仅拥有良好的生态环境、丰富的土地资源和深厚的文化底蕴，交通区位也十分明显。区域内沈海高速、广中江高速、江肇高速、江门大道、江顺大桥、滨江大道、广珠铁路和即将建设的广佛江珠城际轨道、南沙疏港铁路等区域交通走廊贯通纵横，1.5小时内通达珠三角及港澳城市群、有活力的发展区域和消费市场。

作为江门市北部发展战略的主阵地，随着南部启动区、西部工业区以及北部生态旅游区的加快建设，特别是银葵医院、浪潮集团等重大项目落户，滨江新城面临着新一轮大发展、大跨越的黄金时期，有着广阔的发展空间和无限的发展商机。

至2017年，滨江新城已有奥园、保利、碧桂园、骏景湾、恒大、深圳华湾、越秀地产等多家房地产公司进驻。已建成交付使用的项目有：珠西会展中心、体育中心场馆和公交汽车站。

（三）产业规划

（1）要建成江门市首个千亿元级产业示范基地。以滨江新区产业园为载体，强化全产业链招商和大项目落地，重点发展电子信息、智能家电、精密机械等主导产业。大力推进国家新型工业化产业示范基地、广东省智能制造示范基地、广东省产业集聚发展示范基地建设，打造先进制造业发展集聚区。抓住激光产业发展机遇，迅速形成集聚效应，打造集激光产业园、激光大道、激光小镇、激光公园于一体的产业集聚高地。利用省下放省级经济技术开发区审批权限的有利时机，积极申报省级经济技术开发区，提升滨江新区经济发展和对外开放水平。构建完善的大健康产业体系，打造粤港澳大湾区健康疗养、健康食品明星品牌。以大雁山森林公园创建国家 AAAA 级旅游景区、龙舟山创建省级森林公园等为依托，以西江岸线为纽带，积极推进旅游项目招商工作，大力发展山地生态旅游和森林生态旅游，打造粤港澳大湾区生态休闲旅游区。

（2）要建成江门市企业总部经济基地。引进一批大型央企、知名民企和国际大型商贸企业参与滨江新区建设。强化招商引资，重点吸引世界 500 强、中国 500 强及行业龙头企业的区域总部进驻，扶持本地总部企业发展。对入驻滨江新区的大企业、大项目实行"一企一策""特企特策"，享受重大项目绿色通道服务。推动企业总部经济基地与江门人才岛对接融合，强化产业、人才、文化、旅游等资源的互通互联。

（3）要建成江门市现代服务业集聚区。重点发展高端金融、商务会展、现代物流、研发设计、文化创意、服务外包、电子商务等新兴业态，支持现代服务业重大项目优先落户。集聚国内外优质教育资源、高端医疗资源。推动广东珠西国际会展中心加入全球展览业协会，提升展会国际化、市场化、品牌化水平。依托市体育中心，加强与国家体育总局对接，规划发展现代体育产业。

三、大长江摩托集团

20 世纪 80 年代末，国内许多地方都先后创办摩托车生产企业。

1991 年 11 月，由江门市郊区政府（蓬江区政府的前身）抓住机遇参股的江门市大长江摩托车实业总公司（大长江集团有限公司的前身）在辖区双龙工业区挂牌成立。1992 年初，大长江摩托车实业总公司与英属维尔京群岛华德集团有限公司分别出资 235 万美元和 245 万美元组建大长江集团有限公司（简称大长江），在征购的一块 82.5 亩（5.5 公顷）荒地上兴建厂房，第一期基建工程于当年 12 月 15 日竣工。宽敞整齐的冲焊、涂装、总装生产厂房和明亮的办公大楼拔地而起。大长江从此进入创业阶段，当年生产销售 2662 辆摩托车，获利 98 万元。1993 年春，大长江总建筑面积达 1.8 万多平方米的厂房建成，先后新建总装、涂装、冲焊、油箱、发动机等生产线，以及相关辅助设施，组建总装、涂装、冲焊三大生产部门。自此，大长江集团开始投入批量生产，具备年产 5 万辆整车的生产能力。

大长江成立之初，资本积累、技术力量都很薄弱，加上国内摩托车市场已被 100 多家摩托车企业瓜分，同时进口车占领着中国摩托车的高端市场。为在竞争中求得生存，厂领导层将关键指向质量，以质取胜。为大长江发展定下基调：生产 100% 达到日本铃木技术标准和质量水平、打造国际品质的摩托车。1992 年，大长江寻求技术合作，开始与日本铃木株式会社接触，就有关车型的技术引进达成协议。1993 年 6 月，大长江与日本铃木株式会社签订 GN125 车型的技术引进合同，开始技术合作之路。大长江坚持高起点、高标准，提出"100% 达到铃木水平，做国际品质摩托车"的战略目标，坚持"国际品质，仅出精品"，进行零部件国产化。公司认为：一个好企业应该是三分人才，七分管理。
自建厂开始，就注意抓好生产现场管理，为企业提高产品质量、
生产效率、控制生产成本等提供保障。大长江先后出台《综合管
理制度》《仓库管理制度》等管理办法。1994 年，引入"5S"
（即 Seiri 整理、Seiton 整顿、Seiso 清扫、Seiketsu 清洁、Shitsuke
素养）现场管理，结合实际，系统地学习、推进、全面开展
"5S"活动。总装一部摩托车以前换线要停 120 分钟，推行"5S"
现场管理后，缩短在 5 分钟以内。

　　1993 年以前，总装整车生产用时为 240 秒/辆，推行"5S"
后，同品种的整车生产用时缩短为 37 秒/辆。随着市场需求增大，
生产能力成制约企业发展的瓶颈。1996 年 1 月，大长江第二期工
程正式动工，1997 年 2 月交付使用，总建筑面积 5.2 万平方米。
二期工程新建 2 条涂装生产线、2 条总装生产线、2 条包装生产
线、1 条注塑生产线、3 条车架生产线以及 4 条悬链输送系统。至
此，大长江具备年产 50 万辆整车的综合生产能力，而总装线已达
到年产 80 万辆整车的生产能力。1997 年，大长江摩托集团获得
国家技术监督局颁发的"采用国际标准产品标志证书"，生产的
GN125 摩托车 100% 达到了铃木公司原装车水平，得到市场的
认同。

　　二期工程竣工后，大长江高层又酝酿开发生产发动机的华铃
系统工程，于 1997 年 2 月动工兴建。整个工程建设项目包括压
铸、涂装、机加、热处理、装配等 23 条生产线，以及与之匹配的
水电气设施、配套件立体库、计量室、磨刀间等辅助工程。1998
年 6 月，完成该项工程建设，包括设备安装调试，批量生产。该
项工程建成投产后，使大长江具备年产 80 万辆整车和 80 万台发
动机的生产能力。

　　开发有自主知识产权的新产品，是大长江公司研发工作的重

中之重。到20世纪90年代中期，利用铃木技术，结合国内消费市场的习惯因素，于1998年研发成功一款属于大长江人自己的产品——"钻豹"摩托车，送往日本铃木公司试验检测表明，100%达到进口车的质量水平。经过不断改进，"钻豹"得到进一步完善和升华，"钻豹"的成功让大长江人坚定自主开发的信心。1998年，大长江开展QC管理小组活动，解决生产中遇到的实际问题，实施严格的质量责任制。此后，在企业内部设立"国际水平奖""质量攻关奖"等奖项，对那些在质量工作中做出成绩的员工予以重奖。为加快企业与用户的沟通，及时有效地处理市场质量反馈信息。2000年6月，大长江在行业内率先开通24小时"质量热线电话""质量反馈传真"。依靠员工的智慧是大长江人企业管理的法宝。大长江创建一套完善的提案管理系统：一是设立提案管理办公室，派专人负责全公司的提案管理，对收到的提案及时审理、及时实施，严格把关，严格考核，落到实处；二是抓提案培训，员工从入厂就要接受提案培训，明白什么是提案，怎样写提案；三是拨专款设立提案奖，除设立额度较小的提案采纳奖以外，公司还设立额度较大的年度优秀提案奖，对取得较大经济效益和管理效益的提案人予以重奖。是年，公司共收到员工各类提案484项，其中被采用271项，实施246项，创造经济效益达49万元。2000年，收到提案1.13万项，其中被采纳5591项，实施4782项，创造经济效益824万元。

20世纪90年代初，摩托车市场属卖方市场，产品供不应求，产量、利润一路上扬。大长江认识到，必须走一条与同质化有差异性的营销路子，走出自己的特色。1994年，大长江提出"精雕细琢"的理念，全方位抓产品质量。产品质量过硬，以质量赢得市场良好的口碑，产品供不应求。在营销方面，大长江抓重点市场。起步创业阶段主攻福建、广东和冀、鲁、豫、晋、陕、辽、内蒙古等市场，为市场营销打下良好基础。1998 年，大长江率先在行业内实行优于国家规定的"一年内1.25万千米'三包'服务承诺"，率先在行业内全面建立电脑用户档案，率先在行业内全面进行用户温情回访。2000 年，大长江摩托车产量35.03万辆，销售量32.53万辆，产、销量分别是1992年的131.61倍和122.22倍。

　　2001 年，大长江生产的"豪爵"牌摩托车被国家质检总局评为"中国名牌产品"，各项经营指标保持着持续稳定的快速增长。在成绩面前，他们一致认为，企业要保持不败，就要不断进取，不断改进。为满足市场需求，提高产能，先后增设生产线，筹建物流中心及CKD（Completely Knock Down 全散件）厂房，使综合产能得以提高。2002 年9月，在大长江合资建立"铃木摩托车研究开发有限公司"，研发公司的硬件设施按国际标准配置，负责中小排量摩托车和发动机的开发。10月，大长江适时制定"勇攀质量高峰，为顾客制造最满意产品"的质量方针。此后，公司的质量管理从以前单纯的条款约束不断升华，营造浓厚的质量文化氛围。提出"重商品更重人品，人品是商品的基础，商品是人品的体现"。编写各种质量格言警句："质量面前人人都是总经理""不讲质量的员工不是合格的员工""产品从哪里流过，哪里就对产品质量负责"等。在全公司掀起"不接受不良品、不流出不良品、不制造不良品"的"三不"热潮，使每一个员工都树立起"下道工序就是顾客"的顾客至上理念。通过各种强势质量理念和质量文化的有效建设和全方位渗透，员工形成一种共同的质量价值观：做好质量是自己的天职；时刻保持着清醒的生存危机感：质量升，企业进；质量降，企业亡。"钻豹"研发成功后，大长江紧密结合市场，随后开发"福星""红巨星""蓝巨星""时代之星""银豹"等多款车型，利用产品的通用性、互换性，衍生出16大系列、147个品种的产品，满足市场的各种个性化需求。
2004年，大长江总占地面积707.7亩（47.18公顷），建筑面积
32.62万平方米，具备年产180万辆整车和180万台发动机的生产
能力。产品有跨式车、踏板车、弯梁车和发动机共4个大类，其
中摩托车有36种车型、186个品种、593种花色，发动机有15种
机型、68个品种。是年，生产各款摩托车达151.04万辆，销售
150.53万辆，实现税收8.53亿元。继2003年之后，产销量、综
合经济效益、上交国家税金等各项经济指标均居行业第一位，连
续2年入选"中国企业500强"。在2004年的"中国500最具价
值品牌"评比中，"豪爵"品牌价值达59.88亿元，居国内同行
第一，成为广大消费者选购摩托车的第一品牌。

2004年，大长江集团累计实现税收33亿元人民币，共发展
438家配套厂，其中江门地区有45家，带动了江门地方经济的发
展，为社会提供了十多万个就业岗位。大长江十多年中在取得巨
大经济效益的同时，热心参与社会公益事业，捐资扶贫，赈灾助
学，受到江门市、蓬江区政府多次表彰。

四、珠西智谷

珠西智谷于2015年5月28日正式挂牌，是江门市委、市政
府贯彻国家"大众创业、万众创新"和广东省委、省政府"珠西
战略"，以创新驱动为抓手，重点打造的全国小微企业创业创新
核心基地。

珠西智谷地处江门城市主轴——江门大道两旁，总规划面积
76.87平方千米，核心启动区12.37平方千米，重点发展教育装
备、智能制造、生命科学三大产业。

珠西智谷已获得"全国小微企业创业创新城市示范核心基
地"称号，重点打造珠西智谷核心基地、南方教育装备创新产业

城等 2 个核心基地，建设智能装备制造创新产业园、生命科学产业园、广东第一创客街区、中欧（蓬江）小微企业国际合作区等10 个重点基地，成立由国家"千人计划"等领军人才组成的三大产业研究院。

珠西智谷重点发展"智能制造""生命科学""教育装备"三大产业，全面面向智能装备制造业、金融服务业、总部经济、生命科学产业、教育装备研发及制造、产学研、城市经济产业等招商。

（一）产业现状

珠西智谷现有产业主要集中在核心区内，核心区累计已建成创业创新平台 10 个，总建筑面积达 40 万平方米，已累计引进各类工业设计、科技孵化企业 500 多家，毕业企业 90 多家，多家企业已成功在天交所或新三板上市。

珠西智谷重点打造 6 大功能区域板块，包括科技企业孵化园区、现代金融服务区、企业总部园区、产业园区、配套园区和预留发展区，配套包括餐饮、购物、娱乐、休闲、人才公寓等生活、商业设施。

1. 科技企业孵化园区

汇聚研发设计、创意动漫、文化影视、"互联网＋"、成果孵化、技术交易转移、人才培训等，建设电子商务孵化场地和配套设施以及电子商务、物流交易平台，搭建起设计、展示、交流、交易的一站式产业平台，孵化一批高技术项目、高端人才创业项目，引导 2.5 产业的集聚，孵化面积达到 100 万平方米。

2. 现代金融服务区

重点集聚银行、证券、保险、小额贷款、风险投资、基金、上市辅导机构，并配套生活及商业设施，打造为珠西地区最大型金融创新服务平台。

3．企业总部园区

发展生产性服务业、销售服务业；提供总部、区域总部载体；提供产品营销、业务培训、研发设计、业务结算、办公等服务；建设总部载体超过150万平方米。

4．产业园区

以"研发＋生产"实现产业布局，为小微企业成果转化、成长壮大提供发展空间，重点支持教育装备、智能制造、生命科学等产业发展，形成珠西地区产业新的增长极。

5．配套园区

提供住宿、餐饮、医疗、入学、体育休闲等服务；建设星级酒店、中高端餐饮、医院、学校、体育公园、郊野公园等配套设施；新建商业、教文卫等面积超过100万平方米，大型公园3个。

6．预留发展区

预留孵化企业成长空间，探索战略性新兴产业的发展方向，延长产业链，为珠西智谷后续发展提供空间支持。

（二）未来发展布局

预计至2020年，可新增建设面积超过300万平方米，引进各类企业超过2000家，产值超过500亿元。未来5～10年将打造成为珠江西岸创新智慧集聚地、珠三角国家自主创新示范区重要组成部分。

五、教育装备

南方教育装备创新产业城位于江门市珠西智谷核心区，是珠三角现代产业发展轴与珠江西岸先进装备制造产业发展轴、粤西南经济圈与粤港澳都市圈交会的重要节点。乘坐广珠城轨40分钟可达广州南站，高速公路一小时经济圈覆盖整个珠三角和港澳地区。产业城坐拥珠三角，引领粤港澳，辐射大西南，是教育装备设计、研发、生产、交易、物流的绝佳地点。

（一）园区定位

以创新设计为抓手，以智能化教育装备的设计与研发为核心，以江门"珠西智谷"战略规划和江门打造全国小微企业创业创新示范城市为契机，建设以教育装备设计研发、互动体验、展示交易、产业孵化、观光旅游为一体的现代教育装备"智造"全产业链，打造中国教育装备创新发展的试验田。

（二）三大板块

（1）研发创新板块：围绕我国智能化教育装备产业进行创新设计和研发，并制定新的行业标准和发展方向。

（2）教育综合体板块：以观光教育、体验教育为切入点，打造集教育旅游，教育体验，教育装备博物馆、教育装备科学馆、创客中心为特色的教育体验区，结合教育地产、国际学校、教育商业、教育消费等教育领域新业态，打造我国新型的教育综合体。

（3）工业园区板块：为智能化教育装备研发设计企业的产品落地、教育装备创新产品的产业化、品牌教育装备入驻江门，统筹安排产业、交通及市政配套等各类要素，建设教育装备专属工业园区。

（三）四大平台

（1）教育装备研发设计公共服务平台：包括市场对接、人才引进及培训、知识产权转化、品牌推广、共性技术研发和金融服务等六大服务平台。

（2）设计大赛平台：创新大赛模式，举办"全国教育装备创新设计大赛""广东自制教具设计大赛"等一系列教育装备设计大赛，建立教育装备产业发展智库。

（3）运营管理平台：采取"整体运营＋深入服务"的模式，为入驻产业城的教育装备企业提供全方位、多功能五星级运营服务。

（4）政策平台：江门将为项目建立两大政策体系支撑：一是江门现有科技创新政策体系。二是江门制定的教育装备产业专项政策体系。加快发展教育装备创新产业。以打造千亿教育装备产业基地为目标，重点建设南方教育装备研究院、教育装备交易中心、海峡两岸青年创业创新示范园、应用培训中心、众创空间、教育装备博物馆及科技馆等主体板块。在杜阮建设教育装备产业园，发展集设计研发、展示体验交易、产业孵化为一体的现代教育装备全产业链，力争到 2020 年孵化教育装备规模科技创新型企业 200 多家，带动产值 1000 亿～1500 亿元，初步确立国际国内"江门教育装备"品牌和形象。

六、江门市先进制造业江沙示范园区

江门市先进制造业江沙示范园区位于江门市蓬江区棠下镇西部，到江门市中心城区仅 10 分钟车程，园区邻近有佛开、江肇、江番、江中、江珠等高速公路和广珠铁路，到江门高沙港外贸货运码头和荷塘货运码头仅 20 分钟车程，距国家一类港口仅 30 分钟车程。

园区按"七通一平"标准进行基础设施建设，规划配套了服务中心和学校、银行、酒店、商场、餐饮、公园等服务设施。园区管理公司承诺免费为企业提供全程的优质服务，包括投资咨询、项目报批等一条龙服务。对入园企业开通绿色通道，优先帮助落户园区的企业申报国家、省、市科技创新扶持资金。

（一）主导产业

园区设置了综合发展区、机械产业区、物流仓储区、生态区、配套生活区等五大功能区。已经形成了摩托车汽车及零部件、精密机械、新能源、新材料等具有竞争力的产业体系。重点引进央企、国内民营 500 强企业和世界 500 强企业，包括汽车零部件、摩托车及零配件、精密机械、电子信息、节能环保、新能源、新材料等产业。

（二）主要进驻企业

园区作为珠江三角洲最具活力的工业园之一，现已成为国际资本和产业的聚集地，先后吸引了中烟摩迪、大长江集团、万丰摩轮、嘉宝莉化工、三七新能源、金莱特电器、声威电子、沛力电机、意玛克户外设备、造隆汽车零配件等一批知名企业落户。园区累计落户外资企业 60 多家，民资企业 90 多家，其中超亿元的投资企业超过 30 家，年总产值超 300 亿元。

（三）园区产业链

（1）摩托车产业。蓬江区是全国最大的县级摩托车生产基地，是广东省摩托车生产专业区，具备年产 400 万辆摩托车的生产能力。以大长江集团为龙头，园区吸引了荣盛实业、万丰摩轮、巧荣机车部件、速可众机车部件、今朋机车等一批配套企业进驻，已形成了研发、检测、生产、销售、出口的完整产业链条和齐全的配套体系，具备较强的摩托车整车及零配件生产能力。

（2）汽车零部件产业。依托毗邻华南汽车制造中心，以及园区完善的摩托车产业链优势，园区大力发展汽车零部件产业，吸引了鼎豪汽摩部件、荣达汽车零配件、声威电子科技、科达仪表等多家汽车零部件生产企业入驻，积极推进产科研相结合，重点打造为中国汽车零部件产业基地。

（3）新能源新材料产业。园区重点发展节能环保的新能源新材料产业，近年来先后引进了新能源电池、联合光伏、金源电器、金莱特电器等项目落户，积极促进新能源新材料产业的集聚发展。

7

第七章

缅怀先烈　不忘历史

第一节 革命烈士

一、大革命时期的革命烈士

周 华

周华（1895—1927），江门人，出生于水上人家。1923 年任江门五邑船艇工会总干事。次年，组织船艇工人开展反对资本家压低船艇运费斗争。1925 年，加入中国共产党。同年 3 月，组织领导江门 1300 多名船艇工人大罢工，江门河面的船艇全部停航，客货停运，码头上货物堆积如山。警察强行解散工人纠察队，一工人被打至重伤，周华带领船艇工人抬着伤者到警察厅请愿，遭到警察厅长拒绝，愤怒的工人将警察厅捣毁。同年 5 月 1 日，1000 多名油业工人举行大罢工，周华发动船艇工人拒载油业货物，并募捐款项慰问罢工工人，大罢工坚持 40 余天，最终取得胜利。是年，省港大罢工期间，周华派出船艇工会人员参加民众纠察队；组织船民配合北街的省港大罢工委员会纠察队执行封锁香港任务，截缉资敌物资和非法进口洋货。1927 年 11 月被捕牺牲。

尹剑辉

尹剑辉（1897—1927），蓬江区杜阮镇木朗乡人，出身贫苦农民，受尽地主的剥削压迫。1925 年，新会、江门地区的农民运动风起云涌。杜阮的木朗乡也在共产党的领导下，筹备建立农民协会，尹剑辉等农会骨干分子奔走于乡村之间，组织发动农民参加农民协会。同年 12 月成立了木朗乡农民协会，尹剑辉被选为农民自卫军队长和农民协会大队长。在反抗土豪劣绅暴行、维护农民利益的斗争中，尹剑辉始终冲锋在前，毫不畏惧，取得了节节胜利。木朗乡农会成为第三区较有影响力的农会之一。1927 年，国民党反动派破坏国共合作，大肆杀害共产党人和工农干部。同年 4 月底，尹剑辉等一批江会地区农会干部遭国民党逮捕，为了让尹剑辉屈服，反动派用尽严刑拷打，但尹剑辉怒斥敌人，视死如归。同年 5 月，尹剑辉遭国民党枪杀，牺牲时年仅 30 岁。

1955 年，尹剑辉被中央人民政府追认为革命烈士。墓地位于木朗村平顶山。原为土墓，后经多次重建，2002 年 1 月，由新会民政部门和杜阮镇人民政府拨款，重建为水泥、砖石结构墓，并竖上纪念碑，碑柱正中用魏体书"革命烈士尹剑辉之墓"，庄严肃穆，正气凛然，成为杜阮镇革命传统教育基地。

彭业权

彭业权（1897—1927），蓬江区杜阮镇石子潭村人，出生于一个贫苦的手工业家庭，自小形成了坚强不屈的性格。大革命时期，江门工农革命运动兴起发展，彭业权团结和组织村里的农民和手工业者，成立石子潭农民协会，被选为委员长。接着，加入中国共产党。1925 年初参加农民运动，曾任石子潭村农民协会委员长、第三区农民协会委员长、新会县各乡农民协会联合办事处执行委员、石子潭村农民自卫军（简称农军）队长和第三区农军总队长。

他领导农民开展"二五减租"、清理公偿、废除苛捐杂税、反抗土豪劣绅暴行、保护农民利益等斗争，在各种正义斗争中表现出无比的坚强和勇敢，成为封建统治阶级、反动地主豪绅的眼中钉、肉中刺，屡遭陷害，先后三次被逮捕，幸得到党组织的营救。1927年四一二反革命政变后，江会地区处于一片白色恐怖之中，许多战友转移至港澳，彭业权被组织留下来，进行隐蔽活动。同年冬，响应广州起义，中共江会党组织建立五邑暴动指挥部，下设肃反委员会，成立逮捕队，彭业权被任命为队长，逮捕、消灭了混入农会的内奸，为暴动扫除了障碍。同年12月，五邑暴动指挥部在江门祖庙召开部署起义计划会议，会后彭业权被捕。彭业权被捕后，他的妻子邓和悲痛万分，前往探望他时，彭业权鼓励妻子要坚强地活下去，相信革命一定会成功，又嘱咐妻子回家立即将农会会员名册烧掉。次日，惨遭杀害。被害之前，彭业权遭受严刑拷打，但他矢志不移，面对敌人乌黑的枪口，他毅然屹立，高呼"中国共产党万岁！"、"苏维埃万岁！"当第一颗罪恶的子弹穿进彭业权的身体时，他依然屹立不倒，第二声枪响后，他才在口号声中倒下壮烈牺牲。

张瑞成

张瑞成（1894—1927），又名达权，蓬江区人。出身贫苦农民家庭，早年到广州织布厂做工。1919年五四运动时，积极从事工人运动。1922年先后加入中国社会主义青年团、中国共产党，次年任中国社会主义青年团广州地方委员会书记，并负责主持广东工会联合会工作。1924年初调往香港，后任中国社会主义青年团香港地委常委兼组织部主任。同年冬，被派往莫斯科东方劳动者共产主义大学学习。翌年夏回到广州，任中华海员工业联合总会特别支部书记。省港大罢工爆发后，组织海员参加省港罢工委员会纠察队。

1926年，张瑞成任中华全国总工会省港罢工委员会教宣委员会主任兼广州土布工会主席，并在劳动学院中负责实际工作兼讲课，先后创办劳动妇女学校、工人宣传学校和工人子弟学校等 15 所学堂。1926 年下半年，张瑞成以土布工会名义，向资方提出增加工人工资、缩短工人工时等条件，并于同年 10 月 3 日发动土布工人游行示威。游行队伍遭到武装暴徒袭击，死伤工人 30 多名。张瑞成愤然率领土布工会向省农工厅请愿，提出"保障工人生活"等要求，并且代表土布工会出席农工厅召开的劳资纠纷仲裁会，谈判持续三个多月，最终让法院不敢袒护资本家，迫使省政府在 12 月 23 日的第七次会议上经讨论提出"勒令农工厅迅速办理"的意见，请愿取得了胜利。1927 年春，张瑞成任广州工人代表大会执委会秘书，又率领店员、工人向省政府请愿，迫使资本家取消大年初二"吃无情鸡"（即解雇工人）的旧习。每次游行请愿，张瑞成都走在队伍的前列，面对反动势力的威胁，他毫不畏惧地对工人说："我们搞工会工作，搞革命，就要有视死如归的精神，如果我不幸被敌人杀害了，你们继续搞下去，大家不要怕，革命是一定会成功的！"同年 5 月，张瑞成被国民党反动派秘密杀害，终年 33 岁。

陆国华

陆国华（1910—1928），蓬江区棠下镇乐溪村人，原名陆绪旺，"陆国华"是出外读书时自己起的别名。由于父亲早逝，家中靠外公接济。10 多岁时，陆国华到香港读书，1925 年五卅惨案发生后，毅然回到国立广东大学（现中山大学）继续就读。在大学期间，血气方刚的陆国华参加了革命团体活动，1927 年加入中国共产党，在大学从事党的地下工作。由于女朋友的出卖，被国民党逮捕了。国民党反动派严刑逼供，要陆国华供出地下党的情况，陆国华宁死不从，始终守口如瓶。

当时陆国华的外祖父梁帜是棠下桐井乡小桥村乡绅。外孙被捕后，便到广州四处寻找关系，希望能救外孙出狱。国民党反动派要陆国华喊一声反动口号，便放他出狱，然而陆国华怒视着他们，振臂高呼"中国共产党万岁！"1928年1月，陆国华壮烈牺牲，年仅18岁。

1951年4月，毛泽东和新会县人民政府签发的《革命牺牲工作人员家属光荣纪念证》送到陆国华母亲手里，这位英雄的母亲流下了欣慰的泪水。当年土改时，由广东省人民政府送来并钉在陆家廊门口上的"光荣烈属"牌匾，红底白字，虽旧犹新，格外耀眼。现在，往昔英雄的家居，成了著名的烈士故居、爱国主义和革命传统教育场所。

吕 棠

吕棠（1897—1928），蓬江区范罗冈人，出生于贫苦农民家庭，从小受雇于茶居当打工仔，常与生活于底层的贫苦大众接触，早就萌发了要让劳苦人民过上好日子的决心。

1922年吕棠从澳门回到江门，于江富泉茶居当"企堂"（服务员），并参加茶居饼行工会。1923年换届，吕棠被选为会长，因领导工人罢工要求加薪被解雇，转到石湾的兰亭茶居做工。1924年吕棠加入中国共产党，并成为茶居饼行工会领导人，协助中共新会支部书记陈日光等改组和建立10多个基层工会，会员发展到7000余人。同年底，吕棠在江门主持召开新会县第一次工人代表大会。会上成立新会县总工会筹备处，吕棠被推举为筹备员，领导筹建总工会。1925年5月1日，吕棠前往广州，以新会江门地区工会代表身份，出席第二次全国劳动大会。见到全国著名的工会领袖林伟民、刘少奇、邓中夏、苏兆征等代表。在分组讨论会上，他介绍了江门工人运动概况，受到代表的好评。大会选举了苏兆征、吕棠等 25 人为第一届中华全国总工会执行委员。会后，吕棠返回江门继续从事工人运动。同年 6 月，新会县总工会成立，吕棠被选为委员长，领导江门、会城的工人运动。五卅惨案发生不久，新会五卅惨案后援会成立，吕棠发动群众募捐。省港大罢工爆发后，组织工人纠察队，协助和配合省港罢工委员会驻江门的纠察大队，检查、缉禁走私货物和维持商场治安。

1926 年初，吕棠与李安等组织工人向江门市政厅请愿，要求取消苛捐杂税。市长拒绝会见，工人怒而捣毁市政厅。几天后，警员拘捕船工，船艇工人又捣毁警署。事件发生后，国民党右派势力唆使驻军，拘捕吕棠等 4 人并押赴省关押。后经新会工会代表赴省请愿，吕棠等才获释放。同年 4 月间，中国国民党江门市党部改组，吕棠以共产党员身份加入国民党，被选为市党部执行委员兼工人部部长，领导工人进行维护权益的罢工斗争。其间，江会发生了较大影响的米业、油业、鱼档、茶叶、山货油帽、药材等行业工人要求提高工资、改善福利待遇的罢工斗争，均以胜利告捷。

1927 年四一二反革命政变后，吕棠撤到澳门。是年 12 月中共新会地下党组织江会暴动，吕棠返回江门参与筹划。暴动没有成功，吕棠又撤回澳门。1928 年 2 月 15 日，吕棠被国民党政府派往澳门的特务逮捕，解押回广州。

吕棠在铁窗里受尽酷刑折磨，仍对党忠贞不贰，誓不泄露党的秘密以及江会工农运动的计划。最后敌人威逼他，如果不说就枪毙他。吕棠斩钉截铁地回答："这是我们党的机密，绝对不能告诉你们！"反动派束手无策，又以软的手段进行利诱："只要写上坦白书，就可以马上释放你。"吕棠立即挥笔疾书："任你们这帮野兽怎么毒打，我也不怕，决不低头向你们屈服！这就是我的坦白书！"铿锵有力、掷地有声的自白，表明了他视死如归的豪情壮志。同年 2 月 22 日，吕棠被敌保安队押赴刑场，他一路高呼"中国共产党万岁！"，大义凛然，英勇就义，年仅 31 岁。

谭 枝

谭枝（1897—1928），蓬江区环市街道白石村大安里人。1925 年被选为白石乡农民协会会长。组织领导农民开展"二五减租"和反苛捐杂税斗争。1927 年，白石乡地主恶霸组织"救国航空会"镇压农民运动，谭枝被骗到乡公所开会，途中被捕。同年8 月被押解到广州河南惩戒所。1928 年在狱中牺牲。

区少文

区少文（1902—1928），又名启盈、健初。蓬江区潮连街豸冈村人。早年丧父，与弟弟区广盈由母亲黄杏壮抚养成人。生活的磨炼，养成了区少文勇敢坚强的性格。1924 年，新会县的中国社会主义青年团活动和共产党领导的工农运动蓬勃发展，区少文受到影响，向往不已。1925 年，江门、新会各地纷纷成立农民协会，区少文受到极大鼓舞，他和乡里的农民积极分子，在潮连乡开展宣传和串联活动。同年秋，豸冈村农民协会成立了，区少文被选为委员长，组织村民成立农民自卫军，向地主开展"二五减租"等斗争，并加入中国共产党。1926 年，新会成立各乡农民协会联合办事处，区少文当选为委员。其间，他积极领导农民开展各项斗争。1927 年四一二反革命政变后，国民党的军警特务四处搜捕共产党人。区少文不畏险恶环境，仍然坚持地下活动，和反动派作不屈不挠的斗争。同年 12 月，中共五邑地方委员会和五邑暴动指挥部为响应广州起义，布置江会暴动的任务。地下党在江门水南祖庙召开全县各乡农民协会、骨干分子会议，布置江会起义工作，会上区少文被选为新会县农民协会主席，负责组织农民自卫军参加江会暴动。暴动前夕，区少文协助石头乡农会从潮连搜获一批枪支，增强了武装斗争的实力。后江会暴动举行誓师大会时被国民党军警镇压，活动被迫终止。此后，白色恐怖笼罩江会，区少文率领农民自卫军撤回潮连和外海。同年12月下旬的一天，反动军队突然进攻潮连，重重包围豸冈村。区少文立即率领农民自卫军，扼守村闸、高楼。霎时，豸冈村枪声四起。反动军队自恃武器精良，疯狂进攻。最后，终因力量悬殊，自卫军被迫撤走隐蔽下来。

1928年1月，潮连乡的反动乡绅勾结反动官员，派出侦缉人员四处侦查区少文等人行踪。同年2月1日，区少文被捕。反动派对他严刑逼供达4个月之久，竟没能得到半点想得到的东西。6月22日，区少文英勇牺牲，年仅26岁。

文绰英

文绰英（1901—1928），又名文和，蓬江区杜阮镇井根乡龙溪村人。出身贫苦家庭，童年丧父，寄养姨丈家。1917年到江门镇做茶居工人。1922年初参加茶居工会，后被选为工会专职人员。1924年冬加入中国共产党。1926年6月，省港大罢工爆发后，文绰英出席新会县第二次工人代表大会，被选为新成立的新会县总工会执行委员兼总工会会城办事处主任，并被派遣回井根乡组织农民协会和指导组建农民自卫军。当时，井根的封建势力很强大，大豪绅勾结官僚操纵乡政，仗势压迫和剥削农民。文绰英即和乡农会领导农民群众同地主豪绅进行坚决的斗争，还对井根乡地主财团把持的乡中财务进行清算，作为农会活动经费，斗争取得胜利。失败的地主阶级怀恨在心，伺机报复。1927年四一二反革命政变后，以简清吾为首的地主武装——第三区民团总队，配合国民党十三师的反动军队进攻井根乡，解散乡农民协会，搜捕农会骨干分子和革命群众，文绰英被捕并与井根村农民自卫军队长文未等人一起被押赴广州。文绰英被视为重要的共产党分子，关在监狱里，度过八个多月的铁窗生活。同年 12 月 11 日广州起义，文绰英和大批被国民党囚禁的难友出狱。恢复自由后，党组织派文绰英回新会工作。抵江门时被特务跟踪、军警追捕。文绰英机智地躲进江门河以南一间榨油厂仓库，得到工人掩护，脱险乘油船前往香港。他与香港中共组织接上关系后，改名文和，在鹅颈桥开设小三元茶室作联络点，秘密开展活动。1928 年 5 月 3 日，日本人在济南屠杀同胞，香港爱国同胞掀起反日宣传，文绰英组织工人宣传队，开展反日活动。是年 7 月，文绰英任中共香港太古船坞支部书记，秘密组织工人联合会，推动香港工人运动。是年 10 月，他被派往粤北韶关，途中不幸被捕。狱中，文绰英与特务、反动派进行英勇的斗争。后被反动派杀害，年仅 27 岁。

吕惠旋

吕惠旋（1910—1929），女，蓬江区白沙街道东仓里人。出生于小商人家庭。吕惠旋自少聪敏，15 岁时，在崇新小学读书，得到进步教师王坚淮、王湘淮的教育，"勤学、志坚、沉默寡言，勇于任事"，这是王坚淮老师对她的评价。在老师们的教育引导下，吕惠旋懂得了许多革命道理，积极要求进步，1925 年参加中国共产主义青年团，1926 年被选为江门学生联合会干事、江门市妇女协会干事、共青团新会县总支委员。在残酷的斗争岁月里，她不顾个人安危，一心扑在妇女、学生运动和团务工作上，不管多难、多重的任务，她都能出色地完成。1929 年初，中共新会县委常委梁钊、甘卓铭叛变革命，给革命工作带来了极大困难。2月 6 日，吕惠旋被抓，押往广州监狱。

吕惠旋在狱中视死如归，坚贞不屈。起初，国民党反动派用金钱引诱，让她说出党的秘密，但她不为所动；敌人又施以严刑，她蔑视地一声不吭。当逼问她谁是同党时，吕惠旋坚定响亮地回答："反动派听着！除了你们之外，中国四万万同胞都是我们的同党，他们都等待着你，等待看你们去送死！"义正词严，掷地有声，反动官员面对这个文静而坚强的硬女子，什么也没问出来，无法可施。

2月9日，恼羞成怒的反动派把吕惠旋和与她一起被捕囚禁的广州的黄袞华、张华熙、彭干挺等革命者杀害了。19岁的吕惠旋，把自己的宝贵青春，献给了伟大的革命事业。她在临刑之前，咬破中指，用鲜血写出一首浩气凛然的遗诗：

共凭铁臂挽狂澜，大海刀山视等闲。
敢信英雄非寂寞，丹心颗颗满人间。

二、抗日战争时期的革命烈士

龚昌荣

龚昌荣（1903—1935），化名邝惠安、邝福安。水南龙环里人，原姓李，幼年卖给旅美华侨龚福利做养子，改姓龚，后随养父回国在龙环里定居。1925年，参加水南乡农民协会的成立和农民自卫军开展的活动。6月，在广州铁路当工人，加入共产党领导的洋务工会。省港大罢工爆发后，参加省港罢工委员会纠察队，同年加入中国共产党，11月任纠察队模范中队指导员。翌年10月底纠察队改编，任缉私卫商团某连政训员。1927年4月15日，广州的国民党当局袭击卫商团，龚昌荣脱险后，返回洋务工会，参加"剑仔队"。同年12月参加广州起义，任工人赤卫队敢死队连长，配合军官教导团攻占广州市公安局及攻打第四军军部。起义失败后，随军撤至海陆丰一带，配合红军作战。1930 年 7 月被派往香港任"打狗队"队长。后因港英当局通缉，调到上海后任中共中央特科"打狗队"队长。1931 年 4 月下旬，中共中央特科领导成员顾顺章被捕叛变，龚昌荣奉命率"打狗队"掩护，使中央机关免遭破坏。"打狗队"经过长期侦察，于 1933 年 7 月某日晚，将国民党特工总部驻沪调查专员史济美（化名马绍武）击毙。龚昌荣枪法精准，是"手执双枪、百发百中"的神枪手。次年秋，中共中央上海局翁国华叛变，供出党的机关所在地和领导人。为保卫首脑机关，龚昌荣奉命带领"打狗队"成员扮成富商，到医院以探病为由将叛徒翁国华处决。11 月被叛徒出卖，龚昌荣及其妻张美香先后在上海被捕。面对严刑拷打，坚贞不屈。在南京宪兵司令部，敌人以软化手段进行收买，龚昌荣毫不动摇。1935 年 4 月 13 日被处绞刑，时年 32 岁。1937 年，龚昌荣的妻子和在狱中出生的儿子陈竞球被保释出狱。

吴汝鎏

吴汝鎏（1907—1938），棠下镇沙田村人。1927 年，考入广东航空学校第三期甲班。1929 年毕业后，初任广东空军某队飞行员，后升任分队长。1932 年 1 月 28 日，侵华日军向上海闸北进攻，驻上海十九路军奋起抵抗，开展了淞沪抗战，吴汝鎏等受命驾机支援十九路军对日作战。完成任务后受聘于广西航空学校，任飞行教官、队长、副大队长等职。1938 年 3 月 18 日，吴汝鎏奉命赴山东临城攻击日军。他镇定地驾驶战机，领先升空，飞往阵地轰炸敌营，同时击落日机一架。消息传来，士气大振，第五战区司令长官李宗仁电传嘉许。24 日，吴汝鎏再次率领 14 架战机参加台儿庄大战。完成任务返航时，遭到三队敌机袭击，16 架敌机居高临下，随即展开了一场激战。吴汝鎏凭着丰富的作战经验和无所畏惧的勇气，激战中击落敌机 6 架，击伤敌机 6 架，击毙日方王牌空军中队长加藤健夫，此次空战取得大批歼敌的辉煌战绩。在战斗中，吴汝鎏不幸受伤，伤愈后又率队与日军作战。8月 9 日，吴汝鎏率所属飞机飞往衡阳整训，担任华南地区空防任务。18 日，27 架日机又来空袭，吴汝鎏奋勇升空迎敌，又击落日机 3 架。29 日，吴汝鎏奉命率机 9 架飞往广东南雄驻防。次日，29 架敌机分批轰炸粤汉铁路线的曲江、乐昌，并配备 10 余架战斗机作高空掩护。吴汝鎏果断地率领 9 架战机腾空而起，沉着指挥，全力应战。在敌众我寡的情况下，仍然创造战绩：击落敌机 4 架，击伤敌机 1 架。后因救援友机遭敌机围攻，飞机坠毁，吴汝鎏壮烈殉国，牺牲时年仅 31 岁。据统计，吴汝鎏和战友在一年多的时间里，共击落敌机 14 架，击伤敌机 7 架。牺牲后，吴汝鎏被国民政府授予烈士称号；中华人民共和国成立后，广东省人民政府追认其为革命烈士。

阮瑞琼

阮瑞琼（1922—1941），女，又名惠娴，新会县崖西镇水乡人。祖居江门沙仔尾文明里。阮瑞琼幼年丧父，三兄妹由母亲抚养成人。长兄阮克鲁思想进步，曾奔赴延安陕北公学学习，是新会地下党工作者，妻子也是中共党员。受长兄影响，年仅 17 岁的阮瑞琼也参加了抗战宣传工作。先后由地下党安排到广东省保安第七团政治工作队、新会县动员委员会政治工作队做抗日救亡宣传工作。阮瑞琼虽然年纪小，但是热情饱满、吃苦耐劳，是深受信赖和喜欢的抗日战士。1939 年 3 月底至 4 月初，江门、会城两地相继沦陷，部队和政治工作队被迫撤走。阮瑞琼几经辗转才在双水东凌找到新顺特务大队宣传队的同志，并留在队里工作，年底加入了中国共产党。次年初，阮瑞琼调至鹤山县青溪区工委做妇女工作，后到新鹤根据地的田金村，以教书为掩护，白天上课，夜间教妇女读书识字，开展抗日宣传和组织群众工作。1941 年 2 月，阮瑞琼被调到潭墩乡大同里小学任教，开展抗日救亡宣传工作。3 月 2 日，阮瑞琼到田金村筹备三八妇女节纪念活动，恰遇日伪军纠集重兵分水陆两路沿新（会）开（平）公路村庄实施惨无人道的烧杀抢掠。在危难面前，阮瑞琼首先想到的不是自己的生死，而是群众的安危，她急忙跑到各乡村找当地党小组商议疏散群众事宜，这样，令她失去了安全撤离的最佳时机。当她折回田金小学时，碰上了由汉奸带路"扫荡"的日军。面对蜂拥而至的敌人，她深感突围无望，此刻，她惦记的是挎包里党组织的机密文件。为了不让文件和党的机密落到日军的手里，阮瑞琼毅然踏上身旁的松坡桥，面对熟悉的村庄深情一望，纵身跃进河里。翻腾的河水顷刻卷走了年仅 19 岁的抗日女英豪。

阮瑞琼英勇牺牲后，当地老百姓把她葬于田金桥亭虎山臂的抗日烈士墓地。1979 年 7 月 1 日，当地政府把阮瑞琼烈士遗骸迁葬于大泽田金狗木山，铭刻阮瑞琼的英名事迹，供人们凭吊和瞻仰。

尹坚君

尹坚君（1924—1942），女，原名尹惠爱，原籍杜阮镇木朗村，出生在缅甸华侨家庭。受叔父尹国彦教育和影响，尹坚君在学校参加了进步学生组织"青年学社"。1941 年参加仰光华侨中学的进步华侨青年开展的抗日救亡运动，成了抗日工作队的一员，随队到达曼德勒工作，负责接收、护理中国远征军的伤员以及担任后勤和安全保卫工作。尹坚君与战友们一起，为伤员清洗伤口、换药，还要站岗放哨，每日连续工作十几个小时，尹坚君从不叫苦喊累。1942 年 4 月 3 日，日军飞机对曼德勒狂轰滥炸，尹坚君坚守在阵地上，不幸被弹片刺穿腹部。她强忍着剧痛，捂着往外流的肠子，一步一步顽强地爬回防空洞履行救护伤员职责。终因伤势过重，流血过多，尹坚君为抗战献出了宝贵生命，年仅18岁。

三、解放战争时期的先烈

李少石

李少石（1906—1945），原名国俊，号默农，蓬江区潮连富冈人，出生于香港，后移居广州。1925年考入广州岭南大学，加入中国共产主义青年团，翌年加入中国共产党。毕业后在香港、上海等地工作。1930年，受中共委派前往香港，负责组织党的秘密交通站，专门负责上海与苏区的联络及书信、文件的传递和来往人员的接送工作。在港期间与廖仲恺之女廖梦醒结婚。1932年调派上海。1934年因叛徒告密，被捕入狱，面对严刑拷打，坚贞不屈，写下"死得成仁未足悲"、"英雄含笑上刑场"等为革命视死如归的诗句。后经各界知名人士交涉，1937年8月释放出狱，11月与廖梦醒转移到香港。1943年，在重庆公开身份是《新华日报》记者兼编辑，实为中国共产党领导的中国国民革命军十八集团军（即八路军）驻重庆办事处周恩来的英文秘书。1945年应蒋介石邀请，毛泽东、周恩来、王若飞从延安飞抵重庆，与国民党举行重庆谈判。10月8日下午，诗人柳亚子到曾家岩拜会周恩来，适值周开会，便与李相谈。当晚李少石送柳亚子回沙坪坝住宅，回途中在红岩嘴附近遭国民党士兵枪击，子弹从李少石左侧肩胛穿过肺部，不幸牺牲，时年39岁。周恩来获悉后立即赶往医院，不胜悲叹："20年前廖仲恺先生遭反革命暗害，其情景犹历历在目，不料20年后，其爱婿又遭凶杀。"9日，宋庆龄、沈钧儒、郭沫若夫妇、茅盾夫妇等到医院吊唁。11 日，数千人在重庆市立医院门前为李少石召开追悼会。毛泽东回延安前亲笔题词："李少石同志是个好党员，不幸遇难，永志哀思。"出殡时，周恩来、宋庆龄扶灵柩至 10 余里外的小龙坎（即重庆烈士陵园）安葬，周恩来盖上第一锹土。

李少石有遗诗 36 首，编入《少石诗注》。

梁惠容

梁惠容（1916—1946），三堡井溪人，1944 年参加新鹤人民抗日游击队，后任税站站长。1945 年抗日战争胜利后，调新兴以教学为名开展地下交通站工作。1946 年 3 月，因暴露身份，不幸被捕。被解返新会城，关押在国民党监狱里。在狱中，在敌人的严刑拷打下，坚贞不屈，拒不叛党，最后，为人民献出了年青的生命。

梁礼康

梁礼康（1922—1948），又名梁祥，蓬江区棠下大井头牛轭村人。出身农民家庭，自少农务。1940 年夏，进入广东省赈济总队第十一分队陈光远（中共党员）在大井头举办的夜校学习。其时，深受地下党领导的抗日救亡团体和进步教师的影响，梁礼康思想觉悟不断提高，积极协助陈光远联系群众，投身到抗日活动中去。不久光荣地加入了中国共产党，成为大井头乡首批中共党员之一。入党后，在党支部的领导下，梁礼康工作热情更加高涨。他和支部的其他党员一起，努力办好民众夜校并兼任教师，教农民识字、学文化，宣传我党的抗日民族统一战线的正确主张，启发群众觉悟，激发抗日斗志。1941 年，国民党顽固派掀起反共高潮，中共大井头支部转入隐蔽活动，大井头夜校也停办。梁礼康利用群众喜欢打排球的习惯，组织青年排球队，保持秘密联系，他的家成了地下交通站。在他的带领下，一批进步青年相继走上了革命道路，先后有 5 名积极分子被党支部吸收入党，壮大了党组织的力量。1944 年夏，新鹤人民抗日游击大队成立，梁礼康同其弟梁冲参加游击队，并当上机枪手。1945 年 5 月 14 日，梁礼康在古猛突围战中，奋不顾身救护负伤的广东人民解放军第二团团长卢德耀脱离险境，然后又冲上高地，同战友一起顽强地阻击敌人，直至部队安全撤离。8 月，因脚底受伤，不便行军作战，被送回家，途中遇鹤山县自卫队，梁礼康为掩护战友，让其走在前面，与自己拉开距离，最终被捕。后经地下党组织营救，脱险回乡。1947 年恢复武装斗争，梁礼康应召归队，他英勇杀敌，屡立战功，先后担任排长、连长，转战在五邑两阳（阳江、阳春）地区。1948 年 7 月 6 日，部队转战阳春马头山区，途中遭敌包围。为掩护部队突围撤退，梁礼康不幸胸部中弹，壮烈牺牲，时年26 岁。

周悦琼

周悦琼（1931—1949），女，蓬江区棠下沙富村人，出生于印尼华侨家庭，15 岁时随家人回到了家乡，生活较为富裕。回乡后，哥哥周煜南就读新会一中，在学校秘密加入中国共产党，还被推举为学生会主席。父母亲知道周煜南从事地下革命工作后，非常支持，又毅然将大部分田地卖掉，把钱交给地下党组织。地下党陈职能知道周家一门是思想进步的开明家庭，经常到周家串门。此后，周家利用华侨身份作掩护，积极参与地下工作，周家成了新高鹤游击队的地下交通站。周悦琼自小受家人影响，具备了进步思想，在新会三中读书时，受到地下党教师的引导，积极参与爱国解放活动，勇敢地和国民党三青团开展斗争。1949 年，

18 岁的周悦琼主动放弃学业，投笔从戎，奔赴新高鹤游击区参加武装斗争，并担任新高鹤人民解放军总队雄狮连卫生员。

1949 年夏季，国民党驻鹤山部队开展"清剿"行动，伺机在金岗（地名）设点长驻，严重威胁着新高鹤游击区革命根据地。新高鹤人民解放军总队决定趁敌人立足未稳收复金岗，拔除这把尖刀。此时周悦琼刚好患病，连队不让她参加战斗，但她坚决要求上战场。14 日天刚亮，对驻在金岗的敌人发起攻击。战斗打响后，周悦琼和战友们奋不顾身冲上战场抢救伤员，为受伤的战士包扎伤口，帮助伤员撤离战场。当她和一卫生员搀扶着伤员黄永生往后方转移时，遇到了一伙敌兵。他们急忙加快了脚步。此时敌人已发现了他们，吆喝着追赶过来。周悦琼深知，他们仁人已是跑不过穷凶极恶的敌人，且他们已经暴露在敌人的眼底，隐蔽已经来不及了。为了保护战友，周悦琼故意放慢了脚步，说自己体力不支，跑不动了，让他们先走。不久，敌人赶上来了，周悦琼为给战友争取多一点时间安全转移，机智地和敌人周旋起来。虽然单枪匹马，但英勇无比，敌人被她拖住了，战友赢得了宝贵的转移时间。当敌人发现中计时已经来不及了，他们把罪恶的刺刀刺向了周悦琼的腹部。战友们在打扫战场时发现了重伤倒地的周悦琼。由于伤势过重，抢救无效，周悦琼于当晚牺牲，年仅18 岁。

1954 年，周悦琼同志的遗骸被带回家乡沙富村安葬。广东省新会县棠下乡人民委员会，在墓前立下"周悦琼烈士墓"墓碑。

陈健生

陈健生，生卒年不详，阳江县人。1939 年和李克平、程志坚、谢薇、梅仲清等调入杜阮，翌年，建立了杜阮支部，陈健生任组织委员，李克平调离杜阮后接任支部书记。他在艰苦复杂的革命斗争中，勇敢机智、多谋善断，尤其善于做统战工作，所负责的多个交通站的工作没有受到危害。他十分重视党建工作，先后培养了松岭村黄楚南、黄振胜、区慧英、谭芬、施秀容、黄凤婵等进步青年参加了党组织，教育和影响了许多进步青年和妇女支持抗日救亡活动，有的成为义务交通员，有的骨干参与了营救革命同志的行动。

陈健生又是粤中江门地区开展武装斗争，建立交通线的负责人之一。他经常穿梭于粤中各县乡村，为开展武装斗争扫除障碍。司前松山战斗后，陈健生下落不明，出于安全考虑，上级党组织曾决定：原陈健生领导的江门、鹤山、新会、开平、恩平一带的交通站暂停使用，并临时设置新点。这期间，不时有消息传来，说陈健生被杀害了。几个月过去了，一年又一年过去了，陈健生所联系的交通站，认识的交通人员和所有地下工作者，全都安然无恙。事实表明：陈健生一直坚守党的机密，他不愧是忠于党、忠于革命、忠于人民的坚贞不屈的好党员。

革命遗址基本情况和文物

蓬江区有不少革命遗址,是中国共产党领导中国革命在蓬江的重要历史见证,是宝贵的革命文化遗产和党史资源。区委、区政府非常重视,加大了资金的投入,先后修葺松岭妇女夜校遗址、木朗乡农会会址——尹达成堂、荷塘抗击日军的两座炮楼等,并举办了相关展览,原貌存在的遗址都有相应的单位和专人进行管理。区委党史办为发挥党史"存史、资政、育人"的作用,搜集和整理有关革命遗址和革命人物的史料,完善了相关遗址的展陈内容,打造成区级"不忘初心、牢记使命"党员教育基地,为民众了解蓬江的革命史迹提供了便利。

(一)大革命时期旧址遗址

1. 大革命时期新会各乡农会联合办事处会址(紫沙路叶家祠)

1926年7月初,新会县农民代表大会在江门水南祖庙召开,全县各级农会代表200多人出席了会议。大会正式宣布成立新会县各乡农民协会联合办事处。会址现今在江门市紫沙路七十号叶家祠。

2. 大革命时期江门郊区水南农民自卫军旧址(祖庙)

江门祖庙地处江门水南三丫路口,原址为巡抚王公祠,又称三丫祖庙,1905年改为水南学堂。祖庙是江会地区共产党人早期革命活动旧址。1924年冬,中共新会支部建立,旋迁此地。

1925 年 5 月，新会县总工会也于此地成立。江门撤镇改市后，中共党员日增，江门、新会分设支部，新会支部迁回会城，江门支部仍留驻祖庙。书记为叶季壮（共和国首任外贸部部长）。大革命时期，风起云涌，中共新会、江门支部团结工农，组织工人罢工，废苛捐，反杂税，抗暴除寇；成立农民协会，建武装、斗土豪，减租减息；支援省港大罢工；筹建北伐运输队。许多议案，都是在祖庙旧址制订。因岁月流逝，祖庙旧房塌坏，市政府决定在祖庙旧址新建一所江门市第九中学。为纪念大革命时期祖庙为共产党人革命活动旧址，江门市政府在祖庙旧址处立碑纪念。

3. 木朗乡农会会址——尹达成堂

位于杜阮镇木朗村上屋里。大革命时期，木朗村民尹国彦被推举为木朗乡农会会长，随即将其伯父尹勤所建的房屋——尹达成堂作为木朗乡农会会址。后来，尹国彦被国民党军队逮捕，被干部群众救出后，举家迁往缅甸，并建立了国内革命人士在缅甸的重要中转站。

该会址为民国初期所建，前后两座三间两廊式民居、砖木石结构建筑，占地面积 305 平方米，保存较好，对于研究江门地方大革命时期农会斗争有较高价值。

（二）抗日战争时期旧址

1. 1944 年 8 月，珠江部队挺进粤中在江门镇荷塘横渡西江码头。

1944 年，中共广东省委研究决定，珠江纵队挺进粤中，向粤桂边区发展，做战略转移，开辟新的抗日游击战场。决定经中山二区、三区直抵新会荷塘，然后从塔岗码头横渡西江，向新会、鹤山方向挺进。珠江纵队 500 人绕过中山石歧、小榄，抵达中山海洲，在海洲袁世根的接应下，横渡过西江的一条支流，踏上了荷塘的土地。当地的党组织负责人陈能兴、李超、关立、容忍之等同志接待珠江纵队并在塔岗码头安全护送过西江，前往鹤山根据地。

2. 松岭地下交通站、"堡垒户"旧址

抗日战争时期，中共党组织先后派党员干部到杜阮开辟抗日根据地，他们深入乡村扎根群众，先后在松岭、中和、井根、龙榜等村建立"堡垒户"，开辟交通站，开展宣传发动群众起来抗击日伪统治、掩护我党革命同志开展活动、传递情报物资等工作。1940年，地下党组织在松岭村先后发展了黄楚南（又名邓秋八）、谭芬、施秀容、黄凤婵4户"堡垒户"并建立交通站。中和村也在1945年后发展了叶桃、何才、何池等"堡垒户"，为抗日和解放战争做了大量工作，作出了较大贡献。

3. 松岭妇女夜校遗址

抗日战争和解放战争时期，松岭地下党组织为宣传发动群众开展抗日救亡和推翻国民党的反动统治，利用办学校、夜校、识字班等形式，对群众进行文化识字、时事政治教育，动员群众开展抗日救亡，推翻国民党反动统治的斗争。在杜阮的井根村、龙眠村、龙榜村咀头里和松岭村，都先后办有妇女夜校、妇女识字班。松岭村在施秀容家办的妇女夜校坚持了五年多，解放战争初期还在松岭村阅书报社办了男子夜校，培养了大批革命骨干，成为后来的革命中坚力量。

4. 松岭老区纪念亭

1993年，松岭被评定为革命老区后，革命战争时期曾在松岭工作过的老同志和本村的革命老前辈十分关心老区建设，并有个强烈愿望在松岭老区建个纪念亭。以纪念革命战争时期曾在松岭战斗的革命者和松岭村民作出的贡献，教育后人牢记使命，发扬革命传统，将红色基因代代传下去。经报上级政府民政部门批准，并由区老促会筹资 8 万元，于 1995 年 12 月建成松岭老区纪念亭。纪念亭坐落在松岭村中心，占地 40 多平方米，建筑为琉璃瓦六角亭，古朴庄严。左侧有鱼塘，右侧有祠堂、老人活动中心楼和古榕相辉映，亭前柱写有对联："人民战士千古秀，革命英雄百世芳。"

5. 荷塘抗击日军的两座炮楼

荷塘镇篁湾村有两座炮楼，均为民国时期的建筑，一座圆形，一座方形，占地面积各约为 30 平方米，楼高三层，均为混凝土结构。因其所处位置分别被称为北炮楼和西炮楼，是篁湾村民为了防御外来侵略而建设的防御设施，扼守篁湾村的西、北大门。在1939 年，日军进犯荷塘，篁湾村民自卫武装就利用这两座炮楼与日军交战一天一夜，炮楼表面仍有当时激战留下的弹痕。

6. 三良小学地下交通联络站

1938 年 7 月，三良小学的青年教师容汉勋、容淑娴（又名克波）、容焕章三人，参加了中共新会区工委在会城举办的新会青年暑期训练营。通过学习，容汉勋参加了中国共产党。接着，容汉勋在荷塘，先后介绍容焕章、尚铁珊、朱家骥三人入党。同年9 月，中共荷塘党小组成立，容焕章任组长。同年 10 月中共党员容忍之调返荷塘工作。同年 11 月，经中共新会工委批准，中共荷塘党支部成立，容忍之为书记，容焕章为组织委员，容良埙为宣传委员。早在 10 月下旬日军已占领了广州，接着顺德县城大良及禺南等地相继沦陷，中共大良支部的七位同志也转移到荷塘容忍之处等候，珠江纵队领导人林锵云、黄云耀等中共南顺工委领导同志派人联系。从这时开始，中共荷塘支部又跟林锵云、黄云耀（是容忍之的入党介绍人）加强了革命斗争的联系，并成立了他们的交通联络点。

1941—1943 年，三良学校（大祖容氏宗祠）是抗日游击队

（珠江纵队）活动的场地。接待了四五批游击队员，每次事前有电话通知，均是来校暂借宿5—6小时，均在晚上10时许进驻至凌晨3时许撤离。都是从坑尾村上鹿山经学校操场下斜坡路，由学校后门进入，人数约百人。

一、重要事件和重要机构旧址

（一）《四邑平报》社社址

江门《四邑平报》是大革命时期中共江会组织的喉舌。中共新会支部充分利用《四邑平报》等刊物，揭露、抨击国民党右派破坏革命群众运动的阴谋行径，动员广大人民群众起来抵制反动势力的破坏活动。社址在江门滘头顺天里 144 号（原属江门郊区，今属江门市江海区）。该处为当时中共江会地区负责人叶季壮居住地。

（二）中共江会党组织旧址

1936 年重建中共江会党组织，会址设在江门沙仔尾安盛里 17 号，组织开展抗日斗争革命活动。

二、革命烈士陵园、纪念碑

（一）东湖英雄山革命烈士纪念碑

为旌表英烈，1964 年初，迁五烈士及其他革命前辈墓于牛山之顶，建立陵园立碑纪念，重新命名该山为英雄山。新时期以来，江门发扬英烈之光荣传统，载富载昌。环英雄山之东湖公园，美轮美奂。游园瞻仰凭吊烈士者，日众日滋。故于 2007 年拓宽上山步道，扩建陵园广场，翻新纪念亭，重塑纪念碑。2011 年再次改造，建江门英烈浮雕墙和江门英烈铭记碑。纪念百年来于历次革命运动和建设、保卫祖国事业中献身的江门烈士。江门市人民政府特设立东湖英雄山革命烈士纪念碑，碑文如下：

惟中华民族，百年振兴，实赖先烈，浴血效命。吾江门五邑大地，乃革命老区，江门儿女，英雄辈出。昔五四起于京华，唤醒五邑民众。大革命烽火一举，中共新会、鹤山支部诞生。广州起义，五邑农工誓师会城。抗日救亡，南楼七英雄怒击日军。解放战争，镇盖山六壮士英名永存。乃至抗美援朝，对越反击，抗灾抢险，建设家园，为保国卫民，足履险而不顾，临大义而献身，吾邑英烈彪炳令名者，皆为耿耿长星，永耀天庭焉。

（二）三堡革命烈士陵园

三堡革命烈士陵园位于新会棠下三堡村（今属江门市蓬江区）北面，三堡村委会附近。占地面积 400 平方米。陵园内耸立着一座革命烈士纪念碑。碑顶距地面高 7.8 米，碑顶上方镶嵌着红色五角星。碑基为长方体，高 1.45 米，长宽均为 2 米，碑身方塔型外墙水泥石米批荡。碑体正面刻写"革命烈士永垂不朽" 8 个大字，下方用灰色大理石刻有纪念碑文，碑体后下方用灰色大理石刻有革命烈士简介。碑座为三级台阶。纪念碑两旁有两棵大榕树，碑后种有松柏树。1944 年 1 月，中共新会县委根据上级指示和武装斗争形势发展的需要，实行"地武分家"，即地方党组织和武装分开领导。武装系统党组织加紧组建新（会）鹤（山）人民抗日游击队。1944 年 5 月，新鹤人民抗日游击大队（简称"新鹤大队"）在新会县田金乡成立。7—8 月，新鹤大队在棠下三堡乡大井头村扩建了第三中队。这支队伍转战于新鹤边界地区，坚持抗日斗争。在历次战斗中，三堡乡先后 5 人光荣牺牲。1977

年，新会县人民政府和三堡乡人民政府在新鹤大队第三中队旧址旁立碑纪念。2006 年江门市蓬江区人民政府、棠下镇三堡村民委员会重修纪念碑。现为江门市党史教育基地、江门市青少年德育基地、蓬江区爱国主义教育基地。

三、尹剑辉烈士墓

尹剑辉烈士墓是为追认大革命时期被国民党杀害的木朗农民协会会长和农民自卫军队长、革命烈士尹剑辉而建。位于木朗榄园新村侧的锅盖山，原为土墓，1978 年和 1982 年曾两次重建为水泥、砖石结构墓，并建有纪念碑；2002 年 1 月，再由新会民政部门和杜阮镇人民政府拨款重建。新建墓占地 150 平方米，墓体为水泥混凝土筑，呈太师椅状，分三层，墓前有 130 平方米开阔水泥地面，墓中间立有 6.5 米高的混凝土方碑柱，外贴瓷砖，中间用魏体书"革命烈士尹剑辉之墓"，被定为杜阮镇革命传统教育基地。

第四节 重要革命人物

叶季壮

叶季壮（1893—1967），广东新兴县船岗区水湄乡人。1925年10月，以江门总工会秘书的名义参加工会领导工作，主管工人纠察队。同年11月加入中国共产党。1926年至1928年先后任中共广东区委巡视员，中共江门支部、新会县委、四邑地委、五邑地委书记，指导五邑各县建立中共党组织，广泛开展工农运动，曾策划五邑暴动并兼任五邑暴动总指挥；同时，加入国民党，并任国民党广东省党部巡视员，领导西江各地改组国民党。1928年初，因身份暴露，被调到省委另行分配工作。1929年9月，往广西扩建红军，后参与组织发动百色起义，参与组建中国工农红军第七军，先后任红七军政治部调查科科长、红七军经理处处长、右江苏维埃政府财经委员会主席。后随红军征战。中华人民共和国成立后，历任中央人民政府第一任贸易部、对外贸易部部长、政务院财经委副主任。中共八届中央委员，第一、第二、第三届全国人大代表。

陈 垣

陈垣（1880—1971），字授庵，乳名道宗，棠下镇石头乡富冈里人。祖辈在广州经营药材生意。少时随父居广州，读私塾。

13 岁始读张之洞的《书目答问》和《四库全书总目提要》，有自己的见解。清光绪二十二年（1896 年）参加新会县试，获第一名。翌年应乡试，以八股文未精而落第。待其发奋攻读八股文后，科举已废除。

光绪三十一年（1905 年），与革命志士潘达微等创办《时事画报》，任编辑，撰文发表，带有强烈的民族民主革命色彩。曾撰写文章支持反美苛约抵制美货斗争，被清廷注意，于 1906 年回乡在篁庄学校任教。一年后，回广州振德中学任教。不久，转入博济医学院习医，又与郑豪等创办光华医学堂。他在学堂读至毕业，留校任教。其间，继续为《时事画报》撰文。宣统三年（1911 年），与康仲荦等创办《震旦日报》，任主编兼副刊《鸡鸣录》主笔。这时，他已参加中国同盟会，致力宣传革命。

1913 年，陈垣被选为众议院议员，北上定居北京。曾在全国税务处、国家公债局、毛革改良会等机构任职。1921 年任过两个多月的教育次长。任职期间，兼研史学，特别是外国宗教史，曾发表《元也里可温考》，引起中外史学界注意。从 1922 年起，研史又任教，先后任北京大学研究所国学门导师、京师图书馆馆长、清室善后委员会委员、辅仁大学副校长、校长、燕京大学国学研究所所长、北平师范大学史学系主任、北京大学史学系教授、中央研究院第一届评议员、文献馆专门委员。

这期间，他发表很多宗教史著述，有《开封——赠乐业教考》《火祆教入中国考》《摩尼教入中国考》以及《回教进入中国的源流》《元西域人华化考》等。此外，他对历史年代学、避讳学、史源学、校勘学、考据学、史料学、目录学等，均有创造性的论著。所居书室，号"励耘"，人称励耘先生。

1937 年抗日战争爆发，北平沦陷，他仍随校留在北平，继续任辅仁大学校长并讲课。他身处逆境，不但拒绝出任所谓"东亚文化协会"会长伪职，而且选择有民族气节的顾炎武和全祖望的著作授课，以启发学生；还撰写《明季滇黔佛教考》《清初僧净记》等以古喻今、贬奸扬忠的论著，特别是《通鉴胡注表微》，显明"划忠奸之界，肃春秋之义"。

1948 年北平解放前夕，国民政府多次派飞机接他去台湾，他却坚持留城，等待解放。

中华人民共和国成立后，陈垣先后任北京师范大学校长兼中国科学院历史研究所第二所所长，中国科学院哲学、社会科学学部委员；被选为全国人民代表大会第一、第二、第三届常务委员会委员。1959 年以 79 岁高龄参加中国共产党。

陈垣于 1971 年 6 月 21 日逝世，终年 91 岁。家人遵照其生前遗嘱，将 4 万元稿费交作党费，将 4 万册图书献给国家。他的主要著作有《励耘书屋丛刻》等以及后人整理出版的《陈垣史学论著选》《陈垣学术论文选》《陈垣先生论学手简》等。

尹国彦

尹国彦（1904—1971），又名尹启良，蓬江区杜阮镇木朗村人。父亲尹全与伯父尹勤是缅甸华侨，尹国彦少年时在缅甸摩谷埠读书。五四运动前后多次随伯父回国探亲。受到新文化运动爱国思想影响，其伯父尹勤带银回乡兴建了家族祖屋——尹达成堂，后被木朗大地主尹介三谋财害命。1925 年，尹国彦与堂弟尹志远回乡寻机报仇并参加革命，积极筹组农民协会，被选为木朗农民协会委员长。1926 年夏，加入中国共产党，成为新会第三区农民协会筹备处负责人。同年遭地主、官僚栽赃陷害被捕，经党组织全力营救，出狱后继续从事农民运动。1927 年 4 月，国民党反动派背叛国共合作，众多农协会员和共产党员被捕杀害，尹国彦也被捕，白色恐怖笼罩全地区。后来尹国彦得到中共江会党组织营救，并被秘密转移到香港。以后，他来往香港、缅甸和内地，以经营生意作掩护，继续支持和参加祖国的民主革命和抗日战争。

陈国泉

陈国泉（1895—1957），字孟海，棠下镇石头乡人，少时家贫，靠寡母扶养。14 岁随堂伯父往香港谋生，当过打包铺学徒、果栏店员和办庄的买卖手。其间入夜校学习并阅读梁启超的政论文章，思想受到启发。

1924 年，陈国泉参加筹备香港水货协助工会，工会成立后，他被选为主席。1925 年 6 月，省港大罢工开始，撤回广州，任省港罢工委员会审理仇货委员会委员。后被派回石头乡开展农民运动，成立农民协会，被选为主席。

1927 年四一二反革命政变后，陈国泉回港在兴顺隆果栏做买卖手。后开设和隆行，经营桂皮、木油和海味生意，积聚日丰。1941 年 12 月 8 日，香港被日军占领后，物价飞涨，他曾将库存花生仁万余斤廉价售给市民。后迁往澳门，也采购番薯杂粮，救济贫困户。

1945 年 8 月，抗日战争胜利后，陈国泉返回香港，恢复和隆行生意，并在九龙大角咀建货仓，代客商储运出口中转货物。因信用好，商务迅速发展，获利亦丰。在解放战争中，他与共产党人饶彰风、黄天度等有过联系，曾捐款支持香港《华商报》出版；多次利用仓库储运军需物资和接待回国人员，支持人民解放事业；还替香港的中共组织保管百余箱"南方券"（解放军在华南临时使用的钞票），以后陆续运回广州。

1950 年，他被邀参加香港工商界第一批赴东北参观团，回港后即调资金回广州开设和隆行，出口土特产为国家创汇，并参与创办华南企业公司（后改广东华侨投资公司），入股 10 余万元，被选为常务董事；同时，还投资北京新侨饭店（即北京华侨大厦）。1952 年 6 月，应邀赴北京出席中华全国工商业联合会筹备会议。1955 年赴香港办商务，适遇住在"安置区"内地窜来的暴徒上街闹事，对九龙一些商店打、砸、抢。他动员仓库员工实行自卫，使用水枪喷硝碱液才将歹徒赶走。

陈国泉爱国爱乡，热心捐献。中华人民共和国成立初，曾带头捐了几千元慰劳解放军。1951 年抗美援朝，捐献旧人民币 1 亿元。1957 年夏，回广州治病，参与发起兴办新会华侨中学，捐款 3 万元。另捐 3000 元建革命烈士纪念碑；捐 1 万元给广州市建侨联大厦。

陈国泉曾当选为中国民主建国会广州市委员会委员、广州市工商联副主任委员、广东省工商联常务委员、省人民代表大会代表、省政协常务委员。1957 年 6 月 30 日，陈国泉病逝于广州，终年 62 岁。家人根据其生前遗愿，结束香港和隆行业务，将全部资金调回祖国，支援社会主义建设。其夫人在五六十年代，先后投资共计 30 多万元建设县龙潭水电站、县农械厂、华侨电机厂；捐资兴建县展览馆、少年宫、儿童公园、椅山桥、接龙桥、棠下镇侨联大厦、石头乡中学等。陈国泉家族成为新会解放后投资建设和捐资举办社会公益事业的先行者。

文植虞

文植虞（1917—1987），蓬江区环市街里村人。青少年时，就读于广东省立第一中学（后称广雅中学）。时值抗战前夕，除学习必要的功课外，还与同学一起上街示威游行，组织抗日救国读书会和出版抗日书报、刊物。毕业后回江门，继续参加抗日宣传活动。1938 年 6 月，参加中国共产党。同年，在第五游击区统率委员会新会民众抗日动员委员会工作。团结、教育和争取广大青年参加抗日行列。1939 年 3 月江门被日军侵占后，任新会民众抗日动员委员会政治工作团副团长，发动群众参加抗日和协助劳军工作。

1940 年 12 月，与中共党组织失去联系后，到茂名参加抗日工作，任政治工作队队长。1942 年 1 月，任广阳指挥部江会敌后情报组组长，负责搜集江会一带日伪活动情况。同年 6 月，任五邑民众督训处少校队副。同年 10 月，任广阳指挥部少校附员兼双水联络站主任。1944 年 7 月，任新会县特务大队副大队长。

抗日战争胜利后，文植虞在江会地区与他人合股经商。1947 年被选为新会县参议员。同年 6 月，联合参议室内的进步力量组织三新俱乐部，开展"反三征"（反征粮、反征税、反征兵）运动。1948 年 6 月，与刘锦沛等 4 人前往香港参加中国民主同盟。根据中国民主同盟南方支部的决定，在江门成立民盟江会小组。1949 年春，与在鹤山的粤中纵队司令部取得联系，并奉命配合中共地方组织成立江门城市工作小组，为迎接江门的解放开展工作，组织工人、学生护厂、护校，策动国民党保安第二纵队（代号"坚忍"）1600 多人起义，维护了社会的治安。

江门解放后，任江会支前司令部江门区征粮处副主任，筹集粮食物资，支援解放海南岛。1950 年 4 月，任江门工商联主任，团结和教育工商界人士完成税收、公债以及市政建设任务。1952 年，在"江门事件"中，受到牵连被捕。1956 年释放后，任广东省参事室研究员。1980 年，被选为广东省工商业联合会常委兼副秘书长和办公室副主任。1981 年，"江门事件"得到改正，文植虞亦恢复了名誉。

1987 年 10 月 13 日，文植虞在江门病逝。

李克平

李克平（化名李若柱或黑李）。生卒时间不详。原是粤中纵队司令部的武装干部，主要负责政治策反的工作。1939 年调江会地区开展抗战工作，同年 3 月受中共新鹤县工委委派到杜阮发展抗日根据地。1940 年初，中共新鹤县工委在松岭成立了杜阮第一个党支部。李克平任支部书记。李克平忠于革命，对革命事业充满热忱，为人忠诚老实，平易近人，得到人们的尊敬和拥护。抗日战争时期，他在松岭村以教师身份打入敌伪组织，开展党的地下工作，还建立了红色交通站，开办军事训练班，宣传党的先进思想，培养了一批积极为党献身的有志青年。1942 年到 1945 年，先后在松岭村发展了黄楚南、区慧英、谭芬、施秀容、黄振胜、黄凤婵六人入党。中华人民共和国成立后，李克平曾任中共恩平县委书记，后调到湛江市霞山医学院任院长，为党组织的发展壮大作出了不可磨灭的贡献。

陈能兴

陈能兴（1915—1994）广东省总工会离休干部（老红军、副省长级待遇），是广东新会人。1935 年 7 月，参加革命，1937 年 5 月，加入中国共产党。中华人民共和国成立前历任广州市学联秘密党组书记，中共广州市青委委员，中共粤中区党委青年部长，广东粤中区青年抗日先锋队副总队长，中共粤北省委候补执委，青年部长，中共广州市委书记，中共香港市委书记，中共中央香港分局城委书记，中共华南分局港澳工委书记。

中华人民共和国成立后，历任广东省总工会秘书长、副主席、主席、党组书记，广东省委职工委副书记，广东省第二、第三、第五届人大代表，广东省第二届政协委员，全国总工会第八届、第九届执委委员，全国第二届人大代表。广东省委委员、省委组织部副部长，港澳城委工委书记，广东省委一办主任、党委书记，广东省外事办副主任、主任，第六届、第七届全国政协委员，广东省总工会顾问等职。

陈能兴因病医治无效，于 1994 年 5 月 5 日在广州逝世，享年79 岁。

高天雄

高天雄（1921—2003），原名陈炬池，荷塘镇为民村人，出生于香港，后移居菲律宾。1936 年，参加菲律宾怡朗抗日救亡总工会工作。1939 年初，随华侨慰问团回国到皖南新四军军部慰问，后参加新四军，同年加入中国共产党。抗日战争时期，历任新四军军部教导总队干训队队长，新四军连队政治指导员、连长、副营长等职。参加过苏南黄金山、塘马等战役以及苏南反"清乡"、反"扫荡"等战斗。解放战争时期，历任华东野战军教导营营长、作战科副科长、侦察营营长、第三野战军团参谋长等职务。参加过由粟裕指挥的苏中"七战七捷"战斗。在涟水保卫战中，左小腿负重伤，为三等甲级伤残。1947 年，参加由陈毅、粟裕指挥的山东莱芜战役以及孟良崮战役。1948 年，参加淮海战役。1949 年 1 月，参加渡江战役。1951 年，任空军团参谋长、师作战科科长，入朝（鲜）作战。回国后，历任空军师副参谋长、副师长兼参谋长等。1955 年，被授予上校军衔、三级独立自由勋章及三级解放勋章。后享受副军级待遇。1964 年，任民航广州管理局副局长，担任广东省侨联常委。1981 年离职休养，享受老红军待遇。离休后任广东省侨联、江门市侨联顾问等职。2003 年 4月，在广州病逝。

黄　微

黄微（又名黄秉民），女，生卒年不详。鹤山古劳人，黄微对杜阮松岭村有深厚的感情。她曾说："松岭是我第二个故乡。"她原是一名农村青年，十多岁就参加鹤山维墩党组织，并担任交通员，开展武装斗争，深入敌人内部侦察敌情，并胜利完成任务。1942年，新鹤党组织安排她来杜阮松岭工作，当时黄微还只是个17岁的热血青年。初期，用与余逢春为"夫妇"的关系潜伏下来，主要负责村中的妇女工作，是妇女识字班的支柱教师。她白天与松岭妇女一同下地干农活，晚上教妇女识字，宣传革命思想。由于村中大部分妇女均为文盲，故黄微同志的任务十分艰巨。松岭村的妇女识字班开设在施秀容家中，二十多个妇女挤在一间阴暗的平房里，点着煤油灯上课。在设备简陋，环境恶劣的情况下，黄微坚持义务教松岭妇女识字，宣传进步思想，为扫除文盲，促进妇女思想解放运动作出重大贡献。

黄微为方便工作，就住在施秀容家，一有时间就帮助施秀容到田间干农活，妇女群众很欣赏她的朴实勤劳，都把她当作知心姐妹，参加夜校的妇女也越来越多。松岭妇女识字班坚持了五年多，培养了大批革命骨干。1943年，黄微在侦察杜阮井根乡"挺三"保安团的行动中暴露了身份才离开了杜阮，转入粤中纵队司令部工作，长期坚持参加武装斗争。中华人民共和国成立后，曾任广州图书馆馆长至离休，还多次回过松岭村。

大 事 记

1905 年

春，新会东北官立景贤小学堂在江门景贤书院旧址（现属江门市蓬江区）开办，成为江门第一所官办学校。

是年，江门关入口贸易值银 1300 万海关两，出口值银 460 万海关两。

是年，基督教英国圣公会在石湾村祠堂开办保罗小学，成为江门第一所教会学校。

1906 年

1 月 6 日，江门关在西江北街河道草鞋洲建立灯标船。翌年 2月，在该处建成永久性助航灯塔。

1907 年

1 月 25 日，潮连乡陈、卢两姓械斗，潮连巡检司派兵弹压。

8 月，基督教加拿大长老会传教士莱威伦·麦克凯夫妇、传道医生约翰·麦克唐纳尔和捷士麦克宾在北街设临时礼拜堂兼诊所。

1908 年

4 月，经营鸦片的商人将从澳门进口鸦片改由香港进口，在江门关纳税。是年，江门口岸共进口鸦片 29500 斤。

夏、秋间，江门一带流行霍乱，死亡 1000 多人。

是年，江门及近郊共有学堂（小学）17 所。其中官办 1 所，族办 15 所，私人办 1 所。

1909 年

是年，江门已有英、美等国开设的美孚、亚细亚、德士古火油公司及洋行等 13 家。

1910 年

是年冬，杜阮乡人黄梓带领革命党人黄明堂由香港潜回新会杜阮，建立据点，联结三合会，发展反清革命队伍。

1911 年

9 月 19 日，同盟会员黄明堂率"广东明字顺军"第一标黄梓部民军约 1000 人，从新会杜阮进军江门。另有两支民军响应。驻江门的新会县丞署官吏闻讯逃匿。明字顺军大统制部及第一标部驻黄家祠，民军第二标统谭义部驻蓬莱山，第三标统吴勉部驻昭忠祠。

11 月，私营万源船厂开业，厂址在江门河东炮台河段旁边。

1912 年

2 月 6 日，基督教加拿大长老会与多伦多对外传教会在江门北街合建玛丽安·巴克莱夫人纪念医院，后改名仁济医院（现江门市中心医院）。

2 月 16 日，江门关奉命升起中华民国五色旗，至 1949 年江门解放，共经历了 37 年的民国时期。

1913 年

4 月 1 日，新宁铁路新会城—北街路段（现属江门蓬江区）建成通车。

1914 年

冬，虚顶街、仓后街、石湾村一带鼠疫流行，至翌年春停息。

1915 年

年初，由香港开往新会北街（现属江门市蓬江区）的四邑轮船公司所属轮船海员，拒运日本货，抗议日本向袁世凯提出的"二十一条"不平等条约。

4月20日，参政院参政梁启超回乡为父亲做寿，在将抵达江门的车上，险遭暗杀，护从官兵1死8伤。

4月，广东省禁烟专员在北街设立禁烟分所，征收烟土税。

7月，西江洪水暴涨，北街水位达3.82米。潮连、龙溪等大堤及天河围内堤均告崩决，临近各乡农田全被淹没，灾民依山露宿。

7月，原新会棠下（现属蓬江区棠下镇）的广东治河处督办谭学衡从广州回乡处理善后，提出有关加固天河堤围方案，请治河处瑞典工程师柯维廉帮助设计天沙河耙冲水闸；并主持开挖旧社（今里村）至白沙公园河段，疏深扩宽天沙河工程。

10月20日，农商部批准江门制纸股份有限公司注册，其产品注册商标为"双飞船"牌。

1916 年

4月中旬，中华革命军南路讨逆军参谋长兼代司令黄任寰潜来新会，联络黄如云等革命党人和绿林武装，攻打龙济光（简称济军）属下李文运部3个营，占领江门。4月18日再攻入会城。后被济军反扑，败撤。济军入城，捕杀"乱党"50多人，并洗劫商店。

5月8日，粤军魏邦平收编江门一带民军，成立独立第二旅。

是年，杜阮华侨黄伟如倡建阮（杜阮）江（江门）公路。

1917 年

4月1日，江门关执行总税务司令，严禁鸦片进口。

9月中旬，江门杉竹行业罢市，广东省当局派李祖湘到江门查办。

是年，羊桥市、旧椰街、紫坭乡以及白沙乡中心里、第发里一带发生鼠疫，至翌年春止息。

1918 年

7月1日，江门警察局改为江门警察厅，李宝祥任厅长。

1919 年

6月初，五四运动爆发后，新会城和江门各校学生、工人群众约万人，举行示威游行，到达北街洋人居住区时，高呼"打倒帝国主义""取消不平等条约"的口号，北街英国亚细亚煤油公司工人举行大罢工。

1920 年

是年，加拿大基督教长老会在北街创办启智（男校）和启德（女校）两所小学校，共招收男女寄宿学生100多名，启德女校附设幼稚园。1936年，两校合并，改名为培英小学。

是年，白沙公园建成，内竖陈白沙碑刻立像。

是年，新世界戏院开业，设有座位700个，边放映，配音员边讲述剧情，成为江门第一家无声电影院。

是年，粤军第一师第三团团长陈修爵率部驻江门。

1921 年

7 月至 8 月，江门各行业工匠罢工，要求加薪。杉木、白铁、理发业工人响应，并散发传单。

1922 年

5 月，四邑茶叶工会在江门成立。工人举行游行，要求提高工资、缩短工时，经过罢工一个月才达到目的。

1923 年

4 月，中国社会主义青年团江会支部召开团员大会，决定将新会会城、江门两地团员分为两组。黄衮华为江门组组长。

5 月 1 日，江门轮渡船务、船艇、辗谷、茶居饼行、油业等行业工会工人及学界 3000 余人第一次举行庆祝五一国际劳动节大巡行。商店、学校放假一天志庆。

10 月 23 日，社会主义青年团广东区执委会召开第一次会议，分工冯菊坡、陈日光负责工人运动。陈日光被任命为国民党中央工人部干事、广东省党部驻江门特派员，负责开展工运工作。

11 月上、中旬，江门茶居工会派执行委员吕棠为代表，向资方提出改善工人生活的要求，遭拒绝。21 日，茶居工会宣布罢工，并得到船艇、油业工会和香港同业的支援。22 日，资方接受工会的要求，罢工结束。

1924 年

4 月 20 日，地主武装配合国民党反动派扼杀农村革命群众组织。里村农会干部施旺、施丙等 10 人被捕，其中部分人被杀害。随后，篁庄、水南、石子潭等乡农会未及隐蔽的干部也遭逮捕或杀害。

5月1日，广东油业工会江门支会会员千余人，参加江门举行的五一国际劳动节巡行，与商团军发生冲突。商团军会同滘头乡民团，包围江门油业工会，开枪射击，并捉去油业工人21人，解官囚禁。

11月14日，中共新会支部正式成立，有党员6人，陈日光为支部书记，兼任新会团支部书记。机关初设会城，后迁江门水南祖庙。

是年年底，新会第一次工人代表大会在江门召开，出席大会代表70人，大会决议：筹备成立总工会，组成筹备处，选举吕棠、叶璋为正副筹备委员，陈日光为指导员。会址设江门石湾村李氏祖祠。

1925 年

3月5日，江门船艇工人反对警察厅加抽船艇警费举行罢工。11日，会城船艇工人响应，宣布罢航。13日，船艇工会数百人向警察厅请愿，后经工人部、总工会筹备组派出代表与警察长张祖荣谈判，取消加抽警捐。14日船艇复航。

5月中旬，新会县农民代表大会在江门召开。

6月上旬，五卅惨案发生后，新会县总工会筹备处、新会县农民协会筹备处和新学生社等革命团体，发出通电，抗议帝国主义暴行，要求惩办凶手及赔偿损失。

6月，中华全国总工会省港罢工委员会在江门成立办事处，设立接待站，接待由香港疏散回来的罢工工人和家属，又派纠察队第三大队进驻北街，配合对香港的经济封锁。

6月，总工会筹备处在江门召开新会县第二次工人代表大会。正式成立新会县总工会，选出吕棠、罗源、麦润松、龚继周、司徒成、梁庆祺等为工会委员，吕棠（共产党员）任总工会委员长。会址设江门水南乡祖庙，参加总工会的行业工会22个，会员6000多人。

6月10日，五卅惨案后，在江门、会城举行万人示威大游行，支援上海人民的反帝斗争。江门工人总罢工一天。

8月6日，广东省政府决定将江门划分为独立市，设立江门市政厅；13日，李蟠任江门市政筹备专员兼江门警察厅厅长。

9月，新会县农民协会筹备处在江门召开县农民代表大会，贯彻省第一次农代会精神，发展农会，建立农民自卫军。年底，全县有乡农民协会22个。

9月24日，国民革命军第四军军长李济深率部到江门，设军部办事处。所部第十三师师长梁振楷驻江门。

1926 年

1月，中共江会支部在水南召开党员大会，商讨对国民党江门第一区党部执行委员梁醒民妨碍统一战线的行为进行斗争。

1月11日，江门酒楼茶室工会负责人叶璋诬陷新会总工会顾问陈日光侵吞奖金，并率40多人捆绑陈日光，以泄私愤，引起工人内部两派冲突，双方均有人受伤及失踪。国民党广东省党部派人到江门调处，将叶璋调省审查，制止事态扩大。

2月1日，江门各界人士举行示威游行，反对日本出兵援助奉系军阀张作霖。

2月28日，新会县农民协会筹备处第三次代表大会在三区（含今棠下镇、杜阮镇）石子潭召开，有26个乡派出代表64人出席。会上，推选尹国彦（木朗人）、张文照等为主席团成员。

3月20日，大雁山土匪文统聚众数百洗劫杜阮，被东罗乡农会开幕巡游的农军驰援击溃，活捉土匪十余人。驻军国民革命军第四军叶挺独立团第一营遣某连来援，遂留驻杜阮。

4月6日，江门各界发起成立国民会议促成会及反段（祺瑞）示威运动大会，到会有各团体、群众万余人。大会主席叶毓年发表演说。

4月20日，国民党江门市第一次代表大会召开，正式成立国民党市党部。大会选举产生江门市党部第一届执行委员会和监察委员会，共有委员11人，其中8名共产党员当选。

7月，在江门水南祖庙召开农民协会代表大会，决定成立新会县各乡农民协会联合办事处，选出执行委员21人，李冠南、施展、关仲为常委，由李冠南负责全面工作。

9月1日，江门部分工会举行工人代表大会，出席代表70余人，代表有省港劳动同德总工会江门支部、广东酒楼茶室总工会江门支部等20多个工会。会上推选叶璋为主席。在国民党右派的挑拨下，江会工人队伍分裂为两派，矛盾冲突随之升级。

11月2日，第三区（今杜阮镇）木朗乡农会执行委员尹国彦、白庙乡农会执行委员梁仲廉等，数月前被当地土豪非法拘捕，囚于新会县法院监狱。农会群众聚集万余人到会城游行示威，包围法院，要求立即释放。结果达到目的。

12月下旬，军警武装借口搜捕土匪，包围石头乡，捣毁农会，捉去农会干部陈兰、陈职和农会会员30余人。事后，新会县各乡农民协会联合办事处组织千余人在江门游行示威，被拘捕人士全部被释放。

1927 年

4月16日，国民党右派发动"四一六"反革命政变。驻江门的第十三师师长兼五邑警备司令徐景唐、江门市政厅长叶显、新会县县长蒋宗汉奉令逮捕共产党员和革命群众，封闭报馆和取缔进步团体。中共新会的组织转入地下活动，已暴露身份的党员全部离开江门、会城。

4月20日，地主武装民团配合反动军队四出围攻农村革命政权和搜捕革命群众。井根所有农会会员住宅全被抢光，有五六百个乡民被押到乡公所，逐个迫供农民自卫军下落，被反动派枪杀的有10余人，逮捕三四十人。

4月下旬，中共广东省委派李本华任江门支部书记。5月，江门、新会两个支部合并为江会支部，李本华任支部书记。

7月20日，中共新会支部在白沙龙湾召开支委会议，传达省委关于秋收抗租起义的指示，布置江会起义准备工作，决定建立江门地区工农革命军，在田金建立根据地，在龙湾村建立交通总站。

10月初，江门海员工人举行罢工斗争，反对"新南海"轮无理开除工人和国民党反动当局对工人的欺压。广州、香港、澳门等地的海员工人闻讯纷纷支持江门海员工人的斗争。是月底，中国工农革命军广东中路纵队新会支队在江门成立，关仲、王士烈为指挥员，张培道为参谋长。

12月初，中共新会县委执行五邑地委和五邑暴动指挥部响应广州起义举行武装暴动的决定，计划在13日，与广州起义的同时，在江会发动武装暴动。8日，五邑暴动指挥部肃反委员会逮捕队队长彭业权被反动军警拘捕。9日在江门三角塘一带英勇就义。

1928 年

春，转移、隐蔽在澳门的县总工会委员长吕棠，在当地被国民党广州市侦缉队逮捕，后解押到广州被杀害。江门米业工会委员尹钦，潮连农会委员区少文等先后在会城、江门被国民党反动派拘捕杀害。

6月3日，济南"五三"惨案发生后，江门市商会举行商民万人反日大会，决议停办日货，并通电全国，声讨日本侵略者屠杀中国军民的罪行。

7月5日，中共江门市委成立，隶属广东省委领导，下辖江门、新会、台山、开平、恩平、阳江等地党组织。

8月，中共新会县委并入江门市委。

11月26日，中共广东省委撤销中共江门市委，改为中共新会县委，县委书记为程鸿博，委员有梁钊、王士烈、李锡罗、陈发生，县委机关设在江门市，管辖新会、江门以及开平、恩平、台山等县的党组织。

1929 年

2月，中共新会县委常委梁钊及其妻甘卓明在广州被捕叛变，县委机关及常委住宅均遭搜查破坏。省委巡视员甘卓棠、共青团江门市委书记黄衮华和党团县委常委8人被捕，全遭杀害，部分党团积极分子被捕牺牲。

1930 年

是年，江门首家有声电影院——江声电影院建成开业，有座位600个。

1931 年

2月26日，广东省政府决定撤销江门市建制，江门及莱阳、紫坭、白沙、水南、北街5个乡重新划归新会县，江门为第十二区管辖。

3月1日，新会县政府机关从会城迁到江门石湾庙。

1932 年

4 月 15 日，江门制纸股份有限公司捐款 3000 元，支援十九路军在上海抗日。

是年，江门商会举行义卖，支援十九路军抗日。义卖得款 3 万多元，其中 2 万元汇往抗日前线，1 万多元汇广州淞沪抗战残废军人教养院。

1933 年

是年，江门撤区建镇，归新会县第二区辖。

1935 年

1 月 13 日，台山籍爱国实业家余觉之病逝，享年 58 岁。1909 年余觉之向华侨招股集资，在江门兴办江门制纸有限公司（现江门造纸厂）。

1936 年

8 月 5 日，新光电力公司在江门白沙建成新厂房，装机容量 750 千瓦，从白沙电厂至钓台路口电压为 2.2 千伏的输电线路投入使用，全长 1.5 千米。这是江门第一条高压输电线路。

12 月，中共江会小组负责人陈翔南在会城、江门分别建立中华民族先锋队和迈进社，均是党的秘密外围组织，并由陈翔南兼任该两组织的负责人。

1937 年

3 月，中共江会支部针对当局压制抗日救亡运动的行径，以民先和迈进社成员为核心，争取当地社会上层开明人士梁尚志、黄许焜支持，在江门镇成立有 100 多人参加的抗日救亡团体春天读书会，并组织妇女问题研究会，进行半公开半隐蔽的抗日宣传。春天读书会争取江门《五邑民权报》编辑人员施见三的支持，在该报开辟了《春天副刊》作为抗日宣传阵地。

5 月 14 日，新会县府从江门石湾庙迁回会城办公。

1938 年

年初，江门镇地下党工运负责人陈孔嘉、黄文纯在郊区水南乡办工人读书班，团结陈家志等一批青年工人，在江门机器工会组织工人锄奸队。新光电力公司、玲新电话服务有限公司以及米机、轮船等行业共 40 多名工人参加锄奸队。

1939 年

1 月 27 日上午，日军 3 架飞机飞临江门，沿长安路、长堤至钓台路一带扫射，并投下炸弹 3 枚，其中 1 枚落入江门河，2 枚落在常安路口及中华戏院门前，炸死 1 名女性香烟小贩。

1 月，中共新会县第一次党员代表大会在江门召开，出席代表 10 余人，大会由中区特委委员、新会区工委书记陈翔南主持，中区特委组织部部长陈春霖亲临指导。大会动员全党作好抗击日军入侵准备，决定加强农村根据地的建设和统一战线工作。

3 月 27 日—4 月 2 日，日军攻占江门、杜阮及会城，残杀无辜民众。并在江门和杜阮木朗的平庐驻军建立司令部，分别在木朗马山，豸岗山等地修筑炮楼，控制江门西路关口。其间日军多次对杜阮各村进行残酷的扫荡，烧杀抢掠，无恶不作。

3 月，中共新鹤县工委派中共党员李克平、陈健生、程志坚、黄毅明、梅仲清等以教师身份在杜阮松岭村（也称松子岭）建立革命据点，开展党的地下斗争和抗日救亡运动。

3月29日晨，日军在北街登陆，守卫东炮台公路桥的江门义勇壮士阻击日军约两小时，后撤回市区。日军即进犯水南，包围新顺特务大队阵地，激战1天。翌日，日军攻陷江门。守军遂撤守都会。

同日上午，日机多架次轮番轰炸杜阮，用机枪扫射趁墟人群，被枪杀炸死二百多人，伤者无数。

5月，广东省保安7团3连与日军激战于中和将军山，战斗进行了三昼夜，击退了日军的三次冲锋，双方死伤惨重，神勇机枪手梁炽受嘉奖。

1940 年

1月19日，日伪军200多人夜袭荷塘，侵占良村、篁湾。以抗先为骨干的第四区自卫大队独立二中队和群众奋勇出击，江美、潮连等乡民众武装前来支援，战至傍晚，把敌军打走。翌日，日军再来，中共荷塘支部已将群众安全转移，日军扑空。

1941 年

2—3月，国民革命军六十四军一五六师某营两个连分别在杜阮龙榜大王庙及井根一带构筑工事抗击日军板田兵团228、229联队西进。与日军激战，双方死伤惨重，弹尽粮绝后退回鹤城。

9月20日，国民革命军六十四军一五六师刘镇湘团及地方民团在大泽响水桥、马鞍山和杜阮中和将军山一带，顽强抗击从会城向西进犯的日伪军。日军以飞机火炮助战，双方伤亡惨重。其中刘镇湘团工兵九连战士在将军山与日军浴血奋战，击退日军多次进攻，工兵九连战士大部分都牺牲在将军山阵地。

1942 年

7月3日，明善堂在水南长发里施粥赈济饥民，因人多拥挤，引起践踏，当场踏死1人，伤数十人。

8月中旬，西江、江门河及天沙河洪水暴涨。驻篁庄乡日军为方便橡皮艇出入，不准关闭耙冲水闸，致使天沙河沿岸农田、房屋被淹。

是年，江门霍乱病大流行，死亡8000多人。

1943 年

年初，中共新会县委在江门常安路大井头巷口开设良记饭店，作为秘密交通联络站。县委组织部部长冯光隐蔽在饭店活动。

2月3日，荷塘三良自卫队和中山海洲自卫队组织"奸虎队"，到潮连刺杀巷头"三虎"，将"大虎"陈章和"西江别动队"小队长"三虎"陈成击毙；9月，又将在江门任日军宪兵小队长的"二虎"陈华击毙。

1944 年

10月，珠江纵队挺进粤中，由于事前与中共荷塘支部书记容忍之等取得联系，经周密筹划，组织大批船只，顺利接应从中山县五桂山出发经海州到达荷塘的部队，从塔岗渡口横渡西江，经周郡乡，与新鹤大队会师，直抵大井头。

1945 年

5月23日，广东人民抗日解放军第二团在新鹤边界的中和陈坑尾（即上邑）与国民党地方保安团发生遭遇战。击退谭雨樵民团军后，撤至同和、井岗一带休整。

8月14日，日本天皇裕仁签署《终战诏书》，翌日日本宣布无条件投降。9月26日，杜阮及江会地区光复。

9月29日，入侵广东中区的日军，在江门正式签字投降。

9月，中共新会县委与中共中顺新边县工委撤销，新会与鹤山两县党组织重新合并，成立新鹤县委，驻江门。县委书记为冯光。

1946 年

7月，中共新鹤县委撤销，新会、鹤山两县分设特派员，隶属中区特派员。新会特派员驻江门水南乡。7—8月，司徒毅生任特派员。

1947 年

年初，新会党组织先后成立了若干个秘密交通站（点），形成从城镇到农村的交通网络，其中有棠下和昌杂货店交通站和大井头交通站。

春，中区地下党结束前进渡水上交通航线后，在江门堤东路开设公兴柴庄，为交通联络站，黄子彬任经理。

1948 年

3月29日，新会县参议会、新会县戡乱建国动员委员会成立，黄槐庭（杜阮人）、赵鼎勋分别为正副议长、正副主任委员，黄槐庭后任新会县长。

6月，松岭党小组在中州武工队的支持下，深入发动群众，建立了秘密农会，会长谭松，会员有袁柏胜、黎卓基、黎卓安、谭全等30多人，开展打击土豪恶霸、实行减租减息运动。

8月，杜阮成立由共产党领导的"解放大同盟"（简称"解盟")组织,成员有林振炽、黄振胜、吕立、黄达成、文成思、梁如柏、吕标等。"解盟"的任务是迎接解放有关工作和组织成员到江门维持治安、欢迎大军进城等。

8月初,中共新高鹤地工委撤销新会特派员制,成立中共新会区委。委托新开鹤县工委领导。区委机关设在江门,区委书记为曾国棠。

9—10月,共产党领导的粤中纵队在江会地区成立五台山武工队,分青州、中州、东西洋三个小组,其中中州武工组主要活动在杜阮至江门鹤山公路沿线,开展侦察敌情、除暴安民、打击敌伪和征粮筹款、组建农会和民兵自卫队等工作。

11月25日晚,中共新开鹤县委领导的武工队(江西队、南星队)共150余人,由杨德元率领,从牛山出发,夜袭棠下。只10余分钟就结束战斗,打伤新会自卫大队陈仕芬3人,俘虏28人,缴获机枪1挺、步枪20余支、子弹、文件一批。

1949 年

4月,中共新高鹤地工委在江门成立城市工作小组,开展城市统战工作。

5月,中共领导的新鹤部队中州武工队在队长李德华带领下,在杜阮龙榜村三丫市厕所内巧妙抓捕了无恶不作的乡长黄彩榕。

是年上半年,中共新会组织在加强学运的基础上,先后动员70多名进步青年投奔新高鹤游击区参加革命斗争。4月,新会三中(现属江门市棠下中学)先后4批共30多人。

9月17日,县府督征员何贵涛到荷塘征兵,被群众殴打。19日,群众又袭击前来拉丁的军事科长,围殴征收员,缴获长短枪10支。

10月1日,中华人民共和国宣告成立。

10月3日，中州武工队袭击杜阮楼山乡的保警队，全歼国民党县保警一个排，俘20余人，缴获步枪20余支，港币2000余元。

10月24日，中国人民解放军第十五军第四十五师先头部队进入江门。江门、会城、杜阮宣布解放。

10月25日，江会区军事管制委员会成立，主任欧初，第一副主任莫怀，第二副主任吴枫。办事处设原广东省银行江门支行。新会县人民政府也在此处办公。

11月28日，江会军事管制委员会及新会人民政府委任各区的区长、指导员和工作队队长，建立地方政权。任命陆其俭为第三区（包括今棠下、杜阮及环市的东风、丹灶、篁庄等）代理指导员，李德华为杜阮工作队队长。

革命老区发展史的编纂是一项浩大的文化工程，门类广博，内容丰富，信息量大，工作繁杂，要求高，涉及面广。

蓬江区委、区政府、区老促会十分重视革命老区发展史的编纂工作，成立了编纂委员会，由一名副区长担任主任，区老促会正、副会长以及一名区委、区政府办副主任担任副主任。区政府还聘请了三位退休干部担任主编、副主编，并从区农林水务局、区党史办、区档案局、区地志办、区法院、区检察院、荷塘镇、杜阮镇、棠下镇选调人员，又指定全区的9个老区村的党委（支部）书记参加，组成《江门市蓬江区革命老区发展史》编委会，于2018年5月23日启动革命老区发展史编纂工作。

由于蓬江区是1984年才成立的行政区，此前的档案资料都还留存在江门市和新会区档案馆，所以区政府成立前的所有档案资料特别是老区资料差不多是空白的。要完成编纂革命老区发展史工作，编辑人员面临着"巧妇难为无米之炊"的窘境。

为编纂好这本丛书，编辑人员走访了新会区老促会、党史办和档案局，走访了鹤山市老促会，学习取经；又走访了江门市党史办、档案局，查阅了档案资料；还走访了江门市政协文史委员会，带回了大量的文史资料；还到了江门五邑图书馆，查阅了大量图书资料；还在区档案局、地志办查阅了有关档案资料。

为编纂好这本丛书，编辑人员查阅了当地的有关档案资料，他们冒着酷暑烈日，不辞劳苦，走村过户，寻访老区村当年参加过革命斗争的当事人或亲属，了解到许多宝贵的第一手资料，挖掘了许多沉淀已久的革命斗争史料。

为编纂好这本丛书，区政府派出车辆，用两天时间载着全体编辑人员走遍了9个老区村，聆听了老区村书记的介绍，寻访了当年革命活动旧址，观看了当年抗击日军留下累累弹痕的篁湾碉楼，拜谒了三堡村革命烈士陵园，察看了老区村的村容村貌。

为编纂好这本丛书，编辑人员实行具体分工，每一章每一节落实到人。除三位主编和区老促会正、副会长外，其他编辑人员都是在职干部，有的还是单位的负责同志，他们白天要做好本职工作，只能牺牲休息时间进行编写，有的人熬到半夜三更，有位同志发送文稿的时间已是半夜12点多钟。

为编纂好这本丛书，编辑人员遵从史书必须真实的要义。对不同版本的史料，对有存疑的史料，都要进行考证、甄别。

为编纂好这本丛书，编辑人员坚持认真负责的精神，本书初稿曾进行三改其稿，三审定稿，保证了本书的质量。

本书主要参考的图书有：中共江门市委党史研究室编印的《中国共产党江门地方历史》《粤中纵队史》，中共江门市新会区委党史办公室、新会区档案局、新会区人民政府地方志办公室等编印的《新会百年大事回眸》《新会地方抗战史料选编》《新会革命风云录》，江门市政协学习和文史委员会编印的《江门文史》1—49辑，所引用的史料不在文中一一加注，在此一并致谢。本书还要致谢荷塘镇革命斗争亲历者容辛同志，他生前和一些参加过革命斗争的老人一起回忆了革命斗争，编辑成10期《凝情》的回忆录，其中有记述了荷塘人民生动具体的革命斗争史实。容辛逝世十多年后，他儿子容立明还完好地保存着这些资料。当知道要编纂本书时，容立明提供了这些宝贵资料。在此特向容辛和容立明父子俩表示感谢！

需要说明的是，为尊重历史，书中的度量单位用斤、两、亩等，并用括号注明法定计量单位；人物对话使用的粤语方言，也用括号加注。

完成了《蓬江区革命老区发展史》编纂工作，我们全体编辑人员如释重负，也为能够不负重托，不辱使命倍感欣慰。因年代已久，当年参加革命斗争的前辈绝大多数已经作古，资料实难收集齐全。因城市改造，大部分的历史旧址、遗址只能从资料中进行翻拍，影响了效果和质量，敬请理解。由于时间仓促，编者水平有限，本书难免有遗漏或不当之处，祈望读者批评斧正。

最后，借此机会，向给予本书指导和帮助的上级部门、兄弟单位、各界人士表示最衷心的感谢！

《江门市蓬江区革命老区发展史》编委办

二〇一九年一月三十日